中国景德镇学

李政道

二〇一七年二月

中国景德镇学

第一辑

陈雨前　主编

2018年·北京

图书在版编目（CIP）数据

中国景德镇学. 第1辑 / 陈雨前主编. — 北京：商务印书馆，2018
ISBN 978-7-100-16595-2

Ⅰ. ①中… Ⅱ. ①陈… Ⅲ. ①陶瓷工业－产业发展－研究－景德镇 Ⅳ. ①F426.71

中国版本图书馆CIP数据核字（2018）第213660号

权利保留，侵权必究。

中国景德镇学
第一辑
陈雨前　主编

商　务　印　书　馆　出　版
（北京王府井大街36号　邮政编码 100710）
商　务　印　书　馆　发　行
三河市潮河印业有限公司印刷
ISBN 978-7-100-16595-2

2018年10月第1版	开本 787×1092　1/16
2018年10月第1次印刷	印张 22 3/4

定价：98.00元

《中国景德镇学》编委会

首席顾问：

汉斯·道维勒　范迪安

顾问（以姓氏笔画为序）：

王能宪　刘远长　李大西　罗世平　周国桢　柳怀祖　秦锡麟

编委会主任：

傅修延　薛晓源　林　拓

主编：

陈雨前

执行主编：

姚若晗

编委（以姓氏笔画为序）：

王琦珍　方志远　方李莉　方　漫　叶建新　吕成龙　朱晓燕
刘先锦　刘悦笛　江建新　汤恩达　李文跃　杨　群　吴水前
张少华　张西平　陈　平　欧阳天生　周光真　周荣林　周　琳
郑云云　郑　宁　赵　钢　胡　辛　秦大树　高云青　高福生
曹爱勤　董启馨　程　云　赖大仁　蔡　锐

《中国景德镇学》创刊词

与世界对话

人猿相揖别。

只几个石头磨过，小儿时节。

铜铁炉中翻火焰，为问何时猜得？不过几千寒热。

……

寥寥数语，道尽从人类诞生至今纵贯几百万年的历史，文明迭代、国家兴亡、民族荣枯、文化盛衰，也在其间往复上演。

而从石器时代开始就见证了这一切，并以其深远影响成为人类共同记忆的，就是人类文明史上的第一种人造材料——陶。

青出于蓝而胜于蓝，瓷源于陶而胜于陶。从材料学角度，陶与瓷虽然并称，但在原料、工艺与材料特性方面都有显著差别；而从文化学角度，陶与瓷虽然渊源极深，但其发展的历史与文化背景以及审美内涵更是迥然不同。

在人类文明史上，用泥土制陶是全球人类的远古创造。远古文明时代的陶器在世界各地均有考古发现，而且大多是各个文明发祥地原生的。人类究竟从何时开始发明了陶器，在学术界尚无定论，但发明瓷器却毫无争议是中国人独享的荣光，是中国对人类文明独特而杰出的贡献。

瓷的出现不仅赋予陶器以惊艳世人的光洁晶莹，更为之融入了文化与艺术的精魂，从此倾倒众生、风靡世界。以陆、海丝绸之路为纽带，远隔重洋的东西方文化，也包括广大的伊斯兰文化区域，由此找到了互鉴共通的器物载体与审美语言。

在世界器物文明领域，中国的瓷器、丝绸与茶叶举世闻名，深刻影响并推动了世界文明的发展进步，在这三大产品中，又是以瓷器对世界文明的影响居首。中国瓷器对世界的影响，不仅仅表现在物质方面，而且从生活方式与文化观念层面，让世界认识了中国，让世界了解了中国。无数欧洲人就是先认识瓷器，再认识中国。瓷器，就是古代中国与世界对话最重要的沟通语言。

正因如此，也让世界把china（瓷器）当作China，"china"由此成为中国的代名词。

瓷器不仅是中国传统工艺美术的杰出代表，也是中国历代财富的重要来源。在中国历史上，瓷器以其特质，一统天下财物，汇为巨大产业，并成为中华文明的象征器物；在文化情感上，瓷器又是中国人的无间纽带，以其美轮美奂，上达宫廷，下遍黎庶，跨越千年，横贯东西，成为中华文明在世界文明中最具代表性的部分。

一部中国陶瓷史，堪称一部中华文明史！

"形而上者谓之道，形而下者谓之器。"中国文化中的生活哲学，强调器以载道。

瓷器，承载的是生活之道、人文之道，融会的则是富有不同时代精神内涵的文化生活方式。自瓷器诞生以来，在中国历史的各个时期，无分贵胄黎庶，瓷器是人们日常生活中无处不在、不可或缺的器物，并在世代相续中逐渐成为中国器物文化的典型代表。

而瓷文化之集大成者与辉煌之顶峰，就是誉满天下的景德镇。

景德镇瓷业肇始于汉世，崛起于宋初，鼎盛于明清，闻名于世界，绵延至当代，"集天下名窑之大成，汇各地良工之精华"，以一业独撑一城，历千年而不衰，迄今仍是全球最具影响力的陶瓷历史文化名城，拥有最完整鲜活的手工制瓷业体系与无与伦比的文化象征性。

文化是人类社会发展的制高点，文化自信才是最根本的自信。

古往今来，任何一个大国的发展进程，既是经济总量、军事力量等硬实力提高的过程，也是价值观念、思想文化等软实力提高的进程。

文化思想软实力集中体现了一个国家基于文化思想而具有的凝聚力和生命力，以及由此产生的吸引力和影响力。

在历史上，中华文明的辉煌，乃至民族文化的融合、国家版图的形成与巩固，固然是以强大的国力为前提，但最终依托的还是文化软实力，而在中国最危难的时期，凝聚起全民族人心、激发出惊人力量的也唯有文化向心力。

上下五千年的文明史上，中华文明异彩纷呈，引领世界逾千年，成为先进文明典范。

近代以来，国力式微；神州百年陆沉，国运多舛。西方文明强势主导世界，中华文明顿失先进地位，国人亦渐失文化与制度自信。

仁人志士，世代以继；血火洗礼，中华重生。筚路蓝缕，奋发图强；万众一心，国力日增。与此相映照的则是西方文明遭遇瓶颈，缺陷凸显，世界文明迭代，驱动格局重排。

今日之世界，矛盾交织，暗流涌动，正面临沧桑巨变；今日之中国，扬鞭疾进，曙光在前，前路依然艰辛，考验更为严峻。而最大的考验，就是凝聚人心；最艰辛的道路，就是重建文化自信。

在这一无比壮阔的时代背景下，中国高瞻远瞩地提出了打造人类命运共同体的伟大构想，并将逐渐担负起引领世界文明新时代的责任，这是中国的历史使命，也是中国的文化使命。而树立文化自信，是必然也是必需的前提。

在中国文化伟大复兴的进程中，从文化寻根到文化保根，瓷器所承载的瓷文化必然不可缺席，而以瓷文化辉煌的象征——景德镇——及其丰厚的文化遗存滋养并催生出的"景德镇学"这一新兴的文化学科，其学术研究与交流传播体系的全新构建，更是题中应有之义。

中华复兴，文化擎旗。器以载道，启文致远。

这，就是《中国景德镇学》学刊创办的核心宗旨！

创办《中国景德镇学》学刊，还有一个深层的原因，就是基于景德镇乃至中国瓷文化学术研究与推广不尽人意的现状。

众所周知，景德镇是伟大的历史空间，拥有金字塔般的陶瓷文化品牌，但并未建立起真正的塔尖文化，甚至遭受"有历史，没文化"之讥。

古往今来，一代代能工巧匠创造了景德镇博大精深的瓷文化，但这些创造者受制于文化地位，虽有名器传世，却难著书立说。而由于中国"重道轻器"的儒家传统，文人士大夫普遍将瓷艺视为"君子不器"的工匠之作，鲜有将其提升到文化层面来审视。虽然也有南宋蒋祈《陶记》，明代宋应星《天工开物·陶埏》、清代唐英《陶冶图说》、蓝浦《景德镇陶录》等古代文献传世，但数量之少、篇幅之短、范围之窄、角度之狭，不过渺如沧海一粟，即便加上目前的陶瓷文化研究成果，也仅是冰山一角，无尽的陶瓷文化宝藏尚待挖掘，这与景德镇在历史、在世界与在中国文化中的地位与影响十分不相称，也难以从文化体系的角度支撑景德镇乃至中国瓷文化的复兴大业。

人事有代谢，往来成古今。从家庭到社交，从产业到意识形态领域，颠覆与创新无处不在，解构与重构势在必行，瓷文化也必须和当代生活方式共同转移，并以与时俱进的呈现形态，汇入新时代世界文明的巨大潮流。

景德镇世界瓷都地位的重塑，乃至中国瓷文化自信的恢复，无疑需要有真知灼见的学术导引，而从文化寻根到当代塔尖文化的设计，也都需要构建起一套能够代表景德镇历史与文化价值的理论研究体系。

但目前，学术几乎缺席。

盛世兴学，经世致用。

与以往对景德镇的所有研究相较，景德镇学的指导思想是更多体现出系统性、广泛性、文化性、当代性以及与产业的融合性，不可一味钻进故纸堆皓首穷经，也不可徘徊在器物层面不及于道，更不可局限在地域层面以偏概全。

因此，景德镇学的研究遵循两个基本原则：一是着眼于未来，体现特色化人文发展与科学发展。景德镇学不是给中国瓷文化修史，更不是为景德镇陶瓷修史，而是更多地关注对现状的深入剖析与对未来的指导性。二是拓宽研究视野，不局限于器物文化与地域文化的研究，而是广泛深入研究景德镇陶瓷在人类文化生活中的地位、作用，并由此揭示人类文化生活方式和美的样式。

在这个意义上，景德镇学的创立与发展，不仅可助力景德镇重塑世界瓷都的形象与地位，更可使陶瓷文化血脉相连、继往开来，重新擦亮中国文化的这张名片。

天降大任于斯学。如此大任，绝非个人或小团体殚精竭虑即可担当，而应有更大的视野与格局，在世界范围内集众合力、集思广益。2017年5月，陶瓷

文化领域的首个联合国教科文组织教席"陶瓷文化：保护与创新"申报成功并落户景德镇，这对于促进景德镇学学术体系的国际化研究与传播，具有深远意义。而《中国景德镇学》学刊的创办，更是搭建起了让世界各地、社会各界精英人士广泛参与的平台，不仅有利于提升景德镇学的学术研究水平，也有利于景德镇学学术思想的广泛交流与传播。

自古以来，中国的哲学观就是崇尚自然之道，强调阴阳平衡、相生相克。无论儒释道还是中医理论，其文化根性都是信奉和而不同，更擅包容融合，这是中华文明永不断代的根由，也决定了中国必将在世界文明重归平衡乃至实现大同中承担起最重要的使命。

多难兴邦，实干兴邦。中国近代以来遭受的深重苦难，驱使中国以积极、谦卑、开放的心态不懈努力，从世界各国优秀文化中汲取养分，并与中国传统文化的精髓融合创新，在实践中不断总结提高，形成了建立在强大国力根基上、内涵不断深化、形态不断创新的当代中国文化价值观新体系。

中国的文化自信，正源于此。中国文化的输出，也需要在国际社会发出自己的文化强音，树立当代中国的文化形象，讲好中国的故事，而瓷器就是源于中国的世界语言，是与世界对话最悠久、交流最广泛的中国文化标识，瓷器的故事就是全世界听得懂又有亲和力的中国故事。

《中国景德镇学》学刊，将汇集最动人的故事，与世界对话。

是为创刊感言。

目 录

观 景

大道成景
　　——景德镇学专家纵谈 3
景德镇学与文化思考 ....陈雨前 20
盛世图景，归元致和
　　——世界文明新时代下的景德镇学与未来 ....姚若晗 35
景德镇瓷器
　　——世界的非物质文化遗产 ....汉斯·道维勒 61
景德镇学应当成为国际显学 ....郑云云　李燕芬 67
再论景德镇的三大宝库 ....王能宪 85
陶瓷精神初探 ....王力农 90
今世行之，后世以为楷
　　——赞人类文化的传承者 ....喻　干 102

知 世

瓷行天下 ......王鲁湘 107
世界陶瓷艺术领域的挑战与对话
　　——兼论国际陶艺学会的性质与任务 ......周光真 131
中国文化在 18 世纪的欧洲 ......张西平 140
美国开国元勋与中国瓷器 ......王小良 156
陶瓷文化是"一带一路"民心交流的纽带 ......徐　波 162
相会于历史十字路口的中国与波斯
　　——中国瓷器如何开启了永久的联系 ......梅里·马达沙希 172
留驻永恒的一瞬间
　　——用瓷文化讲好中国故事 ......刘凌宏 176

寻 源

略谈景德镇瓷业历程暨明代御器厂遗址考古发掘的重要
　　意义 ......吕成龙 183

浅析景德镇御窑厂遗址申报世界文化遗产的价值与意义..........余乐明 213

清朝十帝与其对应朝代的瓷器..........陈树威 237

景德镇陶瓷及其历史文化生态..........艾春龙　白光华 250

景德镇御窑厂遗址考古调查与发掘主要收获..........江建新 260

欧洲第一名瓷是怎样炼成的？
——梅森品牌发展历程回顾..........弗朗西斯科·阿丽贝蒂 289

博　雅

陶瓷文化与中国梦..........陈　平 303

鸡缸杯影：多情的皇帝、开放的时代..........方志远 319

读壶之境，论器之道
——浅谈中华文化对紫砂壶的影响..........葛　军 331

广彩：岭南名瓷探秘..........刘致远 口述　李焕真 整理 336

观景

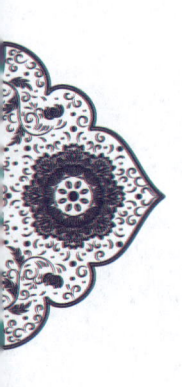

大道成景
——景德镇学专家纵谈

❀ 陈雨前

创建景德镇学学科体系的想法,是我在导师金维诺先生、罗世平先生的鼓励、支持下,最早在《中国景德镇陶瓷文化研究丛书》之一的《景德镇陶瓷文化概论》一书前言里提出的。此想法一经提出,就产生了始料不及的反响。

2006年是景德镇学发展的重要时期,得到了时任江西省社科院院长傅修延老师的大力支持。江西省社科院把它当作具有江西特色的一门学科推出,还举办了第一次景德镇学的学术报告会,成立了专门的景德镇陶瓷文化研究所。

第三阶段是在联合国教科文组织支持下,举办了两次以景德镇学为主题的,联合国教科文组织促进保护与发展文化遗产、弘扬文化多样性计划之中国与非洲、阿拉伯国家间陶瓷艺术与景德镇学的交流活动,在联合国教科文组织和国内外引起了很大反响。

最后,我汇报一下近年我在景德镇学研究方面做的一些探索和努力:

一是《中华大典·艺术典·陶瓷艺术分典》的编撰。从2006年启动到2015年出版,用了十年工夫。《中华大典》是国家新修的"四库全书",是国务院批准的国家文化重大出版工程,是国家文化发展纲要重大工程。中国瓷器两千年的历史,无论是以前的《太平御览》,还是《永乐大典》、《四库全书》,都没有为陶瓷立典。这次是首次为陶瓷立典。这个典已经出版了，影响非常大。

二是主编并出版了《中国古代陶瓷文献影印辑刊》三十卷，这是我国第一次以原始影印形式出版的有关古代陶瓷的史料。古代陶瓷文献资料来源于一些国外博物馆和地方志，影印出版非常不易。

三是主编了《中国古陶瓷文献校注》，这是国家古籍项目。由我参与主编的国家"十二五"重点规划出版项目《景德镇陶瓷史》，已历时六年，十易其稿，将于2018年出版。

另外还出版了《宋代景德镇青白瓷与审美》、《景德镇学——景德镇之魂》两本专著和一些其他著作，发表了一系列关于景德镇学的文章。

《景德镇学概论》作为《景德镇学文库》的构成部分来出版还是第一次，请各位老师批评指正！

魏文清

我今天重点谈谈《景德镇学文库》出版的意义和价值：

一是从历史文化角度理解。

瓷器是中国古代的伟大发明，是中国传统文化的精神代表之一，是已然并将继续存在和发展下去的中国地道的传统文化。

景德镇窑和越窑、官窑、哥窑、汝窑、定窑、钧窑、耀州窑、德化窑、邢窑、佛山窑等名窑，是中国传统文化的载体和表现形式，对人类社会物质文明和精神文明的进步与发展均产生过重大影响。

陶瓷作为古代丝绸之路的主要商品，是中国连接欧亚大陆的媒介。如今"一带一路"倡议与"走出去"战略的提出，使陶瓷文化再次备受关注。而景德镇陶瓷文化是最具代表性的中国传统文化之一。景德镇至今仍保存着完整的古瓷业文明体系，这是世界上绝无仅有的。景德镇瓷器曾架构起东西方文化交流的桥梁。她不仅以光彩照人的外观征服了世界，更以其中注入的中国文化品质吸引了世界。景德镇这座被两千年瓷魂窑火养育的古城，曾将中华民族的伟大发明——瓷器推向极致，对世界文化和人类文明产生了深刻影响。

二是从出版的角度理解。

中国陶瓷和中国陶瓷文化有着极为丰富的出版资源，而且是颇具特色的出版资源。中国陶瓷出版物，在中国各个历史时期都有，从明代宋应星的《天工开物·陶埏》、清代唐英的《陶冶图说》到新中国成立后中国硅酸盐学会编的《中国陶瓷史》等，出版了不少陶瓷书籍。

中国是陶瓷大国，是瓷器的母国，尽管个别出版物有相当分量，但从总体来说分量不够，与中国陶瓷本身的成就与水平相比还是逊色的。为了客观真实地反映和表现中国陶瓷的面貌、成就与水平，2001年，我们站在更高的高度重新审视中国陶瓷的出版资源，并将其以现代的观念和视角加以整合，统筹规划，由陈雨前院长担任总主编的《中国景德镇陶瓷文化研究丛书》一套六本，历经近四年编纂，于2004年正式出版，被列为国家"十五"规划重点图书。陈院长在该丛书总序首次提出"景德镇学"的概念。2006年9月，江西省社科院完成了对景德镇学研究课题的论证报告，"景德镇学"作为一门具有江西地方特色和中国文化特色的独立性学科，由江西省社科院正式推出。

景德镇学提出距今已十年有余。十余年间，景德镇学经受住了时间的考验，成为一门独立的、影响深远的学科。今后，景德镇学依然不能停下研究的脚步，仍须不间断地对景德镇陶瓷文化与景德镇学做研究与总结。

傅修延

景德镇学非常重要，要支持。这不光是景德镇、江西，也应该是中国的大事。中国有敦煌学、红学，敦煌学是"显学"。景德镇学不能成学吗？当然能成学，因为瓷器是中国的代名词。中国叫China，日本叫Japan。china是瓷器，japan是漆器，漆器可能用得比较少，瓷器的用处很大，中国人以瓷器为荣。

景德镇学经过十余年的经营，现在又上了新台阶，大典出了，社会关注也有了，我记得还有一个建馆构想。团队强大了，感觉一切正向当初提出的初衷靠近。

我感觉还可以再进一步，陶瓷本身、工艺本身，相关的品种门类都要分门

别类地整理，有些还要单独成书，也就是说跟人文、跟文化相关的都可以成书，包括文学艺术。

我们不光是研究做瓷器，研究陶瓷有哪些，还要看它的外围。器物文化是中国传统文化中非常重要的一部分，陶瓷和中国人的生活及生活方式密切相关，与其相关的大量内容值得研究。

方志远

第一，要总结与论证。研究《景德镇学概论》的序，这个总序不写到一万字不行，否则你就立不住。必须要谈一个大论，序言需要一篇宏论。第二，要整理资料。当然我们也可以资源共享，凡是和陶瓷有关的，与大家共享。第三，是否增加一本当代《景漂与瓷都》。唐山还评了一个瓷都，我听说景德镇有几千个"景漂"，希望能够请一个作者写写"景漂"。各种各样的工艺景德镇都有，景德镇是一棵大树，把景德镇的枝叶都写好了，景德镇这棵大树就枝繁叶茂、树木参天了。

方李莉

怎么讲好中国故事、讲好景德镇的故事？一个"学"怎么建？

方志远老师谈到，敦煌学能建立起来，吐鲁番学就没有建立起来。是不是一个"学"没有关系，关键是人。任何研究要有新资料，新资料很重要。资料怎么来？今后如何建立一个资料库？当下的研究是对历史的解读。关于景德镇当下面临的情况，我写过三部书，越到后面越胆小。

我觉得景德镇学很重要。景德镇是很有价值的，价值在哪里？那我们要看到景德镇的特殊性和独特性在什么地方。我认为，首先从历史的角度，景德镇是走向全球化最早的城市。其次是景德镇对自然环境依赖很多，窑业在景德镇也从依赖自然到离开自然，因为交通不再需要水运了，而且在原料上，景德镇

的陶瓷并不完全是景德镇的瓷土。第三就是制度上的特点，长期以来形成了分工合作化。它的优势，我们以为已经过去了，其实没有过去，景德镇的瓷业一直没有中断，这种手工技艺很好。景德镇有资源优势，有非物质文化遗产优势，所以才吸引了大量的艺术家，他们空手而来，只要有想法，画好烧好之后，通过物流邮寄到各地。所以我特别想写一本书，名字就叫《古镇归来》。

刘远长

上海有个人说，杨振宁博士希望我们成立一个艺术与科学的专业，说是上海找不到，认为景德镇很伟大，陶瓷正好是一个艺术与科学相结合的学科，是一个多边学科，我们这个行业要提升到这个高度，既有艺术，又有工艺，还要有科学。所以这里我想补充一点科学的东西。陶瓷是火的艺术，这把"火"的艺术，有众多来历，光窑系的发展就是个热工科学，现代有柴窑、梭式窑。

现在一是技艺要与科学相结合。我们的手艺很丰富，特别是景德镇的粉彩、拉坯工序很丰富，但还是不足，要把这些补充进去。二是要提升景德镇的分量，加强理论研究。景德镇不缺实践，就是缺理论，这个理论值得再丰富、再提高。三是景德镇千年窑火不倒，水土宜陶，但土写得不够。高岭土世界有名，但高岭土之前还有麻仓土，麻仓土比高岭土还好，只是外国人不说它好，我们就自己埋没了。还有水、火的研究。昌江河的水是弱碱性的，有人搞作坊，就把昌江河的水引过去了。景德镇烧制的青花瓷就和别的地方不一样。我们跑遍了世界各地，看到的青花瓷都是蓝的，没有景德镇青花瓷的味道。所以，景德镇的水土宜陶。天然的自然环境应该把它很好地写出来。四是我们要考虑环境，特别是政治环境。景德镇为什么千年窑火不倒？古代的窑系相继倒倒起起，最早的官窑才二十年历史。我们景德镇是后起之秀，一直延续至今，从宋真宗开始一直延续到现在。官窑是皇帝搞的，后期官窑"官搭民烧"，民窑的脉络也应该充实进去。五是要把人的故事写进去。在人的故事里写工艺，如鸡缸杯，如果没有史料记载成化皇帝钟爱鸡缸杯的那个故事，卖不到两个多亿。要抢救一些已经过世的人的故事。六是现代艺术创作要与理论相结合。现代艺术是多元化的，尤其需要理论总结与指导。从事理论研究的人非常重要，但又很艰苦，得不到支持与保障。七是管理机制对景德镇的发展非常重要。改革开放以后，对景德镇的管理一直是放而不管，没有行帮、没有协会，理论研究应该是指导实践和预测未来的一个很好的手段。理论研究应该加大投入，经费应该用到项目里去。

🏵 周国桢

我们要正确看待继承，正确看待传统。创新才能改变世界，创新才能改变这个行业。景德镇传统太多，差不多百分之九十几都是传统，与今天的世界追求的东西有一定距离。

2013年，我在景德镇举办个展，有个台湾的艺术家来景德镇看展览，他说景德镇大部分陶瓷是"古典音乐"，看完你的展览，发现你的展览是"现代摇滚音乐"。我认为这个比喻非常形象。我看过中央电视台播放的一个纪录片《瓷路》，讲的是景德镇陶瓷的发展道路，我认为这个片子非常好，"china"既是中国的代名词，又是景德镇的代名词。当时的欧洲拿了一半的金银器来换中国的陶瓷，陶瓷征服了整个欧洲，他们以拥有一套中国陶瓷为荣。我们不能孤立地看待景德镇，要从世界、民族的角度看待景德镇，它有优势，也有弱点，要清醒地认识。

我觉得中国这几十年都没有可以拿出手的现代作品来影响世界，中国是在发展的，但遗憾的是没有一件现代作品在哪个博物馆出现。不能一味追求传统，传统与现代的审美不同。我觉得陶瓷研究从新中国成立至今，取得了两项重要成果：一是陶瓷从民间艺术走向了民族艺术；二是从工艺品走向了纯艺术。

民间艺术与民族艺术不同，就像京剧属于民族艺术、中国艺术，而赣剧、川剧属于民间艺术。工艺品是实用品兼具工艺性，而纯艺术是可以不考虑实用性的，工艺因其已有立体存在，装饰要服从它的器型约束。纯艺术不只是其意象，还要有思想、有主题、有现代感。而工艺品没有这方面的要求，只需要达到有美感就不错了。比如江西成立的瓷画研究院，主要是以瓷板为主，以瓷板绘画为主，这与民族艺术就接近了。现在来景德镇学画陶瓷的"景漂"有一万

人，这里有画国画的、油画的，都是搞纯艺术的人来景德镇。为什么这些人愿意来景德镇？是因为他们发现景德镇完全有搞纯艺术的条件，景德镇在纯艺术方面已经取得了不少成果，所以把他们吸引过来了。具体来说，元代发明了青花，明代发明了五彩，清代发明了古彩、粉彩、珐琅彩，到了民国，有了新彩（又叫洋彩），而这六十多年发明了高温颜色釉，它的"天人合一"的效果是任何艺术都达不到的，只有"天人合一"，火的艺术才能达到，所以这个就特别吸引人。高温颜色釉的起源也要做深入研究，现在对这方面的研究太少，对它的起源一无所知，这就是为什么我们的艺术还不能走向世界，因为我们看不到它的意义和存在价值。所以我建议我们搞理论的人要善于发现、总结那些不容易被人发现的成果。如果能把这些"景漂"高温颜色釉获过奖的作品统一收集，举办一次展览，一定能轰动世界。很多人崇拜油画，认为其是西方的最高艺术，但是如果能把高温颜色釉作品收集起来，在西方组织一次展览，也一定能轰动世界。

罗世平

我想从三个方面阐述我的意见。

一是从立学的角度。景德镇学究竟是作为一门"地方学"还是一门"专门学"是需要斟酌的。景德镇学是作为"日用学"来立，还是"审美学"来立？"日用学"是由工艺品的功能所体现的，而审美学是超越或者囊括日用之学的。立学的格局到底放在哪个学科范畴里，是需要再花时间进行论证的。景德镇学一定会作为一个大学来做的，所以立学一定要有特色。如敦煌学、红学。景德镇学与这些"学"最大的不同，是前面所谈的"学"都是历史的积淀、历史的遗产，而景德镇既有历史的遗产，又有当代的活态，它的特色也需要在这些方面着力体现。景德镇的另外一个特色是"丝绸之路"。"丝绸之路"主要以陆路为主，海路也有。但陶瓷文化是水陆兼济，它体现了古代与现代陶瓷不同的传播方式。

二是我认为景德镇学不是我们关起门来做的学问，一定是开放的、面向国际的学问，只有这样，才能让大家公认你的"学"是成立的。瓷器一定是面向世界的，所以我们的研究也一定是面向世界的，可以把国际学术界的力量都调动起来。

三是我非常赞成刘远长先生的观点，陶瓷是多学科的，绝不是一个只在艺术、手工艺里产生的学科。和陶瓷有交叉的最明显的就是科学与艺术，但是还有很多其他相关的学科，比如历史文化、非遗项目、社会学、人类学的项目都是需要研究的。景德镇学是否也具备这样的视野与能力，让不同的学科都可以参与进来做各方面的研究？

另外我非常赞同周先生的景德镇学是一个活态的观点，它不仅是历史，千年窑火不倒，就意味着景德镇学要面向未来。今天只是个发展基点。从农耕的手工艺生产到大工业生产，今天，我们社会的生产方式是数字化，景德镇学应该如何面对？景德镇学未来可能会发展得很好，因为它的内涵很深，所以我还是非常看好景德镇学，它非常有希望做成大格局。

赖大仁

我简单说点感想。

刚才各位都谈到"景德镇学"的名称，名称是个值得斟酌的问题。所谓名不正言不顺，卞利提出的"景德镇学"或者"景德镇陶瓷学"、"景德镇文化学"都是值得探讨的问题。一门学科呈现出来的和所反映的现象应该一致，所以"景德镇学"或者"景德镇陶瓷学"、"景德镇文化学"还是有很大的不同。不管是学术、学问、学理、学说、学科，一定要明确基本概念。景德镇学的研究背景、对象、范围都要认真斟酌考虑，这是在学科上，需要体系性的建构，特别是在《景德镇学概论》里需要解决以下问题：

第一，研究定位与定义的关系；第二，景德镇学的核心理念。在定位与定义的基础上，核心理念很重要。我提三点意见：首先，是景德镇学的土壤——地域文化。为什么景德镇千年窑火不倒？这和景德镇区域、地理、环境、水土是密切相关的，为什么在景德镇会存在瓷都成长的这种环境？其次，是陶瓷为体。那就是本体，离开了陶瓷就不是大家心目中的景德镇。无论是实体还是文

化，景德镇是离不开陶瓷的。最后，是文化为魂。文化包括器物文化、民俗文化、审美文化。这其中包括内涵与外延文化。

第三，需要解决体系问题。在形成核心理念的基础上，必须讨论结构体系的问题，概念、范围、命题。首先要考虑的是标题，后续的概念需要符合逻辑关系，任何东西都离不开体系，任何东西都要围绕体系展开。景德镇学需要体系，需要注重关系。在《景德镇学概论》里需要体现文化，景德镇的陶瓷文化需要架构与贯穿"景德镇学"概论，如果缺少了这块儿会存在一定的问题，这是需要考虑的。

第四，需要学术理论上的提升。如何在学术上提升景德镇陶瓷与陶瓷文化是需要下功夫的，在目录标题当中，还有很多介绍性的东西，不应该是这样，应该保持学术上的严谨。《景德镇学概论》尤其如此。

最后，我们要以开放的心态来研究景德镇学。景德镇本土学者来研究景德镇学有得天独厚的优势，但也存在一定的局限性。因此我们也需要外来的学者来研究景德镇学，这有利于景德镇学的提升。

刘悦笛

"景德镇学"的话题让我非常振奋，我想就敦煌学与景德镇学做一个简单的比较，然后提出五点意见。

景德镇学最核心的内容是一个活的传统，它里面有文化积淀、审美流变、传统传承。为什么这种传统可以传承下来？它的软实力非常重要，它的内在力量是什么？这是很重要的。景德镇学是本土的、中国的、世界的。与敦煌学简单比较一下。敦煌学是个杂学，考古性的多样学问，景德镇学是个纯学，是以陶瓷为主要研究对象的；敦煌学是死学，景德镇学是活学；敦煌学是外学，景德镇学是本土学；敦煌学是在国外建立起来的，景德镇学的核心一直是本土，所以我认为景德镇学会有更好的发展。

我的建议是：

第一，提升景德镇学陶瓷文化研究的美学品格、文化高度。我们以前研究陶瓷都是从工艺、造型美学的角度。我们应该把工艺美学与日用美学结合，这就是生活美学。陶瓷既是生活也是审美。我们应该有一个新的角度，建立一个以陶瓷为中心的生活美学。

第二，需要增加两本书：《景德镇陶瓷在海外的流散史》和《景德镇陶瓷的外销史》。外国人研究中国陶瓷都以外销史为主。西方人的很多词语都来自中国，陶瓷影响着西方人的审美，因此需要加入这些部分。

第三，这些书籍需要翻译成英文。这是海外非常需要的，中国的陶瓷文化需要走出去。

第四，我们应该把陶瓷艺术化的发展单列一本，把陶瓷科学也单列一本。这样，景德镇学才能成为一门多学科的学问。

第五，从当代文化发展来看，从创意文化产业结合出发研究陶瓷，出一本书。艺术文化衍生品的制作可单出一本，艺术授权的陶瓷文化也可做。生活美学传统是中国人最擅长的传统，要把陶瓷当作生活美学来研究。以陶瓷的国际影响看，景德镇学的研究前景非常广阔。

邓希平

景德镇窑火为何千年不灭的问题，我也一直在思考。我觉得景德镇是一个了不起的城市，因为它是唯一一个以一种产业维持了千年的城市。

陈雨前提出的景德镇学，其中就有很多景德镇千年维持存在的道理，景德镇学就是解释这些道理的。为什么景德镇存在这种唯一性？为什么景德镇能够影响世界？景德镇又如何影响着人们的生活？我们所承担的这一部分也仅仅是开始。这些作者都是从事这一行业的人，甚至是一辈子从事这个行业，他们对景德镇的热爱是可想而知的，实践部分会写得很好。

从景德镇学这一高度来说，只说工艺是不够的。有些部分可能不够好，包括人文方面的欠缺、文学方面不够高，等等，这需要出版社、主编、编辑来完善。现在能够把景德镇学建立起来，已经是一件非常了不起的事情了，后面还会有很大难度。

王能宪

"景德镇学"概念成不成立,这次论证会之后,陈院长更有底气了。我想在他提出景德镇学之初,他脑子里绝不可能有今天大家思维这么丰富。草鞋无样,边打边像。景德镇学提出十余年,能不能够站住,要经得起考验。但毫无疑问,景德镇学的提出和发展对景德镇陶瓷文化研究是非常有历史、文化价值的。

从全球化、国家现代化建设的角度来看《景德镇学文库》的出版,非常有价值。它不是刻意拔高,而是确实有内涵、有价值。编这套书绝不是对上一套书的修订,从丛书到文库,是一个飞跃。编纂过程中,我们要认真听取大家的意见、搞好书的设计。除了文库,还需要建立资料库。我以前在景德镇论坛有一个发言。景德镇有三个宝库:第一是地下宝库,包括考古与文物。第二是现代存在的宝库,即很多景德镇的艺术家和陶瓷艺术,要抓紧抢救性整理他们的技艺、工艺、实践、思想。第三个宝库,就是我们历代典籍当中,关于景德镇陶瓷的内容,地方志、古人著述、诗文。古人的书籍有没有陶瓷文化的书?肯定会有,整理之后就可以收集到《景德镇学文库》里面来。还有一些画册,比如景德镇外销瓷,官窑民窑相关的,这些内容都是相互辉映的,也有不同特点。景德镇是最早走向世界、最早全球化的地方,这些特点都需要我们整理、发掘、提升。作为资料,这些也可以搜集起来使用。比如官窑的特点、美学特征、官窑对民窑的影响也可以作为一本书。景德镇陶瓷文献综述也可以作为一本书。《景德镇学文库》如果开放式地收集整理这些内容,远远不止一百种。景德镇学需要开放的心态来立学,让更多的人参与到景德镇学的研究中。

于殿利

中国陶瓷文化以景德镇为代表,所以说景德镇学,包括我们要做的《中国景德镇学》学刊,都有非常重要的意义与价值。这本学刊的出版我有两点期待:一是真正能从学术和学理方面,更深层次地传播中国的陶瓷文化;另一方面是通过学刊搭建中国传统文化、陶瓷文化与他国文化的一个交流平台,也让中国古老的文化进行现代化转型,让古老的陶瓷文化和现代人民的生活密切相关,引起公众的兴趣。

任何东西无论它多么古老,多么有文化、有故事,如果不能和现代人的生活息息相关,那么它的生命力是要打折扣的。期待这本学术期刊能为中国传统文化提供一个很好的交流平台,能够为其提供新的、好的、促成其发展的营养。这件事得到了汉斯先生,包括一些外国专家、国内专家的鼎力支持,又有景德镇学院如此专业、权威的机构来进行相关工作,商务印书馆会竭尽所能吸收所有人的智慧来把这本学刊做好。

汉斯·道维勒

景德镇在中国陶瓷文化中占据着重要地位,陶瓷文化对于中国文化来说也是很重要的。但有一点我要指出:眼光不要局限于中国,应该跳出中国,关注世界。正如习近平总书记提到的"一带一路",沿途六十多个国家都是我们可以发展的对象,让这些国家的人更加了解陶瓷文化。

我发言之后,我的太太会向大家展示中国陶瓷,包括景德镇陶瓷,在国外的一些影响力。我所说的这些影响力不仅仅只是体现在纸面上,事实上亦是如此。像我和陈院长这几年的一些合作,包括前几年举办的一个展览,把景德镇瓷器和非洲瓷器做一个艺术交流,我觉得这是无形的非物质文化遗产。如于总刚刚所说,传统文化的一种现代化展示,这也正是这几年来我们与景德镇合作的事。但是这个项目和其他项目一样,如果需要很好地开展,必须投入大量资金。如之前的中非文化交流,我们的资金无法支持我们再继续下去。但目前取得的效果还是令人满意的。比如加蓬、突尼斯一些与中国比较友好的大使都对这些活动表示欢迎。景德镇作为陶瓷文化的代表,在欧洲其实是很有影响力的,无论是在英国、德国、荷兰等,都如此。但在前几年,这种影响力开始下滑。现在,景德镇代表的一种文化正在复兴,我认为这是一个很好的由出版社介入的时机。同时我们注意到,除了一些传统的艺术家,一些现代的艺术家也在利

用陶瓷这种艺术形式来表达他们的思想,这个也是我们的学刊可以捕捉到的。景德镇陶瓷文化复兴与世界教科文组织把景德镇列为"世界创意城市"的这个时间点是契合的。创意城市的标准就是这个城市要在某方面有自己的独有特色,景德镇完全符合这个要求。这不是竞争,而是非常有意义的相互合作的关系。

汉斯夫人

在信息社会,杂志出版已经成为一种奢侈品,因为现在的年轻人更愿意盯着自己的手机或者是其他的电子设备。但我认为庞大的历史是不可能完全装入手机的。陶瓷可以贯穿到人类最开始的时候,但据我了解,现在的很多年轻人对陶瓷已经一无所知了。

我注意到世界上很重要的一些博物馆,如卢浮宫、大英博物馆,都有很大空间展示人类早期的陶瓷产品。习近平总书记提出了"一带一路",瓷器在这个"一带一路"中扮演着怎样的角色呢?我们都知道"一路"指的是丝绸之路。丝绸在"一带一路"上扮演着很重要的角色,它是很重要的交易品,但在我看来,瓷器同样扮演着很重要的角色。

瓷器对文化和商贸方面的影响是由很多史料支撑的,它既可以作为交易品,又是外交上的一针催化剂,在文化的交流当中扮演着很重要的角色。我们到现在的欧洲,还可以看到在很多国家,瓷器出现在比较尊贵的收藏品中,同时瓷器的蓝白两种主色调在欧洲人心目中仍有很高的地位。

陈雨前

目前为止,组稿基本上可以覆盖国内外的各种刊物。它的创立有一个背景,就是陶瓷之路对世界的影响以及现在的"一带一路",所以它的国际视野很大。国际上主要是依赖汉斯先生和他的夫人,以及国际陶艺会代表、非洲国家的艺术家代表们。国内也是一些大家的支持,如王能宪老师、故宫博物院的傅修延老师、景德镇申请非物质文化遗产办公室的专家、百家讲坛学者方志远先生等。2017年3月3日联合国教科文组织出了通告函，5月13日在北京与联合国教科文组织总干事博科娃签署了协议，设立了"陶瓷文化：保护与创新"教席。这是世界上首个关于陶瓷的教席，也是代表陶瓷水平的最高平台。

姚若晗

首先我想说一下刊物的读者定位，分四大类：国外群体、国外的陶瓷产业、国内群体、国内的陶瓷产业，计划用中文和英文两个版本。

学刊具有学术性、文化性、商业性，整体风格要体现产业化、生活化、潮流化。主要内容包括景德镇学的学术动态、国际陶瓷主要行业动态、国内陶瓷主要行业动态及景德镇陶瓷相关领域的创新动态这四个方面的内容，这个是《中国景德镇学》学刊这两三年的规划。重点介绍学刊的四个板块，每个板块都有其栏目的名称，分别是：观景、知世、寻源、博雅。

"观景"主要是介绍景德镇学的发展动态和一些最新的研究成果；"知世"包括与陶瓷相关的国际政治、经济、文化等方面的叙事，一些国际性重大活动的介绍、分析；"寻源"主要是介绍陶瓷历史上的一些古迹、人物的探索发现与研究论证；"博雅"突出的是陶瓷艺术、设计、技艺等与人文生活有关的话题。

由于创刊号意义重大且要保证稿件的来源与质量，所以我们稿件的征集方式是以定向预约的方式，覆盖面包括世界各地，定向约稿后也会向大众公开征稿。而且以后会以大众征稿的方式为主，定向约稿的方式为辅。

罗世平

景德镇是一个科技、艺术、学术重地，人们对它寄予厚望，所以它肩负的担子也很重。

前几年，江西高校出版社准备出版《景德镇学文库》，景德镇也在联合国教科文组织里确定了教席,这个分量很重,意义也大,已走到了世界前列。刚刚听姚老师介绍学刊,分别是"三性、三化、四个板块",基本上可以想象稿件的几个重头戏,加上商务印书馆的支持,应该会推出比较好的刊物。

我比较赞同王院长刚刚说的刊物定位问题。刊物创立之初应该要考虑得周详一些,面面照顾办不出特色,这个是大家都要再斟酌的问题。

学刊的形象在大家心目中都已定型,它的学术面貌特别明显,如《中亚学刊》是以书代刊。《中国景德镇学》学刊有它的特色,与这些刊物当然会有差别,所以是不是应该考虑把特色更突出一点,信息类的内容不一定要以专门的栏目出现。因为手机现在也是以信息化的内容呈现,学刊是否要和手机的这种呈现方式区别开来?把各自的功能分开,不要强行糅合,否则最后的结果可能会应接不暇。我们的刊物应该是大家坐在那里慢慢看、慢慢琢磨的刊物,让这个刊物保持国际学术性的高度。

一个杂志特色越突出,越有深度和专业性,那么这个杂志的生存度和关注度也会越高。这是我心目中对杂志的要求。杂志名称"景德镇"前加上"中国"二字,世界上没有第二个地方有如此地域特色和长久的历史积累,又有新生的活力。这次征稿的篇幅较大,有助于学术问题的深入探讨,以后征稿也不应只局限于文字方面,还应多配图,有助于读者更直观地了解。

林 拓

我认为,第一,我们是不是应该树一面旗帜,中国陶瓷的旗帜,能够走向世界的旗帜;第二,我们的定位应该是可观赏的学术,可观赏性指的是图片。

陈院长做的事非常有意义,可以促成民族复兴视角下的景德镇学的进步,逐步形成自己的网络。

景德镇是最高端的,我们国家都称为昌南——China。刊物亦可以做成连载,因为景德镇的陶瓷文化也是与时俱进的,我们要"树一个旗帜、搭一个平台、建一个网络",形成景德镇陶瓷的新纪元。

薛晓源

丝绸和瓷器，都是中华文化的代表。"丝瓷文化"拓展和拓宽了丝绸之路的内涵。

如何珍惜景德镇的品牌和文艺性非常重要。如欧思通写了一本《中国纹样》，全部是讲元代、明代的瓷器纹样，书一发行，一个销售点就卖了10000册，书的作者是巴黎第一位市国会总设计师，现在我准备把他的第二本书《世界纹样》再出版。书的内容令人叹为观止，我们要把地域性的、特色性的东西变成全球性、世界性的。联合国的两位专家过来给我们提了很高的标准，先海纳百川，再优中选优。我觉得我们应该发挥我们的优势，强强联合，结合商务印书馆和陈院长两方的优势，推出"景德镇学"。到时候英文版的我会请英语最好的翻译家来做。第一期非常重要，一定要让人信服，让人震撼。期待中国"景德镇学"脱颖而出。

丁 方

东方文艺复兴的理念就是以中国的文化复兴引领整个东方的复兴，这也是中国文艺复兴的一个人类命运共同体的表述版本。雅斯贝尔斯所说的"轴心时代"，在公元前5世纪，印度、波斯、中国等，产生了那么多哲贤，如释迦牟尼、诸子百家等，中国有能力把古代东方世界（一般就是指欧亚大陆，从地中海到中国）的这些文化阐述清楚。把这些阐述清楚，就能实现中华民族的伟大复兴引领的东方复兴。

从这个角度来反观我们的"景德镇学"，具有特殊意义。从道到器纵向贯通，这是非常重要的。

于殿利

景德镇学再往上延伸,就是陶瓷文化,景德镇学就是中国陶瓷文化的象征代表。景德镇学要做到社会、历史、民俗等方方面面,要以陶瓷为中心,延伸到生产、生活,这才是它的独特之处。所以景德镇学是内核,外围是陶瓷,最外层是文化交流。这就是前面几位老师提到的文艺复兴,实现传统文化现代化。

景德镇学就是一种造物文化,它不仅仅存在于空气中、思想中,它一定要通过物件表现出来,即艺术存在和思想存在是一体的。

我们有决心把"景德镇学"打造成全国乃至世界上有影响力的学科。

景德镇学与文化思考

陈雨前[*]

前　言

"景德镇学"的提出，始于一个契机，更源于一个梦想。

在主编国家"十五"规划重点出版图书《中国景德镇陶瓷文化研究丛书》的时候，我恰逢在中央美术学院美术史系攻读中国美术史博士学位。我的导师金维诺教授是著名的美术史论家、国家文物鉴定委员会委员，也是敦煌学著名学者之一。受到导师的学术影响和启发，我当时在思考，应把这套书做成一个系统工程，必须要有纲，要有一个灵魂才能把它串起来。这个灵魂应该是什么呢？

其时，敦煌学、徽学经常在我的脑海里浮现，受到这个启发，我就想到景德镇能不能有"景德镇学"，使之成为丛书的灵魂呢？经过缜密的思考后，我觉得提出"景德镇学"应该是时候了！

我在《中国景德镇陶瓷文化研究丛书》的开篇之作《景德镇陶瓷文化概论》前言中写道："景德镇陶瓷文化研究，应该成为一门学问、一门学科。对它的研

---

[*] 陈雨前，景德镇学院院长，景德镇学创立者，教授，博士生导师，联合国教科文组织"陶瓷文化：保护与创新"教席主持人。

究,应该像'敦煌学'、'徽学'一样,成为'景德镇学'。只有把景德镇陶瓷文化研究,提升到这样的高度来认识,给予这样的定位,才能与'景德镇'在历史上、在世界上、在中国文化中的地位与影响相称。只有这样,'弘扬景德镇陶瓷文化'就不仅仅是一项工作,而且是一门学问、一项学术事业。我们应该大力提倡与鼓励对景德镇陶瓷文化的研究,使其成为一门真正的'景德镇学'。只有'景德镇学'有了成果,有了影响,使'景德镇学'和'景德镇'三个字一样,为世人所知,为世人所认可,为世人所热情参与,甚至执着地投入于其中,景德镇陶瓷文化的研究,才真正地取得了突破性进展和成果。当然,要取得这样的进展和成果,出现这样的局面,是要经过几代人艰苦不懈的努力的。可谓任重而道远。"

坦率地说,我提出了"景德镇学",内心常常不安,不知它能否成立?能否得到公认?但出乎我的意料,"景德镇学"竟然得到了很高的评价,引起了很大的社会反响。中央、境外、省级以及景德镇市属媒体对《中国景德镇陶瓷文化研究丛书》和"景德镇学"做了大篇幅的报道与高度评价和肯定。《光明日报》、《中国新闻出版报》、《中国出版》等报刊称,"《中国景德镇陶瓷文化研究丛书》被学术界誉为构建景德镇陶瓷文化研究体系的奠基之作","提出'景德镇学'学术构想高屋建瓴";香港凤凰卫视、浙江卫视等多家电视台对"景德镇学"进行了专访;《文汇读书周刊》、《江西日报》、《中国图书商报》、《都市消息报》、《中华读书报》、《景德镇日报》、《瓷都晚报》等报刊对"景德镇学"做了详尽的报道;人民网、新华网、国学网等知名网站从不同角度对"景德镇学"做了深入探讨,对提出"景德镇学"给予高度评价。

学术界对"景德镇学"的提出,同样给予了高度肯定、评价与赞扬。景德镇陶瓷学院名誉院长秦锡麟先生在《中国景德镇陶瓷文化研究丛书》总序中对此多有赞许:"这一学术构想,对于改变和提升人们对景德镇及景德镇陶瓷的认识,促进景德镇的国际交流,促进景德镇纳入国际学术的大视野,激励更多的有识之士投入到'景德镇学'的研究和探讨,将弘扬景德镇陶瓷文化提高到更高的高度和层次上加以认知等,无疑有着巨大的作用和意义。"中国艺术研究院副院长王能宪博士撰文认为,"'景德镇学'的提出,充分体现了主编与作者鲜明的学术预测意识,若干年后,当学界有机会重新梳理景德镇陶瓷文化研究的历史时,当会看到这一转捩之价值的凸显"。我的导师金维诺先生则以"景德

镇学的奠基之作"为题,认为:"建立'景德镇学'并推动其发展任重道远,需要各方面的努力,但我们相信这一事业必将获得成功。"著名专栏作家施雨女士也在北美世界日报《世界周刊》刊文写道:"陈雨前以拯救、复兴景德镇陶瓷文化为己任,一路艰苦摸索和实践,轰动世人的'景德镇学'终于诞生了。'景德镇学'立足于理论与实践相结合,在打造'景德镇学'的过程中,依靠一批人,团结一批人,培养一批人,成就一批人,有景德镇之魂美称的'景德镇学',重塑了景德镇陶瓷文化的内涵与外延,树立了一个崭新的景德镇文化形象。"

2006年9月初,江西省社科院完成了"景德镇学"研究课题的论证报告,专门成立了江西省社科院景德镇陶瓷文化研究所。挂牌仪式由时任江西省社科院院长傅修延教授主持,时任副省长孙刚先生出席仪式并对此予以充分肯定:"陈教授,你为江西省人民做了大好事。"其后,江西省社科院邀请我做了"景德镇学"首场学术报告会,引起了很大反响。《江西日报》首席记者郑云云在专栏长文中写道:"赣人应齐心协力打造中国最大的文化品牌(景德镇)。擦亮这块世界闻名的金字招牌,对于搅动江西经济和文化的活力,将起到无法估量的作用。"除了中央和省市媒体连续大幅报道外,江西省社科院还以《专报》形式上报省委、省政府。至此,一门具有江西地方特色和中国文化品格的特色学科——"景德镇学",由江西省社科院正式向世人推出。

"景德镇学"提出的十几年来,以其独特的文化魅力与广泛的时代意义,吸引了国内外众多专家踊跃参与,相关研究不断深入,影响力也与日俱增,更激励我在"景德镇学"的学术发展道路上,不忘初心、砥砺前行。

一、"景德镇学"的概念、构成体系与研究范畴

(一)"景德镇学"的概念

何谓"景德镇学"?

"景德镇学"是以景德镇陶瓷文化为缘由和主要研究对象,以哲学和艺术、

历史、经济、科技思想为深刻背景和依托，运用综合的研究，包括现代的科技手段与方法，研究景德镇陶瓷泥做火烧与流通、使用过程和各个环节中所呈现和反映的材质文化、工艺文化、装饰文化、器物文化、制度文化、传播文化、历史文化等，以及所积淀和反映的哲学思想、器物思想、科技思想、政治思想、经济思想、艺术思想，进而拓宽至研究文明史、文化史与生活方式等内容，并由此提升至研究和挖掘出景德镇陶瓷在人类文化生活中的地位、作用，旨在揭示出人类生活的一种文化样式和美的生活方式的一种学术理念与学科构想。

这个概念，是在系统地考察学术界对"陶瓷文化"概念的探索成果基础上提出来的。陶瓷文化的概念，至今为止，在学界还没有一个统一的公认的说法。陶瓷不仅仅是科技，不仅仅是艺术，而且是一种文化，这一点是世所公认的。但以往对陶瓷的研究，多从陶瓷发展史、陶瓷技术史、陶瓷贸易史和陶瓷的实物鉴定等角度进行，即便偶尔从文化角度进行研究，也缺乏系统性。

1. 关于陶瓷文化的研究与探索

杨永善、杨静荣先生合著的《中国陶瓷》[①]一书，对陶瓷与文化的关系，对陶瓷的精神性和文化性做了分析与阐述："陶瓷无论就其自身存在的形式，还是用于生活中与各方面发展的联系，都和整个文化发展分不开。研究历史有时要借助于陶瓷，研究文化发展史更离不开陶瓷。陶瓷与许多种文化均有相当密切的关系。翻开中国美术史，无论是绘画还是雕塑，都有陶瓷作品成为某一时期发展的重要标志。还有那似乎与陶瓷毫不相关的中国音乐史和中国舞蹈史，也都有陶瓷作品记载着它们发展的过程，如陶埙、陶瓷腰鼓、瓷箫以及绘有舞蹈人物的彩陶盆、汉唐时代的舞乐陶俑等等，无不说明陶瓷作为一种文化形态所涉及的范围是相当广泛的。"[②]在这里，两位作者对陶瓷的文化性、陶瓷与文化的关系等做了阐述，但并没有明确地提出陶瓷文化的概念。

熊寥博士《陶瓷美学与中国陶瓷审美的民族特征》一书，是对陶瓷进行美学研究的较为系统和较有代表性的研究著作。对陶瓷进行美学研究，这也是对

---

① 杨永善、杨静荣编著：《中国陶瓷》，台湾淑馨出版社1988年版。
② 同上书，第136—137页。

陶瓷研究深入的一个方面或者说是一个反映,但文化学研究应该比美学研究更加广泛,更加全面。在杭间所著的《中国工艺美学思想史》和《手艺的思想》两书中,也涉及对陶瓷进行美学的、历史的和文化的研究,有些观点颇有见地。

近年来,在陶瓷文化研究的学者中,不能不提到方李莉博士。她的《新工艺文化论——人类造物观念大趋势》、《传统与变迁——景德镇新旧民窑业田野考察》两本书,都是从社会学和人类文化学的角度,对景德镇陶瓷文化进行研究;其研究方法是田野考察,强调个案和社区研究,从而得出一般的结论。

兰州大学程金城教授近年来也涉足于陶瓷文化的研究,相继出版了《人性的容器和文明的载体——中国陶瓷文化》、《远古神韵——中国彩陶艺术论纲》和《中国陶瓷艺术论》等著作。程金城教授这样评述陶瓷文化:"陶瓷是一种最为普遍而又极为重要的文化承传的载体,陶瓷以其特殊的方式不断延展着人类前进的足迹,通过一个个、一代代的陶瓷器物,把人类的智慧和文化意蕴'固化'并世代相承,这种文化历史的链条从来没有中断过。从这个角度说,陶瓷是人类的另一种生命符号,这是任何其他文物都不能比拟的。"①

2. 陶瓷文化定义及其特征的探讨

但是,对于什么是陶瓷文化以及陶瓷文化具有什么特征等问题,仍需要一个明晰的说法。《中国国情丛书》对"陶瓷文化"的定义是:"陶瓷文化是一种特殊的文化形态,它以陶瓷这个由科学技术和文化艺术相结合所产生的景观而表现。在不同的历史时期,陶瓷器的烧造技术不同,陶瓷造型与装饰艺术也各异,它们都在一定程度上显示了当时的科学技术水平,展示了当时人们的美学观念和文化心理特征。陶瓷器本身凝结着人们的聪明才智和创造精神,从一个侧面反映了历史。"这个定义指出了陶瓷是一种特殊形态的文化,其特殊之处在于,它是科学技术和文化艺术的结合体,是时代社会和人们观念与文化心理特征的反映。但是,我认为,此定义仍然不足以完全概括陶瓷文化的特征,仍然不能涵盖陶瓷文化所涉及的方方面面。

我觉得,要给陶瓷文化下定义,必须考虑以下几个因素。这些因素,也构

---

① 程金城:《中国陶瓷艺术论》,山西教育出版社2002年版,第18页。

成了陶瓷文化的根本特征。第一，泥做火烧，这是陶瓷的本质语汇，是给陶瓷文化下定义时不能忽视的一个根本问题。"泥做"，这里指陶瓷器的原料、胎骨特征，也是指陶瓷器的成型过程和方法；"火烧"，这是陶瓷的独特之处，陶瓷是火的艺术，如朱琰在《陶说》中所说："画器调色，与画家不同，器上诸色，必出火而后定。"第二，实用性与审美性的统一。陶瓷属于工艺美术，它具有工艺美术的一般特性，也有独特的工艺美术的个性，这是陶瓷品的定位问题，正是因为这样的定位特性，陶瓷品既要满足人们的物质实用需要，也要满足人们的精神需要，它是物质产品和精神产品的统一体。第三，科学技术与造型艺术的统一，这是与"泥做火烧"相关联的独特性问题。任何一件陶瓷器，都不是单由科学技术或造型艺术所造就，即使如颜色釉制品也不单纯由科学技术所决定，还必须考虑造型和造型块面分割以及流动效果等。第四，必须综合考虑人、水、土、火四个要素，必须考虑制造、生产、包装、运输、销售等各个过程与环节，以及在各个过程与环节中人的行为和心理的、情感的、审美的等各种因素。第五，还必须考虑民族性、传统文化和时代因素以及区域性的影响。这是陶瓷文化的深层背景因素，是绝不能忽略的，或者说这是界定陶瓷文化的民族属性、文化属性和地域特性的一个前提性问题。

综合以上因素，我觉得所谓的陶瓷文化，就是指在陶瓷的泥做火烧与流通、使用的过程中和各个环节中所呈现的材质文化、工艺文化、制度文化、行为文化、物质文化形态和情感、心理、观念、习俗等精神文化的综合面貌，它是由中国文化传统所决定的。它是一种独特的传统文化，也反映和表现中国的文化传统，它以功能性与审美性相统一为特色，以满足人们实用的和审美的需要为目的，以科学技术和造型艺术相统一为特性，是中国民族文化的精粹之一。

"景德镇学"的概念本身，经历了最初的提出到不断完善的建构过程。主要经历了这样几个过程："景德镇学"学术理念的提出；"景德镇学"概念的正式提出；"景德镇学"概念的确定。

如前所述，"景德镇学"学术理念的提出，是我在主编《中国景德镇陶瓷文化研究丛书》时，正式提出来的。我认为，景德镇陶瓷文化研究的学术创新，不能再仅仅是单一地研究某一方面、某一领域，尽管一直以来对单一方面的研究已经取得且必然继续取得重大成就，但坦率地说，陶瓷作为中国的伟大发明，

自成体系，完全可以成为一门独立的学科，早在民国初期就有学者呼吁要成立"瓷学"，惜乎无人响应；陶瓷不仅仅是科技，也是艺术，更是文化，因此，对陶瓷的研究应该是综合性的学科，就应该有灵魂、有旗帜。所以，要建构"景德镇学"。

3. "景德镇学"概念辨析

要理解"景德镇学"的概念，首先要弄清几个问题。

第一，"景德镇学"与景德镇瓷学。

"景德镇学"与景德镇陶瓷有关，它当然要研究瓷，而且是以景德镇陶瓷文化为主要研究对象，研究景德镇陶瓷的材质文化、工艺文化、器物文化、消费文化、习俗文化、制度文化，并由此拓展和延伸至这些文化积淀和体现出的哲学思想、器物思想、工艺思想、政治思想、经济思想等，并进而研究景德镇陶瓷与中国人的生活方式、审美思想、审美价值和审美情趣以及文化思想等。因此，它绝非是单一的瓷学所能概括的。

而瓷学主要研究瓷本身，是有关瓷的科学，其研究内容主要是陶瓷的材质及其组成、工艺与工艺过程等，着重阐明的是与陶瓷有关的物理、化学等科技特性。因此，可以说，它是一种专门性学科。

"景德镇学"当然是要研究瓷学的，但仅仅研究瓷学是不够的。而且，瓷学实际上早已存在，并且早已取得辉煌成就。因此，"景德镇学"必须有新的学术理念和学术思想。

第二，"景德镇学"与景德镇市学。

景德镇市学是以景德镇为研究对象，研究景德镇地域历史、社会、经济、文化等内容的学科。其研究地域主要是景德镇。当然，这其中也包括地域比较研究。

但是，"景德镇学"既是景德镇地域的学问，又不仅仅限于地域研究，而是以景德镇陶瓷文化为缘由和主要线索，由景德镇的研究拓展和延伸，并用新的学术理念，对景德镇和景德镇陶瓷文化进行全方位的研究。

"景德镇学"既是景德镇这个地域的，又远不止是这个地域的。

要处理好这个问题，我们要把目光放到整个中国、放到国际上去，要把学

术的研究从文化本身的研究拓展到文化史的研究、文明史的研究、生活方式的研究、科技史的研究与中外交流的研究。

这个概念自提出以后，还在不断的探索之中，这种探索是开放的，也是不断变化的。今天看来，这个概念太过冗长与烦琐，需要删繁就简。我觉得对"景德镇学"更精练的定义，应该是一门研究景德镇陶瓷文化发生、发展、演变、流传与影响及其规律的学科。

（二）"景德镇学"的构成体系与研究范畴

"景德镇学"是一种多学科的综合性的研究，其研究内容和范畴构成一个完整的体系。具体而言，是由景德镇陶瓷本体的研究、"景德镇学"的理论研究以及景德镇陶瓷文化研究等几个部分构成。

景德镇陶瓷本体的研究，即直接研究景德镇陶瓷本身。具体包括以下几个方面的内容：景德镇陶瓷历史；景德镇官窑（御窑）；景德镇民窑；景德镇陶瓷工艺；景德镇陶瓷习俗；景德镇陶瓷器物；景德镇陶瓷作坊；景德镇陶瓷与科技；景德镇陶瓷与产业；等等。

关于"景德镇学"的理论研究以及景德镇陶瓷文化研究，范围甚广，可在下文的"景德镇学"特征中一起阐述。

二、"景德镇学"的特征

（一）"景德镇学"是一门综合性学科

它融历史学、考古学、文化学、艺术人类学、社会学、美学、民俗学、瓷学、经济学、传播学等学科于一身，并吸取和运用各学科的理论与学术方法，对景德镇与景德镇陶瓷文化进行全方位的、综合的研究，它突破了对景德镇与景德镇陶瓷文化进行单一研究的模式，而且，将其提升提炼为一门全新的综合

性学科——景德镇学,并以"学"的理论和方法,对景德镇和景德镇陶瓷文化进行一种新的学术研究。

(二)"景德镇学"坚持理论研究和实践研究并行的方针,对景德镇陶瓷文化进行研究

"景德镇学"是研究历史上的景德镇陶瓷文化的学问,也是研究当下景德镇陶瓷文化的学问,更是研究未来陶瓷文化的学问。"景德镇学"注重理论研究,但理论研究本身既是目的,又不是完全的目的,而是要用理论成果观照现实、审视现实、探索未来,并以之指导实践,进行实践的和实证的研究,以之验证理论成果,以丰富和补充理论成果。用这样经过从理论研究中所凝练而又经过实践的验证、丰富和提炼的成果,来对实践进行指导,使理论研究"活"起来、"树"起来,使理论研究成果可感、可视、可触、可用。这是"景德镇学"这门学科不同于其他学科的地方,也是这门学科的生命力所在。

(三)"景德镇学"的研究范围广而宽

从前文所述的"景德镇学"构成体系和研究范畴来看,"景德镇学"的研究范围是很宽广的。它既是专门的研究,又不限于景德镇瓷器的研究;既要研究景德镇,又不把研究范围局限于景德镇。而且,尤其是要拓展和延伸至景德镇陶瓷文化与中国人的生活方式的关系的研究,并从中提升、凝练、抽象为对中国人的一种美学和文化的生活样式的研究。

(四)"景德镇学"是连接与探讨历史、现实与未来的学问

探讨景德镇与景德镇陶瓷历史,是目的,更是过程,研究历史是为了观照现实,揭示未来;研究现实,是为了揭示规律,昭示未来,"景德镇学"既要研究历史的、静态的景德镇与景德镇陶瓷文化,更要研究现实的、动态的景德镇与景德镇陶瓷文化;既要研究工艺、器物、文献等方面,更要研究产业、服务

产业，为产业的发展提供理论支撑，所以，"景德镇学"是充满着生机与活力的学科，是具有经世致用价值的学科。

（五）"景德镇学"是一门有学术使命、学术担当的学科

中国是瓷之母国，中国陶瓷文化是最具中国特色的民族文化之一，景德镇是举世闻名的世界瓷都，拥有博大精深的陶瓷文化积淀。但随着国运的衰退，景德镇于晚清以后一直衰落不前，尽管在新中国成立之初，也做过很多努力，力图重振瓷都雄风，复兴中华陶瓷文化，但历史时机并未成熟。现在中华民族已经走在复兴的坦途，中国陶瓷文化的复兴和景德镇瓷都的重新崛起，得到了前所未有的历史机遇。"景德镇学"的应运而生，就是试图通过景德镇陶瓷历史与陶瓷文化的研究，挖掘和提炼出"景德镇陶瓷文化精神"，这种精神，就是景德镇的灵魂，"景德镇学"以此为其学术宗旨和使命，体现了学术的精神、使命、责任和担当意识。

三、"景德镇学"学科基础与历史和现实依据

（一）景德镇陶瓷文化是最典型和最精粹的中华民族文化之一

景德镇陶瓷文化不仅是中华民族的"保根文化"之一，也是全球文化丰富化和多元化发展共存共荣的特色文化。它与经济全球化带来的全球文化同质化共存，保持了特色、个性、风格和生命力。

（二）景德镇陶瓷文化有着举世罕见的深厚积淀与完整体系

据不完全统计，景德镇有国家级历史文物保护区5片，文物遗迹1500余处，文物保护单位30处，市区每平方公里就有5处文物古迹，仅南河流域就有136

处古代窑业堆积，仅市区就有 200 多处陶瓷文物遗迹，馆藏和单位收藏陶瓷文物 20 余万件，是世界任何产瓷区和窑口都无法比拟的。

景德镇御窑在全国乃至世界影响巨大，珠山御窑遗址是 2003 年中国考古十大发现之一，是世界上面积最大、堆积层最厚、持续时间最长的皇家瓷厂。

湖田窑是中国古代最大的民间窑场，是全国第一个被列为全国重点文物保护单位的古瓷窑址。

完整的古瓷业体系遗址在世界上绝无仅有，高岭古矿、瑶里古瓷业、昌江水系、东埠和三间庙古码头，以及古作坊、古窑房、古瓷业等一起构成了景德镇陶瓷文化的丰厚积淀。

千年景德镇厚重的历史与博大精深的陶瓷内涵与文化积淀，是"景德镇学"诞生的历史根基。而现实的景德镇，既有深厚的丰富多彩的历史积淀与遗存，更保留有完整的举世无双的手工艺制瓷体系，整座城市就是一个天然的活态与静态共存的陶瓷文化博物馆。自成一体的完善的陶瓷教育、科研、文化体系与日益活跃、成果迭出的研究、创作、设计成果等，都为"景德镇学"的诞生提供了坚实的现实与理论依据。

（三）景德镇曾经是江西乃至中国的名片

景德镇在晋时称新平镇，在唐时称昌南镇，而 china 在英文中既是瓷器也是中国之意；丝绸之路将中国包括景德镇的陶瓷文化，传至西亚和中亚各国；海上陶瓷之路从海路传至亚洲、非洲、欧洲并由此延伸，将中国瓷器尤其是景德镇瓷器，传到世界各国，并在世界各国的博物馆中占据重要地位。可以毫不夸张地说，景德镇陶瓷对世界物质文明和精神文明的发展做出了巨大的贡献。"集天下名窑之大成，汇各地良工之精华"、"行于九域，施及外洋"，景德镇与景德镇陶瓷文化在世界、在人类历史上的地位、影响与作用，奠定了"景德镇学"的高度与广度，更意味着"景德镇学"在构建人类命运共同体中的使命与担当。

四、"景德镇学"的提出与创建是景德镇陶瓷文化研究深入开展的结果

早在清末,陈浏在《陶雅》一书原序中就提出"居瓷国"应立"瓷学"的观点。进入新世纪以来,景德镇人开始从文化偶然走入文化自觉,一些先知先觉的知识分子,开始关注景德镇陶瓷文化。从20世纪90年代周銮书的《景德镇史话》、杨永峰的《景德镇陶瓷古今谈》,到21世纪梁淼泰的《明清景德镇城市经济研究》,耿宝昌、秦锡麟的《珠山八友》,陈海澄的《景德镇瓷录》,刘朝晖的《明清以来景德镇瓷业与社会》,方李莉的《景德镇民窑》;既有景德镇陶瓷考古研究,如刘新园、白焜的《高岭土史考》,江西省文物考古研究所、景德镇民窑博物馆编著的《景德镇湖田窑址》;又有鸿篇巨著,如国务院批准的国家重大出版工程、国家文化发展纲要重大项目《中华大典·艺术典·陶瓷艺术分典》,中宣部、文化部重大出版项目《中国现代美术分类全集·陶瓷卷》,陈雨前、余志华主编的《中国古代陶瓷文献影印辑刊》(套装共30册),石奎济、石玮主编的《景德镇陶瓷词典》,胡平的《瓷上中国》;更有反映景德镇陶瓷历史的电影《青花》、电视剧《大瓷商》和歌曲《我在景德镇等你》、《最美景德镇》……凡此种种,标志着景德镇陶瓷文化研究已进入全面繁荣发展的新时期。

五、"景德镇学"的宗旨与意义

(一)"景德镇学"的宗旨与目标

"景德镇学"有着深厚的社会基础。"景德镇学"的学术构想一经提出,便得到社会各界,包括政府、专家、学者和社会民众的广泛关注,国际汉学家也

给予了积极肯定和支持。

"景德镇学"的宗旨与目标是力争成为与徽学、红学、敦煌学一样的国际性"显学",为中国的文化建设、中华民族特色的"保根文化"的维护以及景德镇陶瓷文化的保护和弘扬,做出贡献。

"景德镇学"的研究和将"景德镇学"打造成国际"显学",对于再现中国陶瓷文化发展历史脉络与文化精髓,吸取中国陶瓷文化发展进程的经验教训,改变和提升人们对景德镇、景德镇陶瓷、中国陶瓷文化乃至中华文化的认识,促进景德镇及中国陶瓷文化的国际交流,有着重大的现实意义。

而且,"景德镇学"的提出,有利于恢复和重现景德镇陶瓷、景德镇陶瓷文化在中国乃至世界历史文明进程中应有的地位和作用,进一步提升景德镇陶瓷文化的社会价值和经济价值,提升景德镇的品牌,有助于景德镇陶瓷实现新一轮的高起点的跨越式发展。

(二)学术意义

研究景德镇陶瓷文化的学者,可谓代不乏人,如宋末元初之蒋祈,明之宋应星,清之朱琰、唐英、蓝浦、龚鉽等;研究著作及其成果,可圈可点。有的成为中国陶瓷文化研究里程碑式的重要成果,如蒋祈的《陶记》便是第一篇完整研究景德镇陶瓷文化的重要文献,在中国陶瓷文化史和中国陶瓷史上,都有着重要的地位和影响;宋应星的《天工开物·陶埏》篇和其他篇一同被称为"中国十六世纪的手工业百科全书";清代蓝浦的《景德镇陶录》,是迄今为止研究景德镇陶瓷文化内容最为详备、体例最为完整的著作。这些著作本身也成为今天景德镇陶瓷文化研究不可忽略的研究对象。

回顾清末至今的研究景德镇陶瓷文化的文献,形式不可谓不丰富,内容不可谓不多样,成果不可谓不丰硕。这些研究成果,构成景德镇陶瓷文化研究的宝库。

"景德镇学"是在继承前人的研究成果与优良学术传统的基础上,在新的历史时期,对景德镇陶瓷文化所做的进一步探索和研究,是用世界文明发展的眼光和从文化视角,对陶瓷文化的概念与特征进行考辨,对景德镇传统陶瓷文化

以及陶瓷文化产业构成体系进行探讨和阐述。

"景德镇学"的研究，以学科形态出现，将更加系统、全面和深入，填补陶瓷文化系统性研究的空白，对引领和推动景德镇陶瓷文化和研究具有举足轻重的作用。

景德镇是最具有特色的文化资源，将景德镇陶瓷文化研究提升到"景德镇学"这一学科形态来研究，这不仅仅是一种学术观点的创新，也是文化创新以及传统文化在现代社会焕发新的生命力的一种新的思维方法和发展思路。

"景德镇学"的学术构想的提出及其深入研究，对于我们重新认识景德镇及其所蕴藏的巨大能量和发展动力，都是积极的、有益的。

我深信，"景德镇学"的研究，属于中国，更属于世界。"景德镇学"的意义，不仅在于总结历史、把握现在，更在于开创未来！

附："景德镇学"相关研究成果掠影

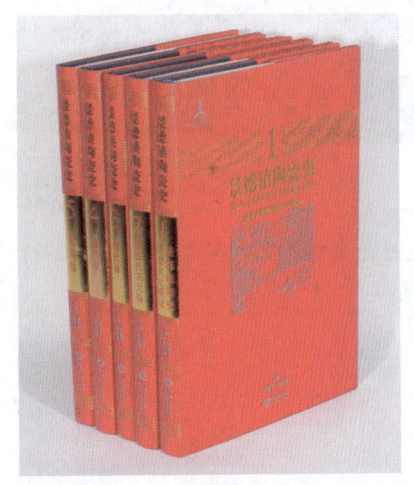

左：有国家新修"四库全书"之称的《中华大典·艺术典·陶瓷艺术分典》，陈雨前主编
右：《景德镇陶瓷史》，陈雨前主编

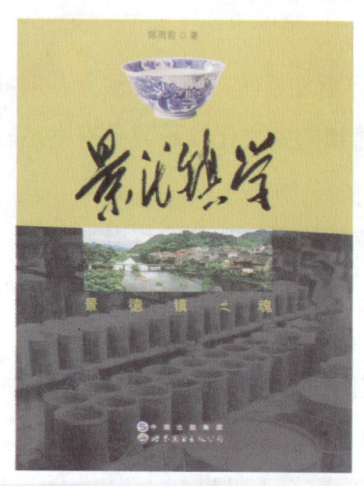

《景德镇学》，陈雨前著

《中国古代陶瓷文献影印辑刊》，陈雨前、余志华主编

《中国景德镇陶瓷文化研究丛书》，陈雨前主编

联合国教科文组织"陶瓷文化：保护与创新"教席签约仪式

盛世图景，归元致和

——世界文明新时代下的景德镇学与未来

姚若晗[*]

引 子

在人类文明史上，有一个绝无仅有的奇特现象，即中国传统文化在数千年文明演进过程中，从未出现断层。从信史可考的周公制礼，到孔孟传统、老庄精神，以及后来的佛学思想，彼此促进融通，常演常新，生生不息，一脉相传了3000多年。

四大文明古国中的古埃及、古巴比伦、古印度文化早已湮灭在历史的烟尘中。即便是后起的古希腊、古罗马文化，其文化传统同样在致命的冲击下断裂过，在中世纪的几百年，欧洲人甚至都看不到柏拉图、亚里士多德的著作。

人猿相揖别。

只几个石头磨过，小儿时节。

---

[*] 姚若晗，文化学者，陶瓷专家，联合国教科文组织"陶瓷文化：保护与创新"教席特聘专家，国家艺术基金项目特聘导师。

> 铜铁炉中翻火焰，为问何时猜得？不过几千寒热。
>
> 人世难逢开口笑，上疆场、彼此弯弓月。
>
> 流遍了，郊原血。

寥寥数语，道尽从人类诞生至今纵贯几百万年的历史。

这些湮灭与断裂的文明，似乎也揭示着文明迭代、国家兴亡、民族荣枯、文化盛衰的某种必然。

那么，渡尽劫波而硕果仅存的中国文明，究竟是必然中的偶然，还是偶然中的必然？

答案，也许就潜藏在中华民族具有独特性的文化基因中。

在历史上，中华文明的辉煌，乃至民族文化的融合以及国家版图的形成与巩固，固然是以强大的国力为前提，但最终依托的还是文化软实力的潜移默化。

近代以来，中国经历了对传统文化的怀疑与反思，乃至自我否定与全面革命，直至伴随国力增长而逐步恢复文化自信，也在这一漫长的历史进程中积累了不少经验与教训。

随着世界格局的变化，中国需要逐渐担负起引领世界文明新时代的责任，这是中国的历史使命，也是中国的文化使命。

一年树谷，十年树木，百年树人，那么千年呢？唯有树文！

文化乃千年大计，亦为国家与民族立世之本、绵延之因。文化的范畴极其博大，世所公认的是，在非物质文化层面，核心载体应为文字与语言；在物质文化层面，核心载体则是建筑与器物。

在中国器物文化当中，瓷器是毫无争议的杰出代表，也是中国的代名词。在中国文化伟大复兴的进程中，瓷器所承载的瓷文化必然不可缺席，瓷文化辉煌的象征就是世界瓷都景德镇，故而，以景德镇学为代表的瓷文化学术体系的全新构建，更是题中应有之义。

洞察历史，方可洞见未来。景德镇学之兴，其来亦必有自。

一、景德镇学的立学背景与宗旨

为什么要有景德镇学？这是一个首先必须回答的问题。

亘古以来，陶瓷是第一种人造材料，更以其广泛深远成为人类共同的记忆，瓷器，则是古代中国与世界对话的语言。

随着考古学的蓬勃发展，以及中国与世界各地早期陶器的不断发现，陶器起源的研究取得了长足的进展，许多历史的谜团相继解开。

从世界范围来看，发明陶器的时间存在着较大的差距。最早的陶器出现在距今约 1.5 万年前；美洲的陶器最早距今只有 5000 多年；西亚地区最早的陶器不早于距今 9000 年前。但并无证据表明彼此之间存在关联性。因此，陶器的起源应该是多元化的。

而世界瓷器的发展历史，是从中国开始的。

从距今 3000 多年前商代早期青瓷器在中原及长江下游出现，到公元 2 世纪左右东汉时期成熟的瓷器在浙江首先烧成，甚至到隋唐时代"南青北白"的局面出现，世界上除中国以外尚无人知晓瓷器烧造的秘密。

中国的制瓷工艺，大约在五代时期传至毗邻的朝鲜，并催生出富有朝鲜民族特色的"高丽瓷"；南宋时期又东传扶桑，日本人左卫门景正、加藤四郎在中国福建学习烧瓷五年后，归国烧制出日本最早的瓷器——"濑户物"；而直到 18 世纪，西欧诸国师法景德镇，才相继烧制出真正的高温瓷器。

因此，世所公认中国是发明瓷器的唯一源头，这一点与世界范围内陶器的发明与发展截然不同。在人类文明的进程中，用泥土制陶是全球人类的远古创造，而发明瓷器却是中国人独享的荣光，也是中国对人类文明的杰出贡献。

瓷的出现不仅赋予陶器以惊艳世人的光洁晶莹，更为之融入了文化与艺术的精魂，由此倾倒众生、风靡世界。瓷器与人类的生存环境、生产方式、生活习惯、社会制度、宗教信仰、审美情趣等有着密不可分的联系，因而不同时期、不同地区的瓷器也蕴涵着不同的历史与人文内容，并形成了各具特色的瓷文化。

瓷器不仅是中国传统工艺美术的杰出代表，也是中国历代财富的重要来源。

图1 法国皇帝建造的中国瓷宫

在中国历史上，瓷器以其特质，一统天下财物，汇为巨大产业，并成为中华文明的图腾性器物；在文化情感上，瓷器又是中国人的无间纽带，以其美轮美奂，上达宫廷、下遍黎庶，跨越千年、横贯东西，直面中华文明中最世界文明的部分。

曾几何时，来自中华的瓷器在欧洲曾有"白色金子"之誉；欧洲人甚至用金银器做底座以陈列来自中国的瓷器；用皇帝的卫队来换中国的瓷器；在欧洲各国的皇宫竞相建造瓷宫来收藏来自中国的瓷器（图1）。远隔重洋的东西方文化，由此找到了互鉴共通的器物载体与审美语言。

世界由此认识了中国，"china"（瓷器）也由此成为中国的代名词。

在世界器物文明领域，中国的瓷器、丝绸与茶叶举世闻名，深刻影响并推动了世界文明的发展进步。

中国瓷器输出到世界各国的主要途径有三个：

图2 慈禧太后赠英国维多利亚女王瓷胎珐琅瓶一对　　图3 邓小平同志出访赠泰国国王景德镇瓷雕《六鹤同春》

一是作为国际交往礼物,赠送外国首脑或使节(图2、3)。

二是通过宗教的纽带传播到世界各国(图4—6)。基督教、佛教和伊斯兰教这三大宗教的信徒们频繁往来,充当向外传播中国瓷器的载体,在文化意义上影响尤其深远。

三是通过丝绸之路(瓷茶之路)的贸易,以景德镇为代表的中国瓷器"行于九域、施及外洋",这也是最主要的输出途径;仅在18世纪的100年中,中国瓷器输入欧洲的数量,据最保守的估计,也在6000万件以上。中国也是茶叶的原产国,所以茶叶贸易额长期高居世界第一。瓷茶两项形成了巨大的贸易顺差,在当时,世界上近一半的白银流入了中国。

图4 富有希腊、罗马色彩的犍陀罗艺术瓷器

图5 在东南亚佛教区域广泛流传的观音瓷像

图6 明永乐景德镇窑青花阿拉伯纹无挡尊

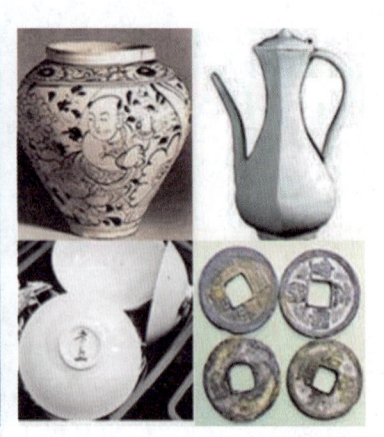

图7　南海一号沉船打捞现场与打捞出的大量中国出口瓷器

　　陆、海丝绸之路曾经是中华文明在世界传播的核心途径。丝绸之路横跨千年的繁荣，也将中国的文化输出到陆、海丝绸之路沿线地带，并在东亚、东南亚一带形成了以儒家文化为核心的东方文化圈，成为文化的宗主国。

　　历史的辉煌渐行渐远，丝绸之路空余绝响，但其在中国历史上开始的中西文明的接触碰撞与相互激发、学习、滋润与融合，无疑极大地推动了人类文明向前发展，中国瓷器与瓷文化也正是沿着陆、海丝绸之路远播世界。

　　近代以来，中华国力式微，神州百年陆沉，西方文明强势主导世界，中华文明的文化软实力严重削弱，曾经是文化软实力重要载体的中国瓷器也黯然失色，失去了世界高端市场的领地。

　　进入21世纪以来，尽管局部战乱频仍，但和平与发展依然是世界的主题，全球经济与文化大融合的大趋势日益明显。在世界文明发展的新阶段，国家地位的提升不仅要以强大的经济实力为后盾，而且要以深远的文化影响力为先导。

　　作为瓷文化的发祥地，中国不仅拥有数千年绵延不绝的陶瓷文化传统，也在世界范围内具备无与伦比的瓷文化影响力。然而，曾经在欧洲被称为"白色金子"并被顶礼膜拜的中国瓷器至今却屈居人后，甚至成为廉价产品的代名词，中国瓷器产业的国际地位更是令国人汗颜，这与中国瓷文化的辉煌历史以及正在走向伟大复兴的中华新貌无疑极不相称。

　　目前梅森、塞夫勒、柏图、道尔顿、雅致等欧洲品牌，几乎垄断了国际高端瓷器市场。缺乏世界级品牌，是中国瓷业现状的折射，而艺术与市场的脱轨、

文化与产业的断裂、工艺技术水平的落后、设计与创意价值的缺失，以及管理机制、营销手段与全球化市场的脱节，才是中国瓷业难以再现辉煌的深层原因，而最根本的原因，就是中国瓷文化的没落与支离。中国瓷文化的没落，又是中国文化的世界影响力严重弱化的一个缩影。

一个产业乃至一个国家与民族的强大，必然伴随着文化的深远影响力。作为中国器物文化的代表，中国瓷业一旦失去了瓷文化的引领，也就失掉了产业的灵魂和器物的核心价值。

文化自信是最根本的自信，文化重塑的至高目标就是重建文化自信。当今之中国，经济快速腾飞，国力大幅增长，但在文化重塑方面依然任重道远，尤其需要在一些具有深远影响力的文化学术方面率先突破，这当中无疑就包括了以景德镇为代表的中国瓷器文化。

鉴于此，文化重塑不仅是景德镇学的核心宗旨，更是一项重要使命。

景德镇具有伟大的历史空间，拥有金字塔般的陶瓷文化品牌，但并未建立起真正的塔尖文化，甚至遭受"有历史，没文化"之讥。

为什么会出现这种现象？

古往今来，一代代能工巧匠创造了景德镇博大精深的瓷文化，但这些创造者受制于文化地位，虽有名器传世，却难著书立说。而由于中国"重道轻器"的儒家传统，文人士大夫普遍将瓷艺视为"君子不器"的工匠之作，鲜有将其提升到文化层面来审视。虽然也有南宋蒋祈《陶记》，明代宋应星《天工开物·陶埏》，清代唐英《陶冶图说》、蓝浦《景德镇陶录》等古代文献传世，但数量之少、篇幅之短、范围之窄、角度之狭，不过渺如沧海一粟，即便加上目前的陶瓷文化研究成果，也是寥寥可数，无尽的陶瓷文化宝藏尚待挖掘，这与景德镇在历史、在世界与在中国文化中的地位与影响十分不相称，也难以从文化体系的角度支撑景德镇乃至中国瓷文化的复兴大业。

景德镇至今保存着完整的古瓷业文明体系，这座有着两千年历史积淀的古代瓷都，其研究领域应该涵盖社会、政治、经济、艺术、历史、考古、文学、民俗、地理、哲学等诸多方面，涉及社会发展史、艺术史、思想史、科技史、陶瓷文化传播史、社会经济史等众多学科领域。景德镇世界瓷都地位的重塑，乃至中国瓷文化自信的恢复，无疑需要有真知灼见的学术导引，而从文化寻根

到当代塔尖文化的设计,也都需要构建起一套能够代表景德镇历史与文化价值的理论研究体系。但目前,学术几乎缺席。

景德镇学的诞生与学科体系的建立,正可谓天降大任于斯"学"。

人事有代谢,往来成古今。

景德镇学创立之宗旨,首先是从关注和研究景德镇辉煌的历史入手,从对历史的深刻研究中提炼出"景德镇陶瓷之精神"和"景德镇之魂",与此同时,从家庭到社交,从产业到意识形态领域,颠覆与创新无处不在,解构与重构势在必行,瓷文化也必须和当代生活方式共同转移,并以与时俱进的呈现形态,汇入世界文明新时代的巨大潮流。

正是基于以上历史与人文背景,中国瓷文化亟须构建起兼收并蓄、推陈出新的思想内核与理论体系。如何系统构建?如何与时俱进?而又如何切入?这些都是景德镇学需要回应的时代关切,也是催生景德镇学的文化原动力。

二、景德镇学的研究对象与立学根基

景德镇学究竟应研究什么?

关于景德镇学的研究对象,很容易望文生义,误以为就是研究景德镇陶瓷或是景德镇地域文化的学术体系。而实际上,与其他显学相较,景德镇学既不同于以地域文化研究为主的徽学,也不同于以文物研究为主的敦煌学。景德镇学的研究对象,不仅涵盖景德镇陶瓷器物与地域人文的系统研究,而且以哲学、艺术、历史、政治、经济、科技思想为深刻背景与依托,运用综合的研究,包括现代的科技手段与方法,研究景德镇陶瓷生产、销售与消费的各个环节所呈现和反映的材质文化、工艺文化、装饰文化、器物文化、制度文化、传播文化、历史文化等,以及所积淀和反映的哲学思想、器物思想、科技思想、政治思想、经济思想、艺术思想,进而拓展至研究人类不同时期的生活方式与文化规律、文明演进等内容,并由此上升到研究以景德镇陶瓷为核心载体的瓷道文化在人类文化生活中的地位、作用、意义与趋势,最终揭示出人类未来的文化生活方

式与美学范式。

总体来看，景德镇学远不止是景德镇瓷学或景德镇市学，也不仅是两者的深度融合，更应大大超越这一层面的研究。

首先，景德镇学不仅仅是景德镇瓷学。毫无疑问，景德镇学跟景德镇陶瓷有关，它当然要研究陶瓷，而且是以景德镇陶瓷为主要研究对象，不仅要研究景德镇陶瓷的材质文化、工艺文化、器物文化、消费文化、习俗文化、制度文化等，还要由此拓展和延伸至这些文化所积淀和体现出的哲学思想、器物思想、技艺思想、政治思想、经济思想等，并进而研究景德镇陶瓷对中国乃至世界各地的生活方式、审美价值、审美情趣以及文化思想等方面的影响。凡此种种，绝非是单一的瓷学所能概括的。瓷学主要是研究瓷本身，是有关瓷的一种专门性学科，其研究内容主要是陶瓷的材质及其组成、工艺过程等，偏重于技术层面的研究。概括而言，景德镇学是包括而远不限于研究瓷学，在研究内容上就应体现出全新的学术理念和学术思想。

其次，景德镇学也不仅仅是景德镇市学。景德镇市学是以景德镇为对象，研究景德镇区域社会、经济、文化等内容的学科，其研究区域主要是景德镇。当然，这其中也包括区域比较研究，也会包括景德镇学的相关内容。但是，景德镇学远不止于景德镇区域的研究，而是以富有创新内涵的学术思想为指导，以景德镇陶瓷为缘起和主要线索，对景德镇和景德镇陶瓷文化进行全方位的拓展与延伸研究。简而言之，景德镇地域学的研究是景德镇学不可或缺的一环。同时，景德镇学还应把目光投向整个中国乃至整个世界，更要把景德镇学研究从文化本身的研究拓展到文化史、文明史、科技史、经济史以及东西方文化交流融合的研究，进而研究人类的一种文化生活方式与样式，其内容涵盖极广，其叙事极为宏大，但其研究之根基，则必立于瓷文化底蕴极为深厚、形式极为多样的世界瓷都景德镇。

脱离景德镇，就没有景德镇学。

景德镇瓷业肇始于汉世，崛起于宋初，鼎盛于明清，绵延至当代，"集天下名窑之大成，汇各地良工之精华"，以一业独撑一城，历千年而不衰，引举世之瞩目，成瓷器之圣地，并独享"世界瓷都"之盛誉。

景德镇虽非中国瓷器发祥地，却是无可争辩的集大成者。尽管在北宋初期，

景德镇已经异军突起，博采"南青北白"瓷系之长，创烧出晶莹雅丽的影青瓷，但在那个令人神往的时代，仍然是"汝哥官定钧"五大名窑交相辉映，景瓷尚未树立中心地位。宋室南迁是一个影响深远的历史转折点，大量文人雅士、能工巧匠随之移居江南，景德镇由此融汇吸纳天下名窑之良工绝技，博采异地乃至异国文化之精华，兼收并蓄，锐意创新，与时俱进地"开创一代未有之奇"。

成就景德镇瓷都伟业的因素有很多，譬如水土宜陶，譬如战乱较少……而其首要原因，却毫无疑问是官窑。

在瓷器发展史上，中国古代官窑（明清以后一般特指御窑）无疑是一座永恒的丰碑，官窑瓷器不仅代表着所处时代制瓷技术与工艺的最高水平，而且体现着中华民族的素质、文化水准与时代风貌，有着深刻而又广博的人文与美学内涵，对世界物质文明和精神文明的变革、进步与发展产生了极为广泛而又深远的影响。

景德镇之所以成为景德镇，官窑是独一无二的影响因素，这也是景德镇学体系的构建与发展中不可或缺的一环。

景德镇曾经是中华文明与世界对话的代表性城市，虽然与鼎盛期不可同日而语，但景德镇仍然保持着其他城市无法企及的一些特色资源与发展优势：

首先，是在瓷业范畴。景德镇目前仍保持优势的，一是传统制瓷的技艺得到了较为完整的传承与发展，仿古瓷领域至今独步天下，甚至可以在古玩市场通行无阻。二是手工陶瓷的生产体系得到了最完整的保留，在一些文化性、差异性需求特征较为明显的生活用瓷类别上富有特色。三是在艺术陶瓷领域的影响力首屈一指。尽管艺术创新力量大多来自外力驱动，但景德镇一直是开放包容与因循守旧的矛盾共同体，因而依托外来的艺术创新力量，一直保持着在艺术瓷领域的领先地位。而在大众化的生活用瓷如餐具领域，景德镇则已全面弃守，充斥全市摊店的餐具几乎都来自异地，但大都打着景德镇的旗号，可见景德镇这一跨越千年的金字招牌尽管已日渐褪色，却依然有着不可低估的号召力，并由此自然形成了庞大而芜杂的瓷业集散地。

其次，是在陶瓷历史文化领域。景德镇号称"地上一个瓷都，地下一个瓷都"，地面历史遗存与地下文物遗存都极为丰富，陶瓷文化景观更是比比皆是。景德镇的历史文化特色资源可以归纳为以下几点：一是千年瓷都的形象景观。

千年制瓷史形成景德镇特色文化之地与传统工业之所的独有风貌带——依昌江蜿蜒、傍丘陵起伏的"村村窑口，户户陶山"的窑城形象。绵延至今，镇内依然遍布由弄堂、牌坊、祠堂、闾门、民居、店铺等构成的古朴幽雅的明清建筑群落，在一些区域还残留着陶瓷古镇的痕迹，近年来富有文化气息的仿古景观也在增多，但是总体来看现状比较凌乱，尤其欠缺系统有序的成片规划与打造。二是极其丰富的陶瓷文化生态。景德镇不仅汇集了来自八方的陶瓷能工巧匠，而且吸引了全世界最多的陶瓷文化艺术群体来到这里体验、创作乃至候鸟式定居，从传统手工学徒、陶瓷专业学生到各路民间高手、国内外顶尖艺术家等，这些群体各具特色，形成了丰富多彩的陶瓷文化生态，"景漂"更是成为独一无二的一道靓丽风景线。

最后，是在自然生态环境与地域文化方面。景德镇属于江南山区与丘陵地带，山明水秀，气候宜人，自古盛产名茶与原生态农林特产。景德镇地处赣浙徽三省交界之地，同时也是三省文化交融之地，受徽文化影响尤甚。这里四方名胜聚合，物产丰饶，风情各异，自然与文化旅游资源取之不尽用之不竭，庐山、黄山、龙虎山、三清山、鄱阳湖、婺源等旅游热点皆在左近，大有新风云之象，不仅可无缝对接周边观光游的总路线，更可针对高端社群发展独一无二的陶瓷文化与休闲生态深度游。

毋庸讳言，作为一个内陆小城市，景德镇在很多方面并不具备优势，譬如观念、人才、资金、基础设施等，而在前面提及的几点特色与优势基础之上，景德镇最有可能也最需要打造的核心优势就是文化优势，有不少外来的高端群体对景德镇的整体评价是"有历史，没文化"，这个"没文化"实质上是指景德镇没有建立起文化话语权和影响力。

景德镇正因为有历史，才能举世闻名，吸引八方来客，这无疑是一个极大的优势；但又因为没文化，掌握不了文化话语权，也就掌握不了文化产品的定价权，未能创造更大的文化附加值。在瓷器领域，景德镇被压低成一个手工制作基地；在文化旅游领域，景德镇坐拥国家首批历史文化名城称号等优势资源，文化旅游产业目前的发展甚至还不及邻近的婺源。

名瓷成景，厚德立镇。景德镇的城市发展定位已经确定为中华文明与世界对话的代表性城市之一，这个对话的要旨，无疑就是在新的世界文明生态中能

够为中国文化的伟大复兴代言一二。

景德镇对中华文明的最大贡献，正在于引领中国瓷业技术与美学创新的脚步从未停歇，从而展现先进文化代表者的价值形象，并使景德镇屹立中国陶瓷文化塔尖千年而不倾。这项使命，理所当然应由景德镇学体系来担当重任。而如何代表当下中国乃至世界的先进文化，就是景德镇学系统研究必须突破的一大瓶颈，也是景德镇学之学术根基必须深植于景德镇的一大缘由。

洞察景德镇历史盛衰之表象，深究瓷道兴废之因由，审度文明进步之趋势，然后可窥瓷文化复兴之堂奥。

景德镇学必以景德镇为立学根基，而景德镇的重塑，亦应以景德镇学为文化支点，深入挖掘其文化价值与内涵，在经济层面上，将景德镇文化价值与当代中国瓷业发展全面融合，并以此推动中国瓷业从传统制造业向具有高附加值的文化创意产业转型，走出既有中华民族文化特征的传承，又能彰显当代文明风尚的产业强盛之路；而在文化层面上，就是致力于使瓷器再度成为向世界输出中国文化的重要载体。

三、景德镇学的学术思想与体系构建

盛世兴学，启文明道。

启文，旨在化人，以陶瓷文化开启当代雅致生活方式；明道，旨在兴业，以景德镇学指明中国瓷业复兴之道。在这个高屋建瓴的格局下，以景德镇学为代表的陶瓷文化体系的创立与发展，不仅可助力景德镇重塑世界瓷都形象与地位，更可使陶瓷文化血脉相连，重新擦亮中国文化的这张名片。

景德镇学要担当起瓷文化重塑的使命，其体系的构建首先应遵循两个基本原则：一是要着眼于未来，体现特色化人文发展与科学发展。景德镇学不是给中国瓷文化修史，更不是为景德镇陶瓷修史，而应更多关注与研究对现状的深入剖析和对未来的指导性。二是要拓宽研究视野，不可过多局限于器物文化与地域文化的研究，而应广泛深入研究景德镇陶瓷在人类文化生活中的地位、作

用，并由此揭示人类文化生活方式和美的样式。

简而言之，景德镇学研究的重心是陶瓷文化与当代生活方式的内涵与外延。景德镇学的研究范围是既要研究景德镇与陶瓷，又不把研究范围局限于景德镇与陶瓷。正因如此，景德镇学的研究群体更不可局限于景德镇，而应在世界范围内集众合力。世界各地、社会各界精英人士的广泛参与，不仅有利于提升"景德镇学"的学术研究水平，也有利于景德镇学学术思想的广泛交流与传播。2017年5月，陶瓷文化领域的首个联合国教科文组织教席"陶瓷文化：保护与创新"申报成功并落户景德镇，这对于促进景德镇学学术体系的国际化研究与传播，具有深远意义。

景德镇学最具价值也是最具挑战性的部分，是能否提出一种全新的学术思想，并建构一套全新的理论体系。

概括而言，与以往对景德镇的所有学术研究相较，景德镇学的学术思想应更多体现出系统性、广泛性、文化性、当代性以及与产业的融合性，不可一味钻进故纸堆皓首穷经，也不可徘徊在器物层面不及于道，更不可局限在地域层面以偏概全。在这一思想指导下，景德镇学是一种多学科的综合性的研究，其研究内容和范畴构成一个完整的体系。

景德镇学的核心内容，主要应包括以下几个部分：

（一）景德镇学总论

系统总结景德镇文化领域的现状，有三大不足：

一是城市文化形象的高度不够，缺乏富有时代性的有广泛号召力的文化学术体系，文化学术研究领域零散破碎，抱残守缺，真正有影响力的文化创新研究成果寥寥，真正有文化学术高度的学者和艺术家群体在本地稀缺，与国内外顶级学术群体又缺乏深度交流与密切合作，以至于景德镇在文化学术领域几乎没有话语权和号召力。绝大多数城市可以没有这个，但是对于以文化立市的景德镇而言，却是不可或缺的。

二是城市文化形象传播的广度不够，景德镇缺乏有广泛受众的权威媒体（包括传统媒体与新媒体），城市文化形象的对外传播力度小而散，更多是个人

与民间小机构的自发性与商业性传播行为，难以达到重塑世界瓷都形象所需要的高度、强度与广度，其中一个重要原因就在于缺乏政府更有力的组织与引导。

三是至关重要的一点，景德镇的城市文化缺乏深度开发与整合，有广泛影响力的核心看点不够，有广泛知名度的瓷器品牌稀缺，有广泛号召力的文化艺术群体松散。形象地说，景德镇给人的第一印象就像是一片杂草丛生的野地，乍一看凌乱不堪，需要蹲下来拨开杂草才能看到很多颗错杂散落的珍珠，圆润璀璨，惹人喜爱。所以景德镇首先需要的是"修剪草地"，才能触目可及诸多亮点，也就是整体规划、综合治理城市形象。其次是把这些凌乱散落的珠子串成很多条精美的项链，也就是系统设计、精心打造成系列的核心看点。以文化旅游为例，大理、丽江等主打文化特色的旅游热点都得益于大体量的核心景区打造，尤其是古城区保护完整、规模宏大，能够吸引文化游客群体流连多日。与之相比，景德镇尚无整体规划打造的大手笔大体量核心景区，几乎都是零散的单一看点，缺乏看点集中、配套完善因而能够吸引游客留居多日的大体量核心景区。尽管近年来零星开发的重点景区如建国瓷厂、御窑厂、名坊园、陶溪川、三宝村等，文化景区数量并不少，但从单个景区的体量与配套的完善性来看仍有明显不足，仍然过于分散，不足以形成标志性核心景区，更不足以形成世界性的陶瓷文化中心。

景德镇陶瓷欲回归历史正位，再度成为中国与世界的陶瓷文明引领者，必先进行文化功能顶层设计，以景德镇学体系为学术基石，构建起新的陶瓷文化价值体系，并由政府倾力统筹协调，整合文化生产力主体独有资源，以重振陶瓷产业、重塑城市形象，集政商学界之合力，启文明道、归元致和，建树价值新旗帜，重铸瓷都新辉煌。

改革开放已三十余年，国人开始餍足物欲驱动型消费，市场与文化逐渐趋同，文化消费需求上升，而陶瓷正可主导高端消费的精神气质，更有"一带一路"风云际会、气象一新，此可谓得天时；景德镇拥有辉煌千载的制瓷历史，有博大精深的陶瓷文化，更有全世界唯一保存完整的陶瓷文化产业资源体系，此可谓拥地利；景德镇还有极高的城市知名度，拥有十几亿中国人对陶瓷文化的特殊情感，有全球粉丝团的雅好需求，以及遍布世界的文、商、艺、媒同道者，此可谓具人和。

天时地利人和皆具，重塑景德镇乃至中国陶瓷文化的复兴，核心点就在于政商学界合力，并以文化事业与文化产业为先导。

为文化立心，不可无学府；为产业立命，不可无智库。景德镇拥有全球最完善的陶瓷产业配套能力，并高度集中了全国的陶瓷科研与文化机构，三所三院声名远播，业界精英人物多出于此，联合国教科文组织唯一的陶瓷教席亦于近期花落景德镇学院，并由景德镇学学科创建人陈雨前教授领衔。倘能在政府主导下，以专业高校为核心依托，联合各界精英，构筑长效智库，则可长期固守瓷业精神文化领地，并为景德镇瓷业发展持续注入文化、艺术、技术、管理、创意等活性因子，鼎助景德镇保持丰沛后劲。

在"一带一路"的发展背景下，景德镇的城市重塑必然是以文化重塑为核心，这也是景德镇学学以致用的一个切入点，更是景德镇学学科体系不可或缺的时代内涵。

该部分为景德镇学的学术总纲，主要阐述景德镇学提出的背景、目的、意义及研究对象、范畴与方法等方面内容，阐明景德镇学的学术概念及其内涵与外延，并揭示其创新思想、架构体系与价值体系。

关于这部分内容，在2004年景德镇置镇千年之际，陈雨前教授撰写并出版的《景德镇之魂》一书中已经构建了基本的轮廓，自此之后的十余年来，世界政治经济文化的格局又经历了极为深刻的变化，尤其是在中国新一代领导人倡导的"人类命运共同体"这个旷世大命题下，景德镇学应承载更重大的文化使命、具有更深远的历史意义，并可赋予其更丰富的内涵与更宏大的外延。

（二）景德镇学与瓷道文化研究

"形而下者谓之器，形而上者谓之道。"中国文化中的生活哲学，强调器以载道。

瓷器，承载的是生活之道、人文之道，融会的则是富有不同时代精神内涵的文化生活方式。自瓷器诞生以来，在中国历史的各个时期，无分贵胄黎庶，瓷器都是中国人日常生活中不可或缺的器物，也正因如此，以景德镇为代表的中国瓷器才誉满天下，并在世代相续中逐渐成为中国器物文化的最典型代表。

在器的层面，要系统研判中国各地名窑与名品，从材质、装饰、造型及烧成等诸多方面，研究景德镇陶瓷的技艺与文化演进史，并探讨各阶段所呈现的技术与文化特征。主要包括从坯釉材质与成型烧制技术、装饰手段与风格、文化题材与艺术创新等多个角度，研究景德镇陶瓷材质的特性及其表现力，并运用现代产业经济理论和管理理论，从中、微观层面对景德镇陶瓷技术经济与文化史进行系统研究。

瓷道文化是景德镇学研究的核心内容之一，是对器物文化的升华，主要从景德镇陶瓷的材质、工艺、装饰、造型、风格和样式、器型、功用等器物语言中，研究和诠释人们的社会生活、审美意识及时代变迁的轨迹，从陶瓷物质文化的研究中阐释陶瓷器物与中国人的生活方式、器物思想和审美情趣等，并从中探寻景德镇陶瓷与宗教、礼制、音乐、舞蹈、绘画、书法、文学、哲学、饮食、养生、民俗及建筑等文化形态的关系，合理定位景德镇陶瓷在中国文化中的地位与作用，以及景德镇陶瓷与中国文化的关系。

千年瓷都的辉煌历史，为景德镇遗留了极为丰富的陶瓷文物与文献，现当代的产业实践与广泛的国际学术研究交流，又为陶瓷领域创造了丰硕的研究成果。现实的研究需要从历史的研究中获得有益的借鉴，以不断创新研究方式与方法，因此，从这些陶瓷文物与古今陶瓷文献入手进行系统深入的研究，对陶瓷历史文化的传承与创新具有不可替代的作用和意义。

（三）景德镇学与瓷都文化研究

景德镇是历史文化名城，更是无可争议的世界瓷都，甚至在欧洲的一些古地图上，仅仅标注了西安、北京与景德镇三个最具知名度的中国城市，可见景德镇在世界范围内影响之深远。对于瓷都文化的研究无疑也是景德镇学体系的一项核心内容，其历史沿革、地理环境与民俗文化等只是景德镇地域文化研究的表层，深层的研究则是景德镇独特的文化精神及其成因。

在文化精神层面，创新与包容是景德镇地域文化最本质的特征，也是其内核与灵魂。景德镇是有"草鞋码头"之称的移民城市，类似于上海、深圳，包容性是移民城市非常突出的文化特质，包容意味着较少排斥与压制，也就为创

新提供了更为宽松的环境。

景德镇的创新力量大多来自外力驱动。在古代，官窑是景德镇最重要的创新驱动力量，文化、艺术、技术等多个方面的创新带动了景德镇瓷业的全面繁荣与发展；而在当代，来自国内外各地的文化艺术群体则是最重要的创新驱动力量，依托外来的文化艺术创新力量，景德镇一直保持着在艺术瓷领域的领先地位。但景德镇同时也是开放包容与因循守旧的矛盾共同体，改革开放以来，景德镇的产业发展观念未能与时俱进，在技术创新与商业创新领域乏善可陈。

该部分研究的重点是景德镇学与瓷都文化之间的关系，并揭示景德镇学对重塑"世界瓷都"这一地域品牌形象的重要意义。

（四）景德镇学与景德镇陶瓷产业文化发展研究

景德镇以瓷业独撑一城逾千年，形成了极其丰富的产业文化体系，包括极富特色的码头文化、工匠文化、商贾文化、作坊文化、里弄文化、行帮文化等。这些文化特性与历史遗存形成了景德镇独特的城市风貌与习俗，深入研究景德镇陶瓷产业文化及其成因，不仅可挖掘其文化价值，亦有助于合理规划未来发展。

中国人与陶瓷的特殊情感是在千万年的生活接触中沉淀下来的，融入生活才能深入人心。设计文化创意产业的创新模式，其要旨在于让陶瓷文化创意融入当代生活方式，并创造当代人文价值。大而言之，文化创意产业提供给顾客的不再是产品，而是生活方式，是注入了当代文化内涵的生活方式。从被动迎合到无间融入，再到主动倡导某种生活方式，正是陶瓷文化创意产品题中应有之义。

在新的时代背景下，雅生活方式与文化群体正成为陶瓷的高端化发展依托，构建景德镇陶瓷文化与当代雅生活的关系是景德镇学的一项重要研究内容，可探索引进一流陶瓷艺术家、一流生活方式并以此对接主流文化城市经典场所的发展模式，同时借助具有国际影响力的传播手段制造景德镇脉冲，推波助澜，建立陶瓷文化新的生活思考。

景德镇陶瓷文化产业的重振，要旨在于如何将文化与产业从断裂到血脉相

连的重新融合，构建起陶瓷文化与产业的新型关系，这需要依托国家文化品牌塑造、文化消费市场满足与文化市场利益分享三个支点，将景德镇升华为当代陶瓷文化的载体，建立市场、文化、社会一体的产业化机制，按产业化规律，做文化的大事，以文化为先导，带动产业升级。

具体而言，应在各级政府扶持下，借助国家文化品牌的传播力，以兴建陶瓷创意产业园为龙头，进行合理规划与布局，重点建设陶瓷创意设计工作基地、陶艺家创新文化交流中心、陶瓷创意培训基地和国家陶瓷创意展示中心，深度整合国内外陶瓷文化资源，建立以景德镇为根基的一批文化产业品牌，聚焦当代陶瓷文化消费市场，在景德镇修复精英审美，在文化地域的再造中传播品牌，在当代生活和陶瓷技术间发现时代需求，在市场竞争之中创造新的价值空间。

该部分研究的重点是景德镇学与产业文化之间的关系，并揭示景德镇学对景德镇城市发展尤其是产业文化发展指导的重要意义。

（五）景德镇学与官窑文化研究

无官窑，则无景德镇。景德镇瓷业的历史巅峰，无疑立足于官窑。

景德镇是元明清皇家瓷厂所在地（图8），中国的官窑制度在此延续了632年，景德镇由此拥有烧造时间最长、规模最大、工艺最精湛的官办瓷厂。

官窑对景德镇之绝大助力，源于其制度、生产与审美的特殊范式。从最高统治者的参与、国家级人才的主导，到官窑制度的执行力与生产要素保障、荟萃天下良工殚精竭虑的劳作，再辅以得天独厚的地理环境与物质条件如优质高岭土等，天时地利人和兼具，景德镇正是由此确立了无与伦比的制瓷优势，并富集了取之不尽的文化沉淀。

图8 明清御窑厂，造就景德镇瓷业辉煌

官窑范式之要，一曰专，二曰精，三曰美。

1. 专——官窑之制度特征

官窑制度是皇权体制的缩影，涵盖专享、专营与专样三个层面。

专享是封建等级制度的集中体现。官窑产品，特别是所谓"正色"产品，一般不能用于市场交换。而且，由于官窑瓷器的使用范围局限于宫廷，非奉旨或赏赐，虽皇亲国戚重臣亦不得擅自使用或仿烧，否则将治以重罪。如清代规定，御瓷上的龙纹必须画五爪龙，只有皇帝可以任意使用，而皇室其他成员则要按规定使用，皇太后、皇后的餐具可用全黄釉装饰，贵妃用里白外黄的，一般妃子则用黄地绿龙，嫔用蓝地黄龙，贵人用绿地紫龙。更有官窑瓷器列入庙堂重器，以为祭祀天地、鬼神、祖宗之礼器，如《大明会典》载，明嘉靖九年起定"方丘黄色"，即黄釉器为祭祀地神之物，瓷器形制，规范森严，不可僭越。凡此种种，皆为专享，以彰显特权。

官窑由官方营造并主持烧造，官窑的烧造场所甚至部署专门的军队把守，即使是当地官员也难以接近，是为专营。皇宫内还派出内官对官窑进行直接管理，如清代就有四位著名的督陶官郎廷极、臧应选、年希尧、唐英。其中郎廷极贵为总督，亦兼管窑务，其创烧的郎红釉等名品至今仍为瓷中极品。而最杰出的督陶官无疑是唐英，唐英于雍乾盛世时任职督陶官长达27年，其人惊才绝艳，诗文书画无所不能，精研瓷艺匠心独运，掌管窑务恪尽职守，"唐窑"名品冠绝一时，迄今仍被国内外藏家热捧，堪称中国制瓷史上的标志性人物。唐英修撰的《陶务叙略》、《陶冶图说》、《陶成纪事》、《瓷务事宜谕稿》等著作，更是有别于历代文人墨客对陶瓷的感性描述与零散记载，而是极具系统性、专业性，为中国陶瓷文化留下了极其珍贵的史料。

关于专样，如《大明会典》记载，"明承元制，凡朝廷烧制瓷器，必由内府定夺样制"，其所谓"样制"除了要求官窑瓷器在器形、规格、釉色、纹饰等方面纯正、规整以外，风格也要求统一。有些皇帝如雍正、乾隆等甚至亲自设计瓷画纸样，史载乾隆帝即曾亲自在御瓷上镌留"乾隆御览之宝"，慈禧太后亦曾亲自设计其"大雅斋"专用瓷器图样。上有所重下不敢慢，官窑瓷器具有钦命督办的性质，用心之专、出品之精、检校之严也就是应有之义。

2. 精——官窑之生产特征

简而言之,即精良原料、精湛技艺、精英荟萃与精制苛选。

在皇权至高无上的年代,普天之下莫非王土,因此,官窑能够强制占有或垄断优质的瓷土和原料(如名贵青料苏麻离青、优质原料麻仓土等皆为官窑所垄断),劳役天下的能工巧匠(如始于元代的"匠籍"制度,明代御器厂更为实行严格的衙门式管理),控制釉料和制瓷工艺(如色釉珍品茶叶末釉即称为厂官釉,民间不得仿制)。同时还可不计生产成本,精制苛选,号称百里挑一。从考古发掘成果和拍卖行历年来的拍品来看,官窑器不能有一点瑕疵,在烧成后即使发现有芝麻大的缩釉点,也会被打碎并就地掩埋。这种对于工艺和原材料的极致追求,对于能工巧匠的强力支配,正是官窑瓷器制作精良之因由。如康熙年间养心殿造办处集聚国内最优秀的工匠,甚至荟萃众多西洋艺术家(如郎世宁),他们在皇帝授意并关注的氛围中参与瓷器研发制作。如传世工艺的巅峰之作珐琅彩,即是由景德镇御窑厂精制白胎解送京师,由宫廷画师在养心殿完成后续彩绘装饰。当瓷与一时一国的艺术核心人才群落紧密相连,精品新品源源不绝也就顺理成章。

3. 美——官窑之审美特征

官窑审美之要旨,是以成色纯正、质感细腻、格调高雅、寓意吉祥为价值准则,可概括为美尚正色、美尚细腻、美尚高雅、美尚瑞意。

美尚正色:官窑瓷器崇尚纯然正色,并因此创制了许多美轮美奂的色釉装饰技艺,正色之器,方为尊贵之选。

美尚细腻:历代官窑对于细腻华贵风格的推崇是一以贯之的,几乎所有的官窑瓷器都装饰有极尽细致的形象。

美尚高雅:中国的统治阶级往往是文人士大夫的代表,因此,官窑瓷器表述的必然是中国古代宫廷文化与雅文化的美学理念。

美尚瑞意:图必有意,意必吉祥。官窑瓷器崇尚寓意,为了迎合统治阶级的审美趣味,装饰题材多集中于具有吉祥含义的内容上。

官窑器完全服从和服务于皇帝的喜好和兴趣,上有所好,下必甚焉,以皇

帝为代表的贵族审美取向即为举国圭臬，以传承至今的官窑瓷器为据，即可窥见当时的政治与文化取向。如元代大量生产的青花和卵白釉产品可以说明史书中记载蒙古族"青白相尚"的民族审美特征，而青花装饰中大量的汉族历史故事与精湛灵动的文人画技也反映出汉族文人群体从事瓷业的历史现象；明代永乐年间官窑瓷器中多见阿拉伯银器造型的特点反映出此时皇帝随着郑和下西洋的成功对异域文化风情的推崇，而宣德一朝的官窑瓷器多见书画装饰纹样则映衬了此时皇帝对于文人书画的热爱，之后"成化无大器"的特征则表现出皇帝细腻秀雅阴柔的审美取向；清代康熙官窑整体表现出的硬朗之气反映了皇帝本人的气质及其对于阳刚之美的推崇，雍正粉彩在官窑的迅速发展则反映了皇帝对于精细柔美之感的偏好，乾隆一朝的官窑瓷器极尽繁缛堆砌之能事，并且融合了众多的西洋装饰风格，也折射出乾隆皇帝对于西方文化和"以繁为美"的宫廷文化的热衷。

对中国古代官窑历史规律进行总结，可概括为"盛世官窑兴，乱世官窑衰"。

宋代是官窑的形成期，北宋五大名窑和南宋官窑都取得了较高成就；元代是官窑的过渡期，浮梁磁局的设立奠定了景德镇作为瓷业中心和官窑标杆的地位，同时元代瓷器开始大量出口，扩大了中国瓷器在世界上的影响力；明代是官窑的成熟期，御器厂的设立促使景德镇成为无可争议的世界瓷都，同时明代瓷器也统治了世界；清代是官窑由盛转衰的时期，康雍乾三朝的官窑成就达到了瓷业的顶峰，但晚清国力的衰落不仅使景德镇这一世界瓷都和官窑标杆的辉煌逐渐褪色，也使整个中国瓷业失去了统治世界的地位。

如此大费笔墨对官窑文化进行系统研究，不仅是因为官窑的特殊性以及对景德镇发展的决定性影响，更因为官窑也是民窑的标杆与产业的龙头，是瓷业发展的核心推动力之一，同时也是丰富多彩的瓷文化体系中最绚丽的篇章。中国历代官窑的鼎盛时期，均开创了同期民窑的黄金时代。而以景德镇为代表的中国瓷业在近代的衰落，正是始于官窑的没落导致的标杆缺失。

传统意义上的官窑早已随着皇权专制时代的远去而不复存在，现代意义上的红色官窑也随着计划经济体制的变革失去了存在的依据，在当代社会背景下，官窑的本质内涵必然发生深刻的变化。

对于当代官窑的定义，首先应当摒弃"唯形式论"而直陈本质，而在本质上应当强调的是古代官窑瓷器足堪传承的精神属性与价值考量，同时还要具有扬弃意识，尤其要结合当代社会文化背景改变其创制宗旨，赋予其新的时代内涵，从器物文化的角度真正体现出新的文化自信。

景德镇之历史辉煌，立足于以官窑为标杆而拉动的瓷业全面繁荣之上，欲重振景德镇瓷业，亦必先发扬新官窑精神、扶持当代国瓷，并以当代国瓷引领景德镇陶瓷文化产业的升级。

古代官窑虽是皇权体制的产物，但官窑瓷器的核心价值并非依附于皇权，而是在官窑制度的推动下使官窑瓷器自身具有当时最高的艺术和生活价值，从而成为中华民族文化中最有代表性的瑰宝之一。官窑制度的优势，在于可借助皇权集聚举国之力，发挥体制内最大动力，而官窑的核心精神，在于追求极致，以极精、极美、极新为要务。当今所谓新官窑精神，乃去芜存菁、与时俱进，创造更精、更美、更新的当代国瓷以提升这个时代的文化生活品质。

创立当代国瓷，要旨不在于选择何种制度形式，而在于选择合理可行的文化路线与市场路线。

就文化路线而言，当代国瓷旨在弘扬新时代下的官窑文化精髓，去芜存菁地传承官窑的制瓷理念，并以陈设瓷、日用瓷为突破口，锐意于官窑文化价值的创新：一是以体现当下时代精神为目标，依据中华民族的人文精神，运用现代艺术语汇开展陶瓷艺术创新，同时探索陶瓷材料新的艺术表现语言；二是在传承传统官窑文化精髓的基础上，深入研究传统陶瓷生产、制作方法和技艺，以发展和提升传统陶瓷工艺为目标，体现我国陶瓷技艺发展脉络和走向，提出创新性的艺术构想，创作出富有民族文化特色与时代特征的当代国瓷产品；三是深入研究官窑瓷器的本质特征与价值规律，构建当代国瓷的价值体系，并从理论角度提出当代国瓷产品价值衡量的方法与标准。

就市场路线而言，在当代社会文化与制度背景下，深入研究当代人的生产和生活方式及其变化，洞察当代人的使用需求与审美取向，采取工业化大生产与个性化艺术创作相结合的方式，努力协调功能、审美、物质技术条件等因素的相互关系，同时研究具有时代先进性的制度安排，探讨与企业、市场紧密结合的当代国瓷产业化运作机制，将文化创意的价值转化为产品与品牌的市场附

加价值,并借以扩大中国陶瓷文化在世界范围内的影响力。

该部分是景德镇学体系的核心部分之一,主要对官窑的形成和特征与管理模式及其历史地位进行研究,揭示官窑文化对景德镇形成瓷都地位的主要作用和深远影响,对当代国瓷以及景德镇地域品牌打造、陶瓷创作和管理的启示。与此同时,也对景德镇不同历史时期的民窑和民窑文化进行系统研究,揭示民窑的历史地位及其影响,与景德镇官窑文化进行比较研究,探寻二者之间的密切联系和各自对形成景德镇瓷都地位的作用,尤其是如何建立当代官窑的理论体系,并以此指导在新的时代背景下陶瓷文化创意产业的良性发展。

(六)景德镇学与国际经济文化发展格局研究

瓷器曾经是中国的代名词,也是中国文化传播最为深远的物质载体。不仅要以"行于九域,施及外洋"为主线,研究在历史上景德镇陶瓷的传播路线、方式以及景德镇陶瓷对世界产生的巨大影响,展示景德镇所以称都的魅力所在,揭示"景德镇"这一世界级品牌的成因,更要注重文化传播的当代性,将景德镇陶瓷文化置于全球化的大背景中去研究其价值传承与伟大复兴之道。

尤其值得研究的是,国际经济文化发展格局正在发生深刻的变化。

2013年9月7日,习近平主席在哈萨克斯坦发表重要讲话,首次提出了共同建设"丝绸之路经济带"的倡议;2013年10月3日,习近平主席在印度尼西亚国会发表重要讲话时又明确提出共同建设"21世纪海上丝绸之路"。

"一带一路"倡议主要面向历史上与中国经济文化长期互通融合的广大区域,中国将高举和平发展的旗帜,积极发展与沿线国家的经济合作伙伴关系,共同打造政治互信、经济融合、文化包容的利益共同体、命运共同体和责任共同体。文化产业在这一发展愿景中承载着重要使命。

景德镇作为后期丝路(宋代以后主要为瓷路)的重要起点与影响世界的历史文化名城,也迎来了千载难逢的复兴契机。

"一带一路"的宏大构想无疑与中国迅速提升的国力背景以及在国际博弈中的整体布局密切相关,同时也有促进国内消化产能、经济转型、产业升级、深化改革的综合考量。

"一带一路"横贯全球最具经济实力与活力的欧亚大陆,这也是历史上中国的经济与文化曾经产生过广泛影响力的区域(图9),在当今之世再度承载起中华民族伟大复兴的梦想,并非历史的巧合,而是历史的必然。

　　过去的二十年,欧美的制造业空心化给了中国经济崛起的巨大空间,中国借此发挥优势积蓄力量,而有今日之蓬勃气象。

　　然而,大国崛起不仅要以经济为基础,还要以政治军事为保障,并以文化输出为标杆。纵观世界近现代史的发展变迁,国际竞争的主旋律一直是东西方文化的博弈,无论东风压倒西风还是西风压倒东风,皆不外乎文化博弈之因果,而铁律之一就是主流文化主导价值标准,产业强盛与文化强势互为表里,文化创意产业就承载了国家这一发展战略的重要使命,对于"一带一路"沿途的具有文化产业资源优势的城市,更是意味着巨大的市场潜力与发展机会。

　　综上所述,"一带一路"能够给景德镇带来的最大机会就是市场,尤其是文化产品消费市场,而丝路聚变的共振经济将不断激活并放大这一市场。

　　"一带一路"给景德镇带来的另外一个重要机会是丝路城市之间广泛的交流、学习、合作、共振与分享。学习能力与学习机会对任何个人、组织包括城

图9　古代丝绸之路,摘自《世界历史地图集》(中国地图出版社2002年版)

市都至关重要,尤其是对改革开放以来很多方面相对闭塞因而整体发展滞后的景德镇而言,意义尤其重大,有利于开拓城市的发展视野,借鉴更多的发展模式,并借助深度参与"一带一路"的机会,扩大城市的影响力和提升城市的竞争力,与世界深度对话并重塑世界瓷都之机,庶几在此。

关于这一部分的研究,应成为"景德镇学"体系中极富时代性、国际性与发展指导性的学术创新点。

结　语

西方主导世界的两个世纪以来,尤其是苏联解体,美国"一超独霸"之后,世界文明的格局失去了制衡的力量,以所谓普世价值为内核的西方文化依托强大的政治军事经济力量以图主导世界,却给世界带来了诸多不安定因素。

自古以来,中国的哲学观就是崇尚自然之道,强调阴阳平衡,相生相克,无论儒释道乃至中医理论,其文化根性都是信奉和而不同,更擅包容融合,这是中华文明永不断代的根由,也决定了中国必将在世界文明重归平衡乃至实现大同中承担起最重要的使命。

多难兴邦,实干兴邦。中国近代以来遭受的深重苦难,驱使中国以积极、谦卑、开放的心态不懈努力,从世界各国优秀文化中汲取养分,并与中国传统文化的精髓融合创新,在实践中不断总结提高,形成了建立在强大国力根基上、内涵不断深化、形态不断创新的当代中国文化价值观新体系。

中国的文化自信,正源于此。中国文化的输出,也需要在国际社会发出自己的文化强音,树立当代中国的文化形象,讲好中国的故事,而瓷器就是源于中国的世界语言,是与世界对话最悠久、交流最广泛的中国文化标识,瓷器的故事就是全世界听得懂又有亲和力的中国故事。

今日景德镇,瓷文化之魂犹在。千年窑火铸就了景德镇深厚的文化底蕴,陶瓷文化气息与精神不仅反映在其生产的瓷器本身,也同样弥漫在这座古城的每个角落,构成了瓷都独特、珍贵而完整的文化产业资源体系。

思接千载，视通万里；瓷道不孤，盛世图景。

穿越人文之畛域，承载复兴之使命，必根植于文化自信。中华民族正在开创新的历史纪元，曾经代表中华文明一脉的景德镇之重塑，亟待景德镇学体系夯实文化思想理论根基，这对于建设文化堡垒城市、推动中国瓷业的发展与促进中国陶瓷文化的伟大复兴，乃至国家文化发展战略的实施，均具有极为重要的价值和深远的意义，也将在世界文明史上续写新的光辉一页！

景德镇瓷器

——世界的非物质文化遗产

汉斯·道维勒 *

陶瓷艺术融传统与创新为一体，是古老传统的鲜活表现。它们历经几个世纪，跨越洲陆，与我们会面。通过促进艺术创造力并使其在交流和对话中活力四射，这种创造力彰显了世界丰富的文化多样性。

瓷器是一个伟大的创新，洋溢着文化创造的活力。人们为它优雅的形状、丰富的色彩和精美的装饰而着迷。中国被认为是瓷器的母国。事实上，没有艺术形式与一个国家的关系有如瓷器与中国这样密切。中国艺术家制作了前所未有的美丽作品，发明了巧夺天工的技艺，而他们的欧洲同行却在黑暗的世纪被束手缚足，停滞不前。

非物质文化遗产是整个文化遗产不可或缺的组成部分。人们在享受它的同时，却不会消耗它。然而，非物质文化遗产不仅是文化多样性的重要组成部分，也是全球化条件下文化最脆弱的方面之一。因此，保护世界非物质文化遗产越来越被视为国际社会和整个人类的共同责任，而不仅仅是某个国家的任务。

---

* 汉斯·道维勒（Dr. Hans d'Orville），德国人，经济学博士，在联合国工作长达40多年，现任联合国教科文组织总干事特别顾问、世界艺术科学院院士、北京亚太交流与合作基金会副主席。

坐拥丰富的高岭土和瓷石矿藏，景德镇御窑在明清时期（1368—1911）是无与伦比的。自汉代以来，景德镇在中国已经生产了多种陶瓷精品。在马可波罗、郑和和著名的丝绸之路的带动下，这些陶瓷制品被运往世界各国。从古至今，著名的中国瓷器已成为人类文化、科学、技术和艺术史上的一个独特现象。

1869年，著名的德国地质学家李希霍芬造访了江西景德镇和安徽祁门。他的著作率先以当地的高岭村命名了中国"高岭土"，并阐述了它如何使大件青花瓷的生产成为可能。从那时起，"高岭土"已成为国际矿物学的专有名词。1712年，法国传教士殷弘绪在景德镇布道的同时，也向西方，特别是法国，介绍了"高岭土"这一制瓷的重要原料。

自古以来，景德镇一直是"一带一路"的重要货源地和起点之一。从9世纪开始，景德镇陶瓷沿着丝绸之路和海上陶瓷之路一路走出国门。陶和瓷扮演了促进东西方文化和商业交流的中介。

景德镇一直是无可争议的世界陶瓷之都，是中国瓷器制造业的杰出代表。它汇天下窑器之所聚，创造了"白如玉，薄如纸，明如镜，声如磬"的精美瓷器。

景德镇的瓷器不仅远销国外，其精湛的制造技术也对世界陶瓷产业产生了深远的影响。其制造技术远播到韩国、越南、泰国等国家，并进一步东进到日本，西到波斯，穿越西亚和东非后落户欧洲。就这样，景德镇在世界陶瓷工业发展史上散播着重要的影响。

现代欧洲瓷器源自于景德镇瓷器。在早期，德国、英国、奥地利和意大利的陶瓷装饰都洋溢着中国艺术风格，而其工艺也与中国的如出一辙。有些人甚至在瓷器上画上中国风景。不久之后，英国人、瑞典人和荷兰人紧跟法国人的脚步，开创了欧洲瓷器制造的新时代。

一直到20世纪，中国工匠生产的瓷器都是世界上最好的。英语中对瓷器的称呼"china"，反映的就是这一事实。

然而，在20世纪所发生的种种事件，如战争和"文革"，阻碍了中国陶业的发展。近几十年来，工业生产的兴起也取代了具有复杂和昂贵技能的专家。

在"文革"时期，艺术不得不服务于国家，因此生产停滞不前。几十年来，景德镇工匠们生产着大量容光焕发的农民塑像和毛主席像章。毛主席逝世和改革开放之后，20世纪80年代的中国城市，未能及时跟上为全球生产廉价日用陶

瓷的步伐，因此陶瓷业也日渐衰弱。

近年来，需求再次回升。今天的设计师和艺术家正在努力恢复中国作为陶瓷大国的地位。这可能是今天中国通过传承历史而达到复兴战略的一个组成部分。它是一种软实力战略，注重的是影响力和技术的力量，而不是在世界舞台上炫耀自己的硬实力。

中国的决策者意识到，如果"中国"品牌想要在全球舞台上出现并巩固自己的地位，他们需要发展和加强国内创意产业。十多年来，文化部门实施了一系列重要的改革，这些改革已经开始产生成果，特别是在陶瓷领域。

如今，景德镇已经建立了集探索、制造、设计、研究、教育和交流在内的整套工业体系，这将有助于中国和世界瓷器的发展。

自2004年以来，每年举办的景德镇国际陶瓷博览会都为促进陶瓷艺术的交流与国际合作做出了重要贡献。该博览会一方面凸显了中国在陶瓷艺术中的突出作用，另一方面也将继续激发这种高贵而古老工艺的活力和创造力。

教科文组织认为，经济成就、社会包容和文化活力方面的下一个全球前沿之一是，通过创新和国际合作与影响力为城市打造成功的文化产业。创意城市将是未来的必经之路。"创意"主要指创意和文化产业，包括广告、建筑、艺术、工艺品和陶瓷、设计、文化旅游、时尚、电影、音乐、研究与开发和视频游戏。

许多中国城市要求加入联合国教科文组织创意城市网络（UCCN）的行列，这一网络包括文学、电影、音乐、手工艺和民间艺术、设计、媒体艺术和美食等七个关键方面，它是将创意与文化内在关联起来的另一重要指标，也是对新兴创意经济重要性的认可。目前已经有近100个城市加入了这个全球网络，中国的城市也在深圳、北京、上海、成都和杭州的带领下纷纷加入。

2014年11月，景德镇被联合国教科文组织授予"世界工艺和民间艺术之都"的称号，成为联合国教科文组织创意城市网络（UCCN）的成员。今天，这个城市集合了从成型、上釉到烧成等陶瓷生产各个方面的专家，并为学徒、女性和残疾艺术家提供了专业的培训平台。在这个过程中，景德镇汇聚了从中国和世界各国而来的青年艺术家。作为世界"创意瓷器之都"，景德镇正在进行经济结构调整和产业升级，目标是建成以陶瓷、传统工艺品和具有全球影响力的创意产业为主的创意城市。

联合国教科文组织制定了多种政策，也开展众多活动，以支持文化多样性和展示文化对发展的独特贡献，这有利于发挥陶瓷艺术作为卓越的世界非物质文化遗产的关键作用。

对非物质遗产的重视是一个长期努力的结果，并纠正了早期对物质性遗产的集中关注。依靠口传心授的表演艺术、习俗和艺术技术没有被包括在这些早期的定义中。然而，毫无疑问，所有的人类成就都源于非物质文化遗产，因为是无形的思想、愿望和兴趣在驱使人们创造有形或表演性的遗产。

从20世纪90年代中期开始，在遗产保护的背景下，非物质文化遗产引起了特别的关注。它旨在设计相关机制，从而鼓励传播和进一步发展历史悠久的文化实践。1993年，教科文组织在《活的人类财产体系》的项目中落实了这一导向。该项目在一些选定的国家挑选具有某种高超技艺的个人，旨在让"该遗产的传承人继续进一步发展他们的知识和技能，并将其传授给年轻一代"。在上述项目之后，我们还开展了第一届（1998）和第二届（2003）人类口头及非物质遗产代表作宣言活动。在国家层面，以中国为代表，也引进了国家级、省级和市级文化遗产传承人的荣誉。

2003年10月17日，教科文组织通过了具有里程碑意义的"保护非物质文化遗产公约"。"公约"第二条第（1）款将"非物质文化遗产"定义为"社区、群体以及在某些情况下个人所承认为其文化遗产的一个部分的实践、表征、表达、知识、技能以及相关文书、对象、文物和文化空间"。第二条第（2）款提供了本定义下的范例，即"口述传统和表达，包括作为非物质文化遗产载体的语言；表演艺术；社会实践；仪式和节日活动；关于自然和宇宙的知识和实践；传统工艺"。

2005年10月，教科文组织通过了另一项公约，即"保护和促进文化表现形式多样性公约"，其目的是鼓励培养创造力的文化政策和措施，为创作者提供参与国内和国际市场的机会，他们的作品可以得到承认和补偿，并确保这些表达方式可供公众使用。此外，该文书旨在优化文化产业对经济和社会发展的整体贡献。

该公约为工艺品和陶瓷产业开展新的国际合作和艺术交流提供了新动力。在深圳红钻集团的赞助下，2011年8月，教科文组织和深圳红钻足球俱乐部建立了一个新的公私合作伙伴关系，被称为"教科文组织——红钻通过陶瓷艺术

能力促进文化遗产和多样性：中国、非洲和阿拉伯国家之间的建设、发展和交流"合作伙伴计划。其目的是促进景德镇与非洲和阿拉伯国家的陶瓷大师交流，让后者了解中国陶业新的生产方式，从而维护文化多样性。这一"南南合作"方案还让艺术家们到中国景德镇，以及突尼斯、摩洛哥、加蓬等国家访问。在2012年和2014年，一共举办了两次这样的相互交流活动。

该项目依托传统资源，推进陶瓷的转型升级，结合传统陶瓷产业与文化创意产业，将文化创意融入城市可持续发展政策，促进文化创意产业转型升级，发展陶瓷文化，保护老城区、老工厂和老窑口，运用世界文化遗产，突出瓷都的特点和优势，提高城市功能。

应该指出的是，在2013年3月15日的世界水日，谭盾先生被任命为教科文组织亲善大使。同日，景德镇和红钻集团在巴黎教科文组织举办了一场独特的名为"水、地球的艺术和火"的展览，展示了来自景德镇、龙泉（浙江省）和醴陵（湖南省）的一百多件瓷器。该展览基于对非物质文化遗产重要性和文化表现形式多样性的共同信念，也为了达到借助历久弥新的艺术形式，分析经验和技术专长的目的。

强调创造力是重要的。创造力意味着要在全球舞台上存在，你必须有一个清晰独特的身份，并深深植根于历史、传统和有形无形的文化遗产之中。另一方面，要在这个全球舞台上存在和延续自己，你必须对其他文化持开放和拥抱的心态。在相互关联的时代，成功是由可见性和声誉所衡量的，即"存在就是被感知"。品牌在这个方程式中起着至关重要的作用。

在人类创造力将成为关键资源的经济形态中，创意产业的重要性日益明显。这并不意味着传统产业的消失，但知识，包括产业中通过研发和创新所实现的知识，将成为经济的主要动力。因此，创造力是新兴知识经济的主要驱动力，因为与服务、研究、教育和文化相关的某些"无形"活动往往在全球增长中占据越来越重要的地位。

在新兴的知识经济中，文化资产在发展动力中发挥着战略性作用。一段时间以来，一个主要的担心是，全球化将是一个单方面的过程，使文化均一化，消除多样性。我们现在知道，现实的情况其实更为复杂。人们日益认识到，任何发展政策的成功取决于承认和考虑文化多样性的原则。文化是一种鲜活的现

象,我们所目睹的是适应、改造和创新的过程。我们的时代之所以有别于前,是因为创新者们在国内和国际上正以非常了不起的广度和深度相互作用。对话、教育、研究、影响和交流在这种创造动力中是一种常态。景德镇建立了集专业教育、职业教育、材料工程和数字设计、陶瓷经济与管理以及各种非专业教育等的综合人才服务体系,为陶瓷产业的可持续发展提供了坚实的人力资源基础。

为了陶瓷行业的持续发展,所涉及的主要城市之间还应该开展更有系统的国际合作和交流。如果无法建立一个陶瓷和陶瓷城市联盟或理事会,最起码也应建立一个以景德镇为首的全新陶瓷和陶瓷城市网络。这将对陶瓷产业的未来发展趋势和发展路径产生强烈的影响。该建议可以以2004年和2011年的陶瓷城市市长峰会为基础,这两次峰会都在景德镇举行,但却没有后续行动和执行协议,因而仍只是一个单一事件。2014年3月关于景德镇向教科文组织递交的申请加入"创意城市网络——工艺与民间艺术之都"的报告,在这方面提出了一些建议,但这些建议仍然只是白纸黑字的构想。

建立全球领先的陶瓷城市新组合,其主要目标是突显陶瓷非凡的魅力,以吸引最新的模式(如电子商务和孵化器),激励生产技术之间的稳定交流,并以创新、创造和艺术的方式生产和管理陶瓷,从而促进整个产业的可持续发展。这也可能影响高科技建筑陶瓷、工业陶瓷、电子陶瓷和高端装饰卫生陶瓷的发展。

让我们构想和计划创建新颖而独特的景德镇国际陶瓷网络,它将在联合国创意城市网络的框架下,联合世界上所有领先的瓷器城市,无论它们是否加入了教科文组织网络,也无论它们是否仍然弱小或资金不足。

最初可以邀请哪些城市加入这样的独特俱乐部呢?中国的佛山,日本的有田,韩国的仁川,法国的瑟夫勒和利摩日,意大利的法恩扎和拉维纳,英国的斯托克城(威治伍德),荷兰的代尔福特,德国的麦森、德累斯顿、柏林、法兰克福、塞尔布、慕尼黑和宁芬堡,比利时的图尔奈,西班牙的塞维利亚、巴伦西亚、巴塞罗那和卡迪士,印度的焦特浦尔和乌代布尔,美国的盐湖城,澳大利亚的珀斯,葡萄牙的阿威罗和欧瓦尔,越南的钵场,摩洛哥的菲斯,以色列的耶路撒冷,以及中国台北。其他城市可以在晚些时候通过第一批成员的邀请加入。

景德镇学应当成为国际显学

郑云云[*] 李燕芬[**]

一、景德镇学的构建背景和现状

景德镇享有"世界瓷都"的荣誉。这座被两千年瓷魂窑火养育的古城，曾将中华民族的伟大发明——瓷器推向极致，对世界文化和人类文明产生了深刻影响。

然而，自古以来，创造了灿烂的景德镇陶瓷文化的大量陶瓷匠师，受到文化水平的制约，无法著书立说。而由于中国儒家"重道轻器"的传统，文人普遍将陶瓷艺术视为"君子不器"的工匠之作，很少将其提升到文化层面来审视。虽然古代已有南宋蒋祈《陶记》，明代宋应星《天工开物·陶埏》，清代唐英《陶冶图说》、蓝浦《景德镇陶录》等有识之士研究景德镇陶瓷文化的珍贵文献，但数量之少，与景德镇在历史上、在中国文化史上的地位与影响并不相称。

自20世纪80年代以后，对于景德镇陶瓷文化的研究，伴随着中国陶瓷艺术的复兴，开始活跃起来，出现了一批陶瓷考古与鉴定、陶瓷历史与理论、陶

---

[*] 郑云云，曾任《江西日报》首席记者，现为独立学者、江西省工艺美术大师。
[**] 李燕芬，江西省工艺美术一级技师。

瓷工艺与材料、陶瓷装饰技法与艺术、陶瓷交流与传播、陶瓷文献校注与研究、陶瓷鉴赏与审美等相关的著作。如耿宝昌先生的《明清瓷器鉴定》，刘新园先生的《瓷艺与画艺》，杨永善、秦锡麟主编的《中国现代美术全集》之《陶瓷卷》，耿宝昌与秦锡麟先生的《珠山八友》，傅振伦先生的《陶说校注》，熊寥先生的《陶瓷美学与中国民族的审美特征》、《中国陶瓷与中国文化》，以及方李莉女士的《景德镇民窑》、《中国陶瓷史》等。不少学者对景德镇陶瓷文化进行了考察与研究，但此前景德镇陶瓷文化并没有作为一门独立性学科进入学术界，这在很大程度上制约了景德镇陶瓷文化研究的深入与推进，也制约了当代景德镇陶瓷文化的创新和传播。

2004年10月，国家"十五"规划重点图书《中国景德镇陶瓷文化研究丛书》由江西高校出版社出版。该丛书共计六本，首次对景德镇陶瓷传统工艺、陶瓷习俗、陶瓷文化进行了详尽系统的介绍，作者写作认真严谨，均为对陶瓷工艺有深厚了解和实践经验的专家。该套丛书的价值在学术界受到公认，在社会上也产生了很大影响。

丛书主编、景德镇陶瓷文化研究专家陈雨前博士首先在书中提出构建"景德镇学"的观点，在国内外学术界引起反响，并得到景德镇陶瓷学院领导层的支持。陈雨前认为，江西应集中力量在陶瓷文化、陶瓷美学、陶瓷工艺、陶瓷技术史、经济史、传播史、陶瓷考古与鉴定、民俗学等方面，对景德镇陶瓷文化进行全方位研究，建设一个完整的景德镇学学科体系和价值体系，重现并传承、弘扬并重塑优秀的景德镇陶瓷文化。他认为凭借景德镇独一无二的陶瓷文化遗产，景德镇学有望成为国际显学。

2006年9月上旬，江西省社科院完成了对景德镇学研究课题的论证报告；9月16日，景德镇陶瓷研究文化所暨景德镇学研究中心在江西省社科院挂牌成立，并举办了第一次"景德镇学"的学术报告会，自此，景德镇学作为一门具有江西地方特色和中国文化特色的独立学科由江西省社科院正式推出。

景德镇学一经提出，便受到社会和学术界的重视，《江西日报》刊发专版文章《"景德镇学"能否进入国际视野》，呼吁赣人应合力打造中国最大的文化品牌，借助景德镇得天独厚的历史优势，聚合人才资源，促进景德镇陶瓷文化研究的跨越性发展。景德镇陶瓷学院为此开设了全院性的景德镇学选修课，又在

陶瓷美学的硕士方向上，开设了景德镇学课程。十余年来，景德镇学已经在探索的基础上，向系统性、学科性方向发展，并取得了不菲的成果。例如以原文影印的方式出版的《中国古代陶瓷文献影印辑刊》（全30册），为中国有史以来对古陶瓷文献（清末以前）的一次大整理大汇集，这对于传承和弘扬中国陶瓷文化有着十分重要的意义和价值，弥补了中国古陶瓷文献研究的空白，于此前国内外学术界对中国古代陶瓷文献的研究和利用，有着正本清源的作用。《辑刊》所收集、辑录和存留下来的大批古代陶瓷文献第一手资料，是景德镇学的最宝贵的研究资源，它的出版本身，也是景德镇学研究所取得的重要成果。

此外，经过编撰者十年的努力，《中华大典·艺术典·陶瓷艺术分典》于2015年5月正式出版，中国——瓷之母国，终于有了自己的陶瓷大典！《中华大典·艺术典·陶瓷艺术分典》从文献角度梳理了中国古代陶瓷发展的脉络和中国古代各时期陶瓷生产的状况，还原了陶瓷在中国各民族各阶层——上至帝王贵族、下至平民百姓——的精神生活与日常生活中的使用状况及作用，呈现了中国陶瓷在国内外流通及其影响与"陶瓷之路"的盛况，以翔实的原始文献，雄辩地证明"中华陶瓷之国"的历史荣光，有利于提升我国人民的民族自尊心和自豪感。这套丛书的出版，是景德镇得名千年之后，第一次以学术形态、以系统完整的学术构架和文化视野来研究景德镇陶瓷文化。

二、构建景德镇学文化大格局的必要性

景德镇是中国最早走向世界、走向全球化的城市。

景德镇的制瓷历史绵长。由唐入宋，是中国古典文明达到极致的时代，也是景德镇陶瓷开始走向高峰的时代。当时，中国的瓷窑遍布大江南北，并通过丝绸之路、海上陶瓷之路远销海外。景德镇陶瓷在不断发展工艺的同时，也在吸纳异域文化而不断演化，并极大地丰富了陶瓷的美学品位，从技术和艺术方面开始在国内独领风骚。

至元明清，景德镇俨然成为世界瓷都，它的产品辐射全球市场。同一时期

图1 进坑北宋古窑址出土的匣钵和烧窑用垫饼

外销瓷兴旺的窑口，还有德化窑、宜兴窑、石湾窑、潮州窑、泉州窑，等等。但景德镇无疑是最具影响力的城市。而此时，也正是欧洲文艺复兴方兴未艾之时。欧洲人通过瓷器的输入开始认知中国。与欧洲中世纪贵族世袭的制度相比，中国特殊的文化传统，政教分离却又相互影响的体制，庞大多元的思想体系及其对异域文化的吸收而非照搬和排斥，让平民可以通过考试进入国家管理阶层的科举制度，无疑属于当时先进文化之列。而对待宗教的平和与宽容空间，儒、释、道三教中所蕴含的哲学智慧，也是中世纪欧洲的宗教独裁所不能相提并论的。美丽的青花瓷背后的那个富庶神秘的礼仪之邦，让刚刚走出中世纪黑暗的欧洲人无比神往，并继而形成了长达两个多世纪的前所未有的"中国热"。无论是从历史资料还是文学艺术中，我们都可以看到由中国瓷器引发的这种影响：从贵族到平民，从皇族到学者，都对中国文化极为推崇。虽然兴奋点不一样，但对中国文明的浓厚兴趣却是一样的。这一时期，是中西文化的一次大规模接触和交流。虽然这种交流和碰撞是互动的，但如果说东方的审美观极大地影响了当时的欧洲和世界，并不夸张。

宋元时期，我国古代经济中心已完成南移，改变了汉唐以来一直以黄河流域为重心的经济格局。尤其是重心向东南方向移动，越来越靠近拥有优良海港的沿海地区。广州、明州（今宁波）、杭州、泉州等大型港口城市相继兴起，表现出向海洋发展的强烈倾向，为中国由封闭性的自然经济向开放性的商品经济过渡提供了历史机遇。

元代时，景德镇工匠和中国商人有意识地主动进行国内外市场的开拓。在针对中东、西亚地区生产的景德镇外销瓷中，出现了伊斯兰艺术风格的装饰图

案瓷器。伊斯兰艺术具有强烈的民族特色，崇尚青、白二色，这恰恰与青花瓷的蓝白色调的特点所契合，而景德镇此时烧制成熟的青白瓷和枢府卵白釉瓷，为青花瓷的脱颖而出创造了最优良的条件。元青花采用景德镇优质白瓷土为胎，用进口的钴料苏麻尼青彩绘，纹样繁丽丰满，形成前所未有的艺术风格。它一反宋代追求的端庄严整、秀丽简洁的外表形式，出现了前所未有的大碗、大盘、大罐、大瓶等青花大器。这是一次重要的文化嫁接，嫁接的前提一方面是工艺的进步，如高岭土的二元配方使瓷胎有了做大的可能；另一方面，受东西方文化交流影响，除各种工艺创新外，元代景德镇瓷器无论从造型还是装饰风格上，都有了突破原有传统的崭新变化。

元代有一位中国历史上最出色的民间航海家汪大渊，他在至顺元年（1330）开始从泉州两次乘船出海，考察世界，并为后世留下了珍贵的《岛夷志略》。《岛夷志略》中，汪大渊十分详尽地记录了元朝中国陶瓷外销的国家和地区，以及陶瓷器的外销品种。一项项具体的记录中，在传统的青瓷、青白瓷器之外，出现了"青白花碗"、"青白花器"等不同以往的品种。从前人们以为是景德镇青白瓷的异称，自20世纪元青花传世之作渐渐浮出历史水面后，专家们认定汪大渊书中的"青白花"瓷器指的便是元朝中期以后，对外贸易中最独具特色的新瓷种：青花瓷器。据书中所载，他乘坐的商船以青花瓷器进行贸易的地区和国家有十多处，包括伊朗和北非。也就是说，元朝中后期，景德镇青花瓷已作为外销瓷品种远销到海外各国。事实上，除了《岛夷志略》中所指的那些国家和地区，在东非沿岸的一些国家古遗址中，都曾发现元青花瓷器或残片。如在埃及，出土过龙纹玉壶春瓶、云龙莲瓣纹瓶和莲池鸳鸯纹碗等的残片；在东非伊斯兰地区，景德镇的青花瓷，除作为日常的生活用品外，还被镶嵌在宫殿、清真寺的墙壁、天花板上，视同镶嵌珠玉宝石。

据笔者了解，近年考古发现景德镇在元代有三处生产青花瓷的窑址——湖田窑址、落马桥窑址和珠山遗址。湖田南岸的遗物大而厚重，纹饰繁缛华丽，与伊朗、土耳其的传世品一致，而北岸的小瓶、小罐、小杯与菲律宾一带的出土物完全相同；落马桥至正地层出土的青花主要是为了满足国内各地区各阶层及东南亚一带的普遍需求而制作的商品瓷；珠山遗址则完全是为元代皇帝烧造的宫廷用瓷。

世界上收藏元青花瓷器最著名的地方，是土耳其伊斯坦布尔的托普卡帕宫和伊朗阿迪拜尔神庙。托普卡帕宫收藏着来自中国的玉器、青铜器和上万件瓷器，所藏40多件元青花瓷器都属至正型精品，瓷器具有伊斯兰多层装饰风格，绘着牡丹、菊花、松、竹、芭蕉、瓜果、池塘游鱼、山水，以及中国传统的麒麟、凤凰、龙等纹样。伊朗阿迪拜尔神庙则是收藏中国瓷器最为著名的收藏馆之一。关于神庙所藏的中国瓷器，美国华盛顿菲莉亚美术馆波普先生在1956年曾出版过《阿迪比尔寺中的中国瓷器》一书，介绍了代表性器物。其中元青花32件，蓝釉瓷1件，还有几件青瓷。元青花之中，有19件盘，2件大钵，5件梅瓶，3件广口罐，1件葫芦瓶，2件扁壶。在伊朗德黑兰考古博物馆里也陈列着37件元青花大型器，同伊斯坦布尔托普卡帕宫博物馆藏品性质相似，器型有梅瓶、钵、大盘等。

中国元青花的数量极少，以致20世纪初人们还都认为元朝无青花。为什么这两地会保存有这么多的中国元青花瓷？为什么元代景德镇青花瓷采用的钴料被人们称为"苏麻尼青"？在梳理这些问题时，笔者深感历史与文化的交织是多么奇特，它永远不会让一件事物孤立存在，就像春天花开，秋天落叶，总有它的缘由。就像一棵大树，下面盘根错节的树根远比上面的枝叶更为庞大复杂。

且让我们回顾一下中古的历史。

土耳其伊斯坦布尔（原名君士坦丁堡）是一座海港城市，曾经是古代陆上丝绸之路通向欧洲的唯一通道。唐代中期以后，当陆上丝绸之路因战争时阻时断后，它又成为陆上丝绸之路和海上丝绸之路的交汇点。在这里集中发现中国古代最大宗货物之一的瓷器，是一点不奇怪的。在托普卡帕宫收藏的40多件元青花中，有碗、盘、梅瓶等不同器皿，图案以花卉、龙纹、凤纹为主，没有人物图案，这也与伊斯兰教有关，因为自古以来，伊斯兰教是禁止偶像崇拜的。这些器皿的青花发色浓艳，纹饰繁密，具有浓郁的伊斯兰装饰风格，可以看出在当时就是面向伊斯兰地区生产的瓷器。21世纪初，中国的一个专家代表团经土耳其总理的批准，进入该宫考察元青花，并亲自上手考察了几十件馆藏作品，这是参观者从没有过的待遇，见证了土耳其人民对源远流长的中土两国文化交流之感恩。因为上手考察是所有研究古物的专家最渴望的一种方式，但也是所有博物馆最忌讳的方式。

2007 年，一批中国元青花研究学者应邀来到伊朗国家博物馆，进行元青花的考察。这是双方第一次合作。而此前，伊朗方面已将馆藏的 28 件元青花的所有正面、底面、细部图片给了中国客人。中国专家们两次进入库房，总共工作了八个小时，拍摄了 200 多幅宝贵的青花釉面微观图，成为国内研究元青花的重要资料。

此行中，伊朗国家博物馆的专家告诉中国客人，波斯古籍中有过记载，元朝时，波斯工匠曾被派到中国去学习制瓷。元朝时期，伊朗与中国都是蒙古人统治，1260 年成吉思汗之孙旭烈兀率兵占据波斯并建立以波斯为中心的伊利汗国。此后，蒙古人逐渐接受了伊斯兰教，并任用波斯人为行政官吏。当时的伊朗地区是阿拉伯—波斯文化的中心，元代时两地交往之频繁超过任何一个时代，波斯工匠到中国来学习制瓷也完全有可能，元朝时中国瓷器装饰风格和造型都深受阿拉伯和波斯文化影响，元青花的脱颖而出，正是这种东西文化大回旋的璀璨结晶。

就在伊朗首都德黑兰南部约 400 公里的地方，有一个叫"Ghamsar"的村庄，属于卡尚市。这个小村庄的人在古代就发现了闪着银色光芒的石头，当地人叫"穆罕默德蓝"，即现在学名叫"钴"的矿物，石头经粉碎提炼后为黑色，但一经火焙烧便发出蓝艳之色，波斯人用以装饰清真寺。因为石头的神奇，当地人用伊斯兰圣人的名字"Soleimani"（苏来麻尼）称呼它。这种矿物，经研磨后即中国人所谓的"苏麻尼青"。

伊朗国家博物馆伊斯兰部主任 Rohfar 女士，当时还拿出一本 13 世纪的波斯古籍复印本，将其中一段翻译给中国客人："艺术家们说，这种石头被称之为'苏来麻尼'，产自卡尚山区的格哈默沙。他们说，这名字也许与先知苏来麻尼有关。"

西亚早在公元前 5000—前 4500 年就已使用含砷钴料制造蓝色玻璃釉，这里先后发掘出许多带有钴蓝釉装饰的文物。此外，西亚伊斯兰世界 9—10 世纪就已接受中国长沙窑彩绘瓷的影响，出现白釉蓝彩陶器，色调类似青花。英国学者哈里·加纳在他的《东方的青花瓷器》一书中写道："首先使用氧化钴为着色剂进行彩绘装饰，使画面呈现美观蓝色的方法的地方是在近东（西亚）。九世纪时，米索不达米亚生产了一种软陶，在其深颜色的胎骨上罩上一层含有氧化

锡而不透明的白釉石,在釉面上用氧化钴做彩料绘上简单的图案,然后入窑焙烧而成","用蓝彩装饰直接应用在胎体上再罩以透明釉的技法,首先于13世纪在卡尚被波斯陶工所使用"。

"苏来麻尼"与"苏麻尼",只省略了一个音而已,古波斯的词尾很多是"-ni",中国典籍常译为"尼"或"泥",而青字,很可能是中国工匠根据钴料的特色加上去的后缀。由此看来,中国专家们争论不休的苏麻尼青产地,最大可能是在伊朗。"苏麻尼青"一词最早出现于明朝中后期的私家著述,如成书于万历十七年(1589)王世懋的《窥天外乘》中云:"永乐、宣德间,……以苏麻离青为饰。"成书于万历十九年(1591)的《遵生八笺》有:"宣窑之青,乃苏勃泥青。"《长物志》著录有宣德"苏麻尼青盘"。它们发音近似,应该是同一名词的异音。

在一些元青花瓷上,人们还发现过波斯文字,经伊朗专家分析,可能是工匠的签名。伊朗工匠有对自己作品留名的习惯。如果真是伊朗工匠的签名,就是说元朝时景德镇曾有伊朗工匠生活在那里,并根据西亚人的审美要求在景德镇瓷坯上,绘制具有典型波斯风格的青花瓷,运往西亚。而景德镇当地的工匠也从伊朗工匠那里学习了这种构图,并在随后的生产中加以中国化的改进,从而出现了一种崭新风格的装饰,为明清青花瓷的崛起做了最扎实的铺垫。

元青花所用钴料来自波斯地区,已有许多事实依据,并被绝大多数学者认可。青花瓷作为一种影响深远的装饰形式,主要是在中国发展起来的。或者说青花瓷最初在中国出现,是为出口伊斯兰世界而生产,但在具有吸纳异域文化博大胸怀的中国工匠手中,它们完成了与固有的民族文化相结合,在元代工匠们集体创造性改造下,最终形成了新的民族艺术形式。

明清时代,瓷器成为西方人眼中最能体现中国文化的载体。永乐大帝修建的南京瓷塔,作为中国标志物,在欧洲广为人知;郑和下西洋的文化壮举,不仅确立了明初世界强国的地位,也将中国文化传播四方。明朝中期,中国商品经济已开始处处显示出它的活力,市民阶层正在成为活跃的社会力量。最先感受到时代气息的知识分子,推动了明代在思想和文学艺术各个领域出现的变革和繁荣。在西方文化和市民文化影响下,景德镇瓷器开始展示出一种阔大的世俗美,因此有了昊昊十九这样的制瓷名家和他的卵幕杯,有了宋应星和他的

《天工开物》，有了偶然出现在明朝冯梦龙小说中，而在景德镇处处可见的"红店"现象。风靡西方的中国青花瓷和五彩瓷，正是出自这些从事彩绘业的民间"红店"。

在此一历史阶段，在西方人心目中，中国是世界文明的巅峰，是一个奇妙的完美国度。当时欧洲各国的君主纷纷聘请艺术家们仿制中国瓷器、餐具，建造中国风格的亭台楼阁。而明清开始，中国青花瓷作为"国瓷"，在世界的流布之广，则是因为它以唯美的方式，凝聚了中国几千年传统文化的结晶。在逐步吸收了元代伊斯兰风格的影响后，从儒、释、道哲学和中国传统美学中产生的青花纹饰，将大自然与万物之灵相融一体，古老的中国哲学所崇尚的"天人合一"的境界，形象地展现在青花瓷的动植物图案、山水、人物和花鸟的纹饰上。任何自然形态的物象，一旦进入艺术领域，必定是人工与自然的高度和谐，青花就是从这个前提下进入人文世界的，并在创烧以后的几百年间始终成为中国外销瓷器的主流。明清时代景德镇并无近海港运输的便利条件，当时能在外销瓷中占有极其重要的地位，除了瓷器的不断创新、精美无双外，与它创造和拥有当时最先进、合理的物流业也是分不开的。当时景德镇成为中国瓷器产销中心，除了国内市场扩大，海外贸易更是"器行九域"。其他名窑在景德镇窑所产丰富、精美的品种冲击下，渐趋没落之势，从而使景德镇瓷器最终

图 2　北京故宫博物院藏明宣德年间青花鸾凤纹葵瓣式洗

图 3　北京故宫博物院藏明成化年间斗彩高士杯

占领了全国市场，也成为外销瓷中最受欢迎的品种。各地商贾聚集景德镇，更使景德镇日益走向繁荣。"工匠来八方，器成天下走"，成为明清景德镇制瓷业兴盛景象的真实写照。

这么庞大的销售网络，而瓷器又不是棉麻丝帛，运输起来必须得十分小心，以免破损。当时是怎么做到的呢？

可以说，这是中国经济的一个奇迹，因为从明代开始，景德镇就有了现代意义上的物流业，而且与现代物流业的功能不相上下，甚至更加细致和完备——瓷行的出现，不仅为客商包揽运输，还能为客商提供采买和住宿的一条龙服务。也许是因为瓷器是一种特殊商品，也许是因为自古以来商人的地位在景德镇就受到重视，明清时景德镇为长途贩卖瓷器的商贾服务确实周全到位，并以诚信为第一，瓷器在运输过程中，甚至无须货主押运，均能如数到达。这是当时其他手工业发达城市所无法相比的。

16世纪国际贸易民间文化交流新航线的开拓，引发了新一轮的规模空前的东西方经济文化互动。16至18世纪，是中国外销瓷生产与贸易的黄金时代，欧洲市场对中国瓷器的巨大需求，国内民间海外贸易的高度活跃，共同促进了长达两个世纪以来中国外销瓷庞大的对欧输出量。明初，景德镇民窑开始为国内和国外市场大量生产日用青花器皿；明中期以后中国社会的结构改变，商品经济的活跃已开始逐步削弱皇权的影响；晚明时期中国社会的思想极其活跃，资本主义的萌芽已开始生长并壮大。这一切都刺激了景德镇瓷器由艺术特性向商品特性的转换，并迎来了一个崭新的发展期。此时的景德镇民窑青花瓷绘画吸收了宫廷院体画、文人画、明代小说插图版画等艺术给养，同时纳入了民间绘画自由潇洒开放的格局和性情，百花齐放，异彩纷呈，加上各地国产青花料的成功开采，从而开创了明代民窑制瓷业发展最为辉煌的时代，为清康熙时期青花的大发展奠定了基础。

明代后期，大量青花瓷器的出口贸易，还促进了广东和福建青花瓷烧造的发展。外销瓷中的"汕头器"主要指广东生产的青花瓷器。器物有碗、碟、杯、瓶、壶等，图案主要是花草，但揭阳河婆镇岭下窑址出土的青花山水瓶，风格与景德镇民窑青花写意山水十分相近，在流传日本的明天启青花外销瓷中，就有这种画风。而福建的漳州窑和德化窑也成为外销青花瓷的产地。

图4　法国吉美博物馆藏明五彩开光葫芦瓶

明清时代的民窑工匠为后世留下了大量有诗情有生命的青花瓷，它们以独特的东方意象成为中国外销瓷的主打商品。青花瓷从最初汲取的西域文化因素中，越来越多地承载起中国传统文化基因，最终以它高洁、素雅、美丽、平和的独特瓷韵，风靡世界。对于世界而言，它不仅是来自中国的艺术珍宝，更是东方文化无可替代的象征和组成部分。它们在西方的流行，促进了洛可可艺术的出现，并将崇尚自然的造园观念引入了西方的园林审美。

明末清初，大量的外销瓷上有如人间仙境的园林图饰和五彩山水瓷，颠覆了当时欧洲人传统的审美观。例如康熙时期有一种由青花山水画面构成的杜松子酒瓶，就占了外销瓷中的很大分量。在受众如此大的情况下，影响也是直接的。英国首先出现了自然园林景观的理念和实践。英国人以中国园林为蓝本，尝试学习以自然美代替人工美，使情感和个性体验代替了理性和均衡统一。1692年，英国人威廉·坦普尔（Wiliam Temple）爵士出版了《论伊壁鸠鲁的花园》一书，该书第一次详细地评介了欧洲的规则性园林和中国的自然园林。他认为中国园林的最大成就就是形成了一道悦目的风景，创造了一种难以掌握的无秩序的美。1712年，诗人、剧作家约瑟夫·艾迪生（Loseph Addison）发表了《论庭院的快乐》，认为园林越接近自然越美，提出造园应以自然美为目标这一观点，奠定了英国自然风景式园林的理论基础。在随后出现的自然性园林中，园路以曲折的流线形取代了笔直的直线形，水景设计也改变了人工构图，水流尽可能以自然的形态出现；植物配制抛弃了行列式和几何式种植，改为任由植物自然生长，形成

图5　凡尔赛宫的英中式园林

层次丰富、四时有景的自然式植物群落。在英国风景式园林和中国园林的双重影响下，法国出现了带有强烈的理想主义和浪漫主义色彩的风景园林，被称为"英中式"园林。其在表现方法上显得更加丰富，甚至采用乡野常见的建筑物来表现田园风光，让园林外观更像小村落，摒弃了宫廷式的规则造园法。法国"英中式园林"大多建于1770年之后，其中最重要的有埃麦农维尔园（1766—1776）、麦莱维尔园（1784）、王后花园（1775）、尚蒂伊风景园（1772）、蒙梭花园（1775）和巴加特尔花园（1778）等。

2015年深秋，笔者在位于巴黎西南的凡尔赛宫参观时，特意探访了王宫后花园里的一处英中式花园。它位于小特里亚农宫后侧，在穿过遍布凡尔赛宫四周的法国古典园林之后，一片无比熟悉的景色出现在眼前：自然的山石上有小小的瀑布倾泻着，小桥流水，垂柳在轻风中飘拂，曲曲折折的小溪边生长着茂盛的芦草和蒲棒，沿着小路峰回路转，才能看见不远处有一座小亭……这完全是中国式园林的布局啊！只是小亭边，一群金发碧眼的孩子们，在老师的带领下，正欢快地进行着一场自然课教学。这座小特里亚农宫，是路易十五为他的王后建造的。当时，英中式花园已开始在法国流行。

法国的风景式造园除了上面出现的现实名园，更有一处世界著名的纸上园林，那就是法国大作家卢梭笔下的爱丽舍（希腊神话中的理想乐园）花园。卢

梭在他的代表作《新爱洛伊丝》（1761）中创造的这个园林，成为他的生态理念的象征。

让-雅克·卢梭（1712—1778）是人们熟知的18世纪法国思想文化大师。他一生坎坷，没有受过多少正规教育，但他在哲学、政治、宗教、伦理、美学、文学、音乐等众多领域都卓有建树。信札体长篇哲理小说《新爱洛伊丝》是卢梭的代表作，讲述了贵族小姐朱莉与家庭教师、平民青年圣普尔相爱，其父亲出于门第偏见却强迫朱莉嫁给了俄国贵族沃尔玛。朱莉被迫结婚后成为贤妻良母，向丈夫坦承了婚前恋情。沃尔玛谅解了妻子并邀圣普尔回来团聚。一对昔日恋人朝夕相见，虽难忘私情，但恪守良知。后来朱莉为救落水儿子而染病身亡，死前托付圣普尔照顾家人，并表示依然爱他。小说感动了当时无数女读者，并使卢梭获得"法国文学史上第一位情感作家"的美誉。借助故事的框架，卢梭将他对哲学、宗教、伦理、美学等的思考融入其中。作为自然之子，卢梭在书中尽情挥洒了他对高山、森林、湖水、乡村美景的热爱。小说的主人公朱莉婚后不愿住进父亲的城堡，而是携丈夫来到森林环抱的克拉朗，过起了乡居生活，并将一片荒野建成了与自然相融洽的爱丽舍花园。"田园的风光，远离闹市的环境，悠闲的生活，宜人的气候，一望无际的一大片湖水，巍峨的群山……"小说中有圣普尔写给好友的两封长信，详细描述了他参观朱莉的爱丽舍的观感，其间穿插大量圣普尔与朱莉夫妇就园林设计美学的种种问题的对话。爱丽舍本是朱莉家附近的一片荒凉之地，朱莉并没有花很多钱请工匠对这块地进行彻底整治，而是因地制宜，精心布置。泉水在地面依着水沟自然流淌，滋润着随意生长的灌木和花丛，小路蜿蜒，青苔苍翠，树林遮住了围墙……虽然经过了人的经营，却看不出人工的痕迹，有着自然荒野之趣。书中有两句人物问话很有意思："大自然是从来不把树木按一条线笔直地一行行种的"，"大自然使用过角规和尺子吗？"这简直就是直白地诘问欧洲千百年来流行的古典造园法则了。

谁能想到中国青花瓷上展现的园林山水自然观，会这样一石激起千层浪，引起欧洲启蒙运动中思想界人士的生态思考，并超越了时代，达到现代生态园林的境界？

令卢梭本人没想到的是，购买并建造了占地860公顷的埃麦农维尔自然园林的吉拉尔，于1778年在园区中选择了一处叫杨树岛的僻静之地，按照卢梭所

描写的克拉朗爱丽舍花园进行设计，以表达对卢梭的敬仰之情。建成之后，吉拉尔邀请卢梭来此居住。卢梭在埃麦农维尔住了五年后逝世，一代大文豪，从此将灵魂安静地留在了杨树岛上。

除了自然园林的建造方式，中国外销瓷的山水图饰还催生了荷兰风景画派的诞生。中国瓷器传入荷兰与风景画派在荷兰出现处于同一历史时期。17世纪，中国瓷器在荷兰很快成为大众日常用品，中国瓷器山水纹饰所承载的人与自然和谐共处的信息，起到了对公众自然审美意识的养育作用，为风景画在荷兰的兴起打下了很好的基础。而在此前，西方是没有独立的风景画的。

中国文化，就这样意想不到地借助于外销瓷的传递，以最直接、最形象的方式，面向最广泛的受众，对西方进行了一次超大强度的东方文化洗礼。

由此可见，景德镇学所涵盖的内容，不仅包括陶瓷艺术演变和景德镇地域文化本身，更是包涵了与此相关的社会、经济、思想、世界文明进程等无比广阔的内容，是一座深不见底的富矿——沿着矿脉坚持不懈地走下去，会带给我们许多意外的惊喜。这也是必须以文化大格局来构建景德镇学的必要性。

三、天时、地利、人和：景德镇学成为国际显学的条件已经成熟

笔者认为，经过十年努力，景德镇学成为国际显学的条件业已成熟。

先说天时。

中国文化"走出去"与新的"一带一路"（"丝绸之路经济带"和"21世纪海上丝绸之路"）的打造，成为我国的重要发展目标。"一带一路"的核心就是丝绸之路文化，是中国经贸和文化融入世界之路。在中国历史上，沿着丝绸之路销往国外的商品中，只有瓷器仍然大量散布于世界各地，彰显出中国陶瓷文化的力量和生命力。中国外销瓷器在中外文明交流中起到了桥梁和纽带的作用，它不仅给世界带去了中国文明的实物标本，还对世界的物质文化发展和社会生活产生过重大影响，所以有越来越多的国外学者对中国外销陶瓷和景德镇陶瓷

业开始进行专项研究，这种研究近年来呈上升趋势。

瓷器是中国古代的伟大发明，对人类社会的物质文明和精神文明的进步与发展均产生了重大影响。而一座有着两千年历史积淀的古代瓷都，它的研究领域应该辐射社会、政治、经济、艺术、历史、考古、文学、民俗、地理、哲学等诸多方面，涉及社会发展史、艺术史、思想史、科技史、陶瓷文化传播史、社会经济史等众多学科领域。这样庞大的研究体系，若没有相对稳定的社会环境，比较富裕的社会财力，是难以顺利开展的。而今天的中国，正在走向国富民强的阶段，国家在提升软实力方面的决心和努力，也使景德镇学的开拓和发展处于最有利的时代氛围中。

再看地利。

景德镇学依托的是一座有着两千多年历史的陶瓷古镇。仅以"镇窑"为例："镇窑"专指景德镇工匠在长期实践中创造出来的窑炉，看起来结构简单的镇窑，却可以同时烧造出高低温几十种不同瓷类，这是目前任何现代窑炉都做不到的，在世界陶瓷史和窑炉史上也是个奇迹。有一年在上海召开了世界陶瓷学术研究会，与会的外国专家提交大会的专题论文，关于景德镇的内容占据了相当大的比例，仅仅是关于镇窑的研究就有300多篇，可见国外陶瓷学术界对景德镇陶瓷工艺的迷恋和重视。

众所周知，红学、敦煌学都是著名的国际显学。很难想象没有众多学者的红学研究，一本《红楼梦》能够在中国文学史上长盛不衰；也很难想象如果没有敦煌学的推动，莫高窟里的经卷文献不会随风散失。

但以往的国际显学，面对的都是"过去式"。以敦煌学为例，它研究的是散失的古代史，它所研究的基础是那些曾深藏于石窟中的秘卷文帙。那些文字所记载的已经成为过去。以红学为例，一本《红楼梦》，被多少专家学者一遍遍细细梳理，无论有多少观点产生，也只是通过一个虚拟的家族来分析一段过去的时代中所映现的社会和文化。但景德镇学完全不同，它可以是过去式，也可以是现在式，甚至可以是未来式。与其他国际显学相比，景德镇学虽然依托的是一座两千多年历史的陶瓷古镇，却是一门今天仍在生长的活的学科。它固然可以研究那些散失的古代史，但所涉及的丰富历史绝不会亚于敦煌学和红学，例如唐宋战乱中中原百姓的迁移是如何影响了窑业的南移，例如明代来自国外的

大宗订单如何促生了一座内陆城市的商品经济和生产关系的发展;同样可以通过寻找和梳理古籍中寥寥数字记载下的窑工匠人,或绵延至今有脉可查的陶瓷世家,整理出一场又一场时代的变迁。身处今天的景德镇,如果潜入景德镇真正的陶瓷民情中,你会发现,中国陶瓷的继承、创新和发展,其内涵与深度,其实已超出西方现当代陶艺的范畴。它们不仅有先锋的绽放,有传统的光大,更在材料的更新和技法的创新上,处于新一轮爆发的临界点。今天的陶瓷材料、工艺技术和烧成方法已因科技的进步而变得无比丰富,陶瓷材料成为艺术家们创作观念的载体,完全可以将各种可能性发挥到淋漓尽致的地步。而这一切,无不与中国社会的发展密切关联。

景德镇至今保存着完整的古瓷业文明体系,这是世界上绝无仅有的。目前已有的研究成果,仅仅是陶瓷文化海洋中的冰山一角。从新石器时代开始,这种从属于泥与火的艺术就进入了人类的文明发展进程,远远早于纸、墨、笔,更遑论油画、版画等艺术形式了。从原始陶器到中国明清瓷器、当代陶艺,这种手工艺术始终记录和反映着社会发展的风貌。有时我会突发奇想:在这个瓷之古国,如果陶艺成为流行文化,犹如诗歌在唐代成为流行文化,中国的风情民俗会不会重新变得丰沛妖娆?

最后说人和。

如果将景德镇比作一口古老的大钟,这口大钟看上去因为年代久远而粘满泥土,锈迹斑斑,没有多少现代的元素了,可这是一口多么厚重的大钟啊!它用千年的窑火铸就,大钟的基座,是无数工匠、窑匠支撑起来的。没有他们,就没有景德镇的历史和未来。在这座古城,只要你敢设想,就没有工匠师傅们做不到的事情。民间太多能工巧匠了,坊间也太多可以让陶艺工作者随心所欲施展才华的便利条件了。这可是一千多年的瓷文化造就的,就像一个书香世家,尽管可能家道中落,穿着破旧,但那出口成章的气质和修养似乎就是天生的,绝非一朝一夕可以练就。景德镇的陶瓷发展虽然在20世纪有过短暂的停滞,但还不至于截断文化之脉。历史上,从宋代开始,甚至更早,一批又一批的外乡人就来到景德镇,他们带来外地的各类技术和文化,与本地工匠和百姓融合,终于集全国窑口之大成,集全国陶瓷文化之大成,形成"工匠八方来,器成天下走"的局面。这种文化之脉、民间传承,一直没有中断。而新世纪以来,"景

漂"族早已经是古城一大风光。

越来越多的外来的"和尚们"被这座古城内在的精神所吸引,他们留了下来,想借这口大钟敲响自己的音乐。更有一大群年轻人散落在景德镇的各个角落。他们来自远远近近的地方,远到景德镇开始叶落知秋时,自己的家乡早已冰冻三尺;近到与古城山水相连,景德镇近郊的油菜田一片金黄时,老家的土地上也正桃之夭夭,春暖花开。

他们怀着青年人的胆识和梦想,却没有奔向京沪广深等大城市和经济发达地区,只是选择在这座古城中以陶瓷为业,自谋生路,在物欲的浊流中,选择忠于艺术的内心,共同组成了一个敢于担当的青春部落。

这些,都是活的历史。仅仅"景漂"现象,就值得成为景德镇学的一门专项课题。

而景德镇本土,陶瓷世家仍然在血脉相传、技艺相传,并在他们周边集结起一批了解传统技艺又有现代眼光的陶瓷艺术群体;景德镇陶瓷大学、景德镇学院、景德镇陶瓷工艺美术学院等一批大专院校,也为景德镇学的研究不断吸引和培养人才,以这些院校为中心,奠定下学术研究的基础。因此这个队伍,只会越来越壮大。

2016年7月,《景德镇学文库》编撰出版专家论证会在景德镇举行。这是江西高校出版社在十年前出版《中国景德镇陶瓷文化研究丛书》的基础上进行的一项重要文化工程,第一辑计划出版十一本,分别为《景德镇综合装饰瓷》、《景德镇墨彩瓷》、《景德镇颜色釉瓷》、《景德镇学概论》、《景德镇青白瓷》、《景德镇青花瓷》、《景德镇雕塑瓷》、《景德镇瓷业习俗》、《景德镇粉彩瓷》、《景德镇古彩瓷》、《景德镇陶瓷工艺》,基本囊括了景德镇目前所有的陶瓷艺术门类和工艺方法的详尽介绍。

2016年4月,江西出版集团、江西美术出版社在伦敦书展上举办了《瓷上世界》丛书推介会。这套丛书为"十三五"国家重点出版规划项目,是国内首次以世界的、历史的眼光,整体性的视角开拓中国瓷器外销史的研究,而这也是中外文化交流史上研究的薄弱环节。全套共三卷,分别为《瓷行天下》(胡辛著)、《瓷上文化》(郑云云著)、《瓷耀世界》(程庸著)。外销瓷被普遍认为是瓷器研究领域中的处女地,沿此方向开拓,有重要的学术意义,也有重要的文

化意义。习近平主席曾深刻地指出:"文明因交流而多彩,文明因互鉴而丰富。文明交流互鉴,是推动人类文明进步和世界和平发展的重要动力。"以历史的眼光挖掘考证中国瓷器作为一种文化走向世界的历程,对于服务国家"一带一路"倡议,也具有很强的现实意义。

总而言之,景德镇瓷器曾架构起东西方文化交流的桥梁,她不仅以光彩照人的外观征服了世界,更以其中注入的中国文化品质吸引了世界。景德镇学面对的是一项无比宏大的工程,打造中国这张最大的文化名片,不仅需要民间和学术界有识之士的竭心尽力,更需要政府层面的支持和推动。就景德镇学目前已取得的成果来看,虽然令人欣喜,但还远远不能与其深厚的底蕴和应有的阔大相匹配。任重道远,有志诸君当上下求索以助大成。笔者相信,在政府和民间共同努力下,景德镇学应当会在不远的将来,成为众人瞩目的国际显学,会有越来越多的中外学者投身于此——因为它是一座无法探到底部的富矿。

再论景德镇的三大宝库

王能宪*

十年前，在景德镇陶瓷学院（现已更名为"景德镇陶瓷大学"）的"泰豪论坛"上，我提出景德镇有三大宝库：一是埋藏在地下的明清官窑瓷片；二是活跃在各类陶瓷企业或大大小小工作室的众多身怀绝技的工匠（或称之为艺术家）；三是散见于各种典籍中有关陶瓷的文献（参见2007年11月7日《江西日报》）。挖掘、整理、研究、利用这三大宝库，不仅对于学术研究和文化建设，而且对景德镇包括陶瓷产业在内的整个经济社会发展都具有重要价值和意义。十年过去了，景德镇发生了巨大而深刻的变化，"景德镇学"正式提出，并取得了初步的成果；景德镇陶瓷文化遗产的保护利用得到应有的重视，有了长足的进步。2016年7月，《景德镇学文库》专家论证会在景德镇召开，专家学者就景德镇学研究的深入和《文库》的编纂，提出了很好的意见。鄙意，"三大宝库"之说尚有进一步申论阐发之必要。

---

* 王能宪，原中国艺术研究院常务副院长，研究员，博士生导师。

一、文献：整理与研究并重

在中华民族几千年浩如烟海的文化典籍中，特别是在几大古代名窑所在地区的地方志乃至家谱等乡邦文献中，有关陶瓷的文献资料相当丰富，这是一个亟待挖掘整理的巨大宝库。由景德镇陶瓷学院中国陶瓷文化研究所编辑，陈雨前、余志华主编的《中国古代陶瓷文献影印辑刊》于2012年由世界图书出版公司正式出版，这是陶瓷文献整理的一个初步成果。该《辑刊》是在《中华大典·艺术典·陶瓷艺术分典》的基础之上，遍访国内各大图书馆和陶瓷文献收藏名家，花了五年时间，辑录先秦至清末经史子集各类文献中有关陶瓷的文献资料，甚至连古诗文中出现的茶具、文具、餐饮器具、药用器具也适当收录，涉及各类书目2000余种，凡30辑（册），800余万字。《辑刊》的编纂，是对我国历代陶瓷文献的一次大普查与大汇集，采用影印出版的方式，再现了历史文献的原始面貌，其价值与意义不言而喻，功德无量。正如该书《前言》所说："《辑刊》所辑录的内容均为第一手的原始陶瓷史料，其中有很多为从未被发现或征引的史料，弥足珍贵。《辑刊》的编纂，使这些珍贵的陶瓷史料能够得到很好的保存和充分的利用，这不仅对保存中国古代陶瓷史料和弘扬中国传统文化具有重要意义，而且对发展和完善陶瓷史学、文献学等亦将产生积极而深远的影响。"然而，此书也存在缺陷，所辑文献未予分类，一律按时代先后编排，笼统而庞杂，使用起来很不方便。

该书的出版是一项基础性工程，属于古籍整理与资料汇编性质，能够为学术研究提供便利，却不能代表研究本身。更重要的是，充分利用这些文献和史料去研究历史和现实中需要解决的问题，特别是结合陶瓷生产实践开展相关课题的攻关研究，是重中之重。如颜色釉专家邓希平，通过发掘历史资料，成功研发失传千年的唐代秘色瓷，还有明代流霞瓷。她经过反复试验，研究的"窑变釉里藏花"生产工艺，创造出了凤凰衣釉、羽毛丝釉、翎羽釉、彩虹釉等一系列全新的窑变釉，使景德镇的窑变生产技术上升到一个全新水平，开辟了窑变艺术创作的新天地。因此，她先后荣获国家发明奖、国家科技进步奖、第39

届尤里卡国际发明博览会金奖、比利时王国骑士勋章，等等。2012年她被命名为国家级非物质文化遗产项目景德镇传统颜色釉瓷烧制技艺代表性传承人。我曾经拜访过邓希平女士并参观过她的工作室，她给我展示并讲解了唐代秘色瓷，看起来像盛满了水的瓷盘，其实是空的，奇妙至极。

陶瓷文献的整理，还可以就一些专题进行专项文献汇辑，如明清官窑的相关文献、各大名窑及流派的相关文献、外销瓷的相关文献，等等。说到外销瓷，还应当考虑调查、编辑、研究亚欧各国的外文文献。

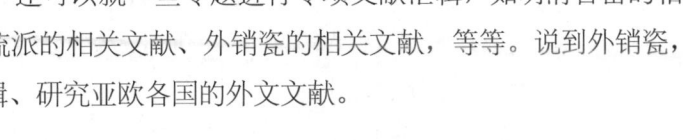

二、御窑：可以大做文章

对埋藏在地下的明清御窑遗址，如何进行考古发掘和研究，景德镇和国家文化文物部门这些年来做了大量工作。一方面，在遗址地划定保护区，兴建博物馆，开放考古发掘现场，供广大游客参观。另一方面，专业人员进行有计划的发掘、修复和整理研究，举办专题展览，取得了丰硕的研究成果。例如，2016年10月由故宫博物院与景德镇市陶瓷考古研究所在故宫斋宫联合主办的"明清御窑瓷器——故宫博物院与景德镇考古新成果展"（展期自2016年10月至2017年3月），不仅展示了御窑瓷器的绝世之美，而且普及了与御窑瓷器相关的宫廷生活与政治制度等知识。譬如，从御窑遗址发掘整理出的瓷片中，明清两代各种类型的年号款就有数百件之多，大大满足了观众特别是陶瓷爱好者和收藏者的求知欲，可谓一饱眼福，因而吸引了广大中外游客，参观者络绎不绝。这正如该展览的《前言》指出的那样："本展览希望通过故宫博物院和景德镇市陶瓷考古研究所考古新成果的展示，使观众在欣赏御窑瓷器之美的同时，能够了解御用瓷器的生产与管理体制，并且意识到御用物资的征办、制作只是宫廷政治和国家制度的内容之一。"

陶瓷是中国文物的一个大类，据说，故宫中的瓷器占全部文物总数的三分之一，这些瓷器大多来自景德镇御窑。如何把故宫与故宫存藏的景德镇御窑瓷器同景德镇御窑遗址的开发与研究结合起来，这里面大有文章可做。近年来，

景德镇文化局与故宫博物院和南京博物院等单位合作，举办了一系列展览，产生了很好的社会影响。这些展览还将继续办下去，并且有可能走出国门，走向世界，让世界领略中国陶瓷文化和传统文化的无穷魅力。

当然，御窑遗址的发掘整理与研究并不止于宣传展览，对于今天陶瓷产业的发展与技术水平的提高也大有参考价值和借鉴作用，例如仿古瓷与仿御窑瓷的开发、御窑瓷器的生产管理制度研究、御窑瓷器的美学思想研究，等等。

另外，明清御窑遗址之外的其他陶瓷遗址同样不可忽视，因为它既有其自身独立的研究价值，同时又是官窑与民窑对比研究的重要参照系。

三、工匠（艺术家）：活的宝库为至宝

今天，在景德镇的大街小巷，在一个个陶瓷企业和私人工作室里，活跃着一大批经验丰富、技艺精湛的能工巧匠和陶瓷艺术家，他们是这座千年瓷都窑火不熄的传承人，是景德镇走向明天、开创未来的创造者，是这座城市真正的财富和价值所在。他们当中，有的是世世代代薪火相传的陶瓷艺人，如王锡良、袁世文等；有的是新中国培养的老一辈陶瓷艺术家，如周国桢、刘远长等；有的则是改革开放后成长起来的富有开拓精神的新一代艺术家，如李文跃、方漫；等等。他们当中，不乏中国工艺美术大师、中国陶瓷艺术大师，也不乏国家级与省级非物质文化遗产传承人，更不乏中国陶瓷艺术领域的创新力量。

如果说前两大宝库御窑瓷片和古籍文献是"死"的，那么这些活跃在陶瓷生产和艺术创作一线的工匠和艺术家们则是"活"的，他们是最有价值、最为宝贵的一大宝库。我们要充分认识这一宝库的价值和意义，充分发挥他们的作用，大力抢救老一辈陶瓷艺术家的经验财富、知识财富、技能财富和艺术财富，使之得到进一步传承、弘扬与光大。

2016年3月5日，李克强总理在政府工作报告中提出"培育精益求精的工匠精神"，在全社会引起广泛关注。为什么在现代化和信息化的今天，还需要倡导弘扬手工业时代诞生的"工匠精神"呢？这不仅因为由中华民族优秀传统文

化所浸润和培育的"工匠精神",饱含着敬业、严谨、精细、诚实、一丝不苟、精益求精等民族基因和精神特质,而且在实现中华民族伟大复兴的"中国梦"、提高国家创新能力、打响中国制造品牌的伟大征程中,需要大力弘扬和践行这种"工匠精神"。这样的"工匠精神"是永不过时的。从某种意义上说,景德镇的这座工匠(艺术家)宝库,就是一座"工匠精神"的富矿。有关方面一定要制订具体规划和切实措施,珍视、保护、开发、利用好这座人力资源宝库。

诚然,这个活的宝库还包括了景德镇陶瓷大学的专家学者,此乃题中应有之义。这所世界上独一无二的大学,不仅是陶瓷人才培养的重要基地,也是推动景德镇乃至中国陶瓷产业发展的重要引擎。

陶瓷精神初探

王力农[*]

陶瓷是人类最早的原创器物。数万年来，人类创造了无数令人叹为观止的精妙绝伦的陶瓷用品，极大地方便和丰富了人类的物质精神生活。对这样一种相伴人类数万年，至今仍然长盛不衰，覆盖全人类，与每个人密切相关的日用品、艺术品和科技品，对这样一种人类亲手原创，凝结了人类一代又一代无穷的心血和智慧的珍贵器物，我们制作它、使用它、欣赏它、珍爱它，更应当研究它、认识它。

老子曰："形而上者谓之道，形而下者谓之器。"对陶瓷，我们不仅要重视"器"的层面，学习传承并创新发展它的制作工艺，拓展它的使用功能，也要从"道"的层面，深入地探寻催生并不断推动其发展的思想文化元素，开掘其丰富的精神文化内涵，梳理出一些普遍性的精神文化规律，用于启发和指引今天陶瓷产业的发展和艺术的创新，同时举一反三，以此指导我们在其他诸方面的认识和实践。鉴于此，笔者对陶瓷精神做了些粗浅的探讨，现刊发出来，以求教于大方。笔者把陶瓷精神主要归纳为以下五个方面。

---

[*] 王力农，曾任江西省委机关刊物总编，景德镇市市委常委、政法委书记、市人大常委会主任，现任景德镇陶瓷职业技术学院党委书记。

一、创造精神

陶瓷是"陶器"与"瓷器"的统称,是两种联系密切却又属不同种类的器物。陶器是世界上不同地区的早期人类不约而同的共同发明创造。据最新考古资料,中国已发现的最早的陶器,在江西万年县仙人洞,距今约两万年。世界已发现的最早的陶器在捷克境内,距今已达 2.6 万年。

人类能成为今天世界之主宰、万物之灵长,经历过漫长而又艰险的进化发展历程。远古人类在广袤地球的千万种生物中,并不占有优势地位,直到懂得使用火和石器,有了这样既能保护自己又可攻击敌人的武器后,才逐渐跃升到生物链的顶端,成为森林中的新霸主。人类也因此进化为早期原始人,进入旧石器时代。而从原始人再进化到现代人的转折点是进入距今约一万多年前的新石器时代。人类进入新石器时代主要标志有四个:一是出现种植为主的农业生产;二是有了养殖为主的畜牧业;三是能磨制较为精致的石器;还有一个重要的标志,就是能制作陶器。制陶的地位之所以如此重要,是因为人类使用火、能种植养殖、能磨制石器,固然都对推动人类进化产生过巨大的作用,但这些进步都是对自然界的现成物质加以改造利用,而陶器的发明,则是人类第一次利用自然界的天然物,按照人类自身的需求和意图,制造出的一种全新器物。

陶器诞生后,因其广泛的实用功能和艺术的观赏性,极大地方便和丰富了人类日常生活,也从此引领人类走向文明审美的社会生活化之路。陶器从发明制作起,就深深地渗透凝聚了制作者的观念思想,灌注了制作者的智慧和心血,因此,陶器的发明制作,不仅是原始人类走向现代人的重要标志,也成为人类社会真正意义上的哲学、科学和艺术的源头和起点,是全世界人类创造精神的第一次伟大尝试和成功的果实。这种创造带来的实惠和喜悦,深刻地影响了后来者,为人类能动地利用和改造自然,提供了深刻的启示和形象的范例,始终昭示和鼓舞着人类在不断创新创造的路上奋勇前行。

陶器是世界早期人类共同完成的伟大创造,在漫长的农耕文明时代,中国长期属世界最发达的地区之一,中国制作的陶器无论数量、种类、质量,都处

于世界领先地位,更重要的是,中国在先进制陶技术的基础上,又率先发明了瓷器,成为中华民族对人类的另一项伟大贡献。早在商周时期,中国就已制作出原始的青瓷,至东汉时期,便创制出成熟的现代意义上的瓷器。这是中国在最繁荣强盛、创造力最为强劲的历史时代,奉献给世界的一份厚礼。在其后的1700多年,中华陶瓷作为高端的日用品、高雅的艺术品、高新的科技品、高价的大宗商品,以难以企及的高度,风靡世界各地,表现出了中华民族引以为豪的巨大创造力和高度的文明水平。直至晚清民国后,在世界工业文明大潮的冲击下,随着国运国力的衰微,中华陶瓷的地位才逐渐陷入衰退。新中国建立后,中华陶瓷进入了历史恢复期。今天,陶瓷产业的发展方兴未艾,人类永不衰竭的伟大创造力使陶瓷的产品越来越丰富,功能越来越广泛,品质越来越高端。陶瓷这种神奇的器物,还将不断出现令人类惊喜的新用途。

通过简略的回顾,我们可发现,陶瓷因创造而诞生,因创造而发展。陶瓷的兴衰史,就是创造精神和创造实践的兴衰史。而创造精神也是人类繁衍发展的基础,国家民族兴衰存亡的命脉。今天,在民族复兴的伟大进程中,中华民族无与伦比的创造力,必将再次释放出惊人能量,让中华陶瓷再次称雄天下。

二、开放精神

社会经济学认为,任何一个社会,一种文明产品,必须经常接受"异文化"的反射、滋养和融合,才能使这个社会或产品不断成长更新,才能永葆生机和活力,反之,则无一例外地走向衰落。陶瓷的发明正是人类社会大开放的产物。陶瓷产业经久不衰,不断发展繁荣,也正是社会文化和制瓷技术不断大开放、大交流的结果。

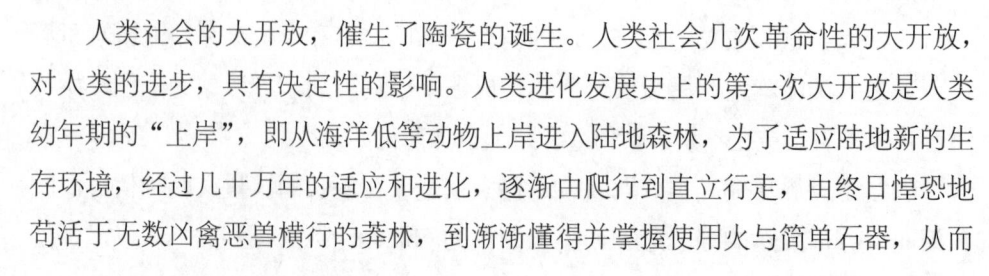

人类社会的大开放,催生了陶瓷的诞生。人类社会几次革命性的大开放,对人类的进步,具有决定性的影响。人类进化发展史上的第一次大开放是人类幼年期的"上岸",即从海洋低等动物上岸进入陆地森林,为了适应陆地新的生存环境,经过几十万年的适应和进化,逐渐由爬行到直立行走,由终日惶恐地苟活于无数凶禽恶兽横行的莽林,到渐渐懂得并掌握使用火与简单石器,从而

称霸森林，跃升至生物链的高端。这段时期即为史称的旧石器时代或新人智人时代，人类总体上还属于原始人。

从原始人进化到现代人的转折点，是人类社会的第二次大开放，即"出山"。随着原始人类族群不断扩大，山林阻隔、环境凶险、食物不足等多种原因，促使原始人类开始陆续走出森林，走向广阔的原野，走向水草丰茂的江河湖海之畔，寻找可驯养的动植物，制造更精致的石器工具，并定居下来，从事较为稳定的农业、畜牧业。由于定居生活的特点和需要，加之人类长期对火的掌握和运用，对大地泥土的熟悉与亲密，制陶业便应运而生。原始人类也由此进入一个崭新的农业文明时代，踏上了走向现代人的途程。因此，正是人类社会的大开放，才有了人类的不断进化，也才催生了陶瓷这一伟大的发明。

社会的大开放大交流，也强有力地推动了陶瓷的大发展大繁荣。如上所述，正是由于人类社会的大开放，才催生了陶瓷的发明，但陶器在世界各地诞生以来的数万年中，发展较为缓慢，总体上，更多的是面和量的扩张和普及，缺少快速的质的突变，每一项进步都经历过十分漫长的岁月。比如我们今天看到的两万年前万年仙人洞的陶罐，7000 年前仰韶文化的彩陶与 5000 年前甘肃马家窑的彩陶彩瓶，3000 年前成都金沙遗址的陶瓶陶钵，其用料、器形、釉色、纹饰与制作工艺，均大同小异。这是因为史前社会生产力水平低下，各地交通信息闭塞，还缺乏大范围高频率的开放交流。随后，伴随着中华大地内部兴起的大开放大交流，中国在较短的历史时期内，相继出现了商周釉陶、秦俑汉瓦、唐代三彩、明代紫砂这些具有划时代意义的陶器杰作。

尤其是东汉时期，在陶器制作的基础上，我国又独立发明了瓷器，使陶瓷这一人类天才智慧结晶的器物，再次绽放出耀眼的历史光芒。更令人惊叹的是，自瓷器在中华大地诞生以来，犹如一列骤然加速的高速列车，突飞猛进，发展神速。历代名窑林立，名瓷迭出，精彩纷呈，令人眼花缭乱，并以世界其他地区难以企及的高度，独领千年风骚。陶瓷的制作与交易过程中，工匠产品八方来去，官民上下协力互动，文野雅俗交汇同流，改朝换代聚散离合，国内国际进出交易。正是在这种高度文明和高度开放的大背景下，形成了全方位、大范围、高频率、长时间的大开放大交流，进而带来了中华陶瓷持续不断的大发展、大繁荣。可见，陶瓷只有融入社会开放的大潮流中，才有昨日的辉煌，才能永

葆生机，不断创造新的发展和繁荣。

值得一提的是，过去的开放交流，主要是产品、人才、技术的实体流动，是物理性的实体交流。在今天的互联网时代，开放交流的方式以及速度、深度与广度都发生了巨大变化。今天的开放必须是凭借互联网的连接，把握并迅速适应世界的最新潮流、最新技术和最新市场的变化，任何故步自封、墨守成规、阿Q式的"我祖上阔多了"的自满自慰，任何闭门造车、一厢情愿、了无创新创意、提篮小卖式的单向市场观念和行为，都是与开放精神相悖，都是叶公好龙式的口头开放，并不是开放精神的实质和真谛，必然走向落后与衰退。

三、文化精神

陶瓷是人类社会文化含量高、历史悠久、与人类关系密切的生活器物。形不离道，器不离神。人类在设计创作陶瓷的过程中，除了考虑其基本的使用功能外，总是会以此为载体和母本，根据制作者自身的思想观念、精神意图、审美取向、心手相印、随心所欲，制作出不同器形、颜色、纹饰、绘画的陶瓷产品，或直接或间接地表现出不同时代社会的文化潮流，以及不同创作者的文化追求和文化表达，使陶瓷产品大多承载着极为丰富的文化信息。可以说，陶瓷是人类文明的载体，是历史文化的密码，是学习解读历代人文、艺术和科技知识的活教材。

陶瓷凝结了人类的精神基因。在科学并不发达的漫长历史时期，人类无法解释许多自然现象和生物进化繁衍过程。当人类思索探究自身诞生之谜时，便往往主观地借助于神话和宗教的传说。而有趣的是，关于人类自身来源的传说，世界各地莫不追溯到陶瓷。中国关于"女娲抟土造人"的神话传说，认为人类是由创世女神女娲按自身形象，用泥土捏塑而成。按这个传说，我们的祖先原本是由陶人而来的。基督教关于上帝造人的传说，也认为是上帝用泥土造出人类的始祖亚当，而夏娃则是从亚当身上抽出的一根肋骨。印度教认为，人类的始祖就是个陶工。世界各地这些关于创世造人的神话传说，均不约而同地认为，

人类祖先都来自陶土或原始陶工，实际上这正是原始制陶的历史景象。

正由于陶瓷是这种天工与人工、物性与人性的结合产物，才被人类植入了自身的精神基因，赋予其与人类血缘传承的关系。而在现实生活中，迄今为止，陶瓷也确是人类使用最广泛、最悠久，也是最亲密的生活用具。陶瓷不仅是人类第一次亲手原创出来的器物，付出了大量的智慧和心血，倾注了自己的意图和感情，而且一经创造出来，便从此与人类朝夕相伴，从未分离。清晨起床后，走在厅室的瓷砖上，用瓷杯瓷盆洗漱，用瓷碗瓷盘用餐，上班用瓷杯喝水——你的一天与之相伴；高兴时推杯换盏，把酒言欢，瓷乐铿锵，陶瓷与你共享欢乐；愁闷孤独时，举杯邀明月，借酒消愁，瓷声叮当，陶瓷伴随你度过孤凄的时光；出生时，亲人用瓷碗瓷匙喂第一口汤水，瓷碗瓷匙碰撞，瓷音清脆——新生儿是听着瓷乐来到世界；生命垂危时，亲人用瓷碗瓷匙喂最后一口汤药——逝者是听着瓷乐告别人间。历史上，人去世后，也常常用各种陶瓷陪葬，如著名的秦兵马俑和唐代法门寺的秘色瓷。而明器曾是陶器的一大类型。总之，你的一天、你的一生、你的喜乐忧伤、你的生老病死，都有陶瓷忠诚亲密的陪伴。最穷困的乞丐，也有一只标配的破瓷碗；最富有的富豪，更可能有珍贵的陶瓷收藏。可见世界上，没有任何一种器物，像陶瓷这样与人类关系如此亲密、深厚和久远。

陶瓷完整准确地记载了人类的文明历史。陶瓷记载的历史比文字更悠久。陶瓷与人类文明相伴而生，相伴而行。目前，有文字记载的人类文明史约5000年，而陶瓷语言，已远超文字达两万年以上，它以实物的形态，像一部可触摸的历史典籍，真实、直观、全面地记载了人类的文明历史。陶瓷记载的历史最完整。世界公认的古代四大文明（古巴比伦文明、古埃及文明、古印度文明、中华文明），目前可实证说明延续不断的文明，只有中华文明，其他三个文明中间总有一段时期难寻踪迹。而能实证中华文明历史的，就是靠地上地下丰富的陶瓷遗存。陶瓷记载的历史最准确。悠久而又丰富的陶瓷遗存，以其实体实物的形态，无可置疑地记载和描述着历史的真实。比如对中华文明的发源地，过去一直沿用司马迁在《史记》里的论断，那就是认为中华文明主要发源于黄河流域，然后向全国扩展，这就是所谓的"中华文明一元论"。但是，近一百年来我国大量出土的陶瓷遗存证明，中华文明的源头，呈现出遍布东西南北的"满

天星斗状"。它们各自发生发展，又相互影响，不断融合，从而纠正了两千多年来关于中华文明起源地区的误解。

作为实体史料的陶瓷，现存的数量最丰富。现在全世界的文物遗存，包括地上地下，陆地海洋，家藏馆藏，数量最多、历史最完整、信息最丰富、记载最准确的实物形态，只有陶瓷。其中大部分集中在中国。北京故宫所有馆藏文物，有67%是陶瓷藏品。因此，陶瓷是我们学习传统文化的鲜活教材，是可以目睹的实体文明，可以触摸的人类史记。

陶瓷还蕴含了极为丰富的文化信息，数万年来，人类制作出的海量陶瓷产品，以其丰富多彩的形态和动人心魄的魅力，像一幅长长的画卷，形象地展现了历代各地灿烂的历史文化和美好的社会景象。有的通过器形的捏塑，表现了人类现实生活的情感和期盼（如马家窑的女人形貌的彩陶瓶，汉代的喜乐俑）；有的通过绘景状物，描述了或凄美或跌宕的情感故事（如明成化鸡缸杯的故事，西厢记瓷画瓶等）；有的通过纹饰绘画，表达了一种精神的追求和愿望（如莲纹的清高纯洁，梅花的忠贞坚强，牡丹的繁荣富贵，等等）；有的通过颜料釉色，表现了不同时代的审美取向（如宋青、元白、明彩、清繁的陶瓷风格）；有的通过历史和故事人物的描绘，隐含了治国的理念和价值的追求（如元青花"鬼谷子下山"和"萧何月下追韩信"，表达了蒙古统治者对智慧知识和人才的渴求）；有的通过极致的工艺和繁复的纹饰，显示了国家社会的富足和皇朝贵族的奢华追求（如清三代的珐琅粉彩瓷）。如此等等，不一而足。正是这些千姿百态的器形、五彩缤纷的釉色、变化多样的纹饰、情趣盎然的书画、神奇美丽的传说，构成了一座陶瓷艺术文化大观园，任由我们尽情欣赏。

陶瓷也体现了鲜明的时代特征。不同时代的陶瓷产品，也直观形象地表现了不同时代的社会风貌。质朴率真的上古陶器，表现了远古人类的生存状态和童真情怀；宏大雄阔的秦汉陶瓷，表现了初兴封建王朝一统天下、霸气威权的大气象；热烈浪漫的唐代陶瓷，表现了盛唐时代充满民族自信和胸怀开阔的时代风貌；恬淡素雅的宋代陶瓷，表现了宋代尚文轻武、追求心性静穆的社会政治风尚；醇厚清朗的元代陶瓷，表现了元人豪迈爽朗、崇尚蓝天白云的草原民族特征；繁复华丽的明清陶瓷，表现了封建王朝极盛而衰的落日辉煌；而多彩绚丽的当代陶瓷，则表现了当代繁荣和谐的盛世景象。

这些丰厚多彩的文化信息和文化精神，大大地提升了陶瓷的价值，也赋予了陶瓷人性的光辉和暖意。而陶瓷的价值，最终也是取决于其文化含量的深浅厚薄。文化精神毫无疑问也是引领陶瓷生产创作的灵魂和旗帜。

四、协作精神

陶瓷是人类协作精神的最好体现，是人类协作共赢的典范。陶瓷的创作过程，是人才、技术、物质、管理等众多资源的大整合，也是极为繁杂的分工协作过程。

明代科学家宋应星在其《天工开物》中描述陶瓷的制作工序时写道："一坯之力，过手七十二，方克成器。其中微细节目，尚不能尽也。"可见，要制作完成一件陶瓷器物，不论微细过程，仅大的工序便需要七十二道。在这八大类七十二道工序里，包括采矿加工、陶泥拉坯、捏塑成形、雕刻彩绘、烧坯施釉、装窑烧制、出窑检验，等等。每道工序，都有专门的人员和技术。同时还有诸如轮盘刀具、窑炉磨具、燃料釉彩等复杂多样的工具设备和辅助材料，每道工序，每种工具材料必须环环相扣，完美无缺，才能最终烧制出精美的器物。任何一个环节、一道工序、一种材料、一件工具，只要稍有缺失，便全盘皆毁，不可成器。可见每件陶瓷作品，都是千百人合力协作的成果。这还是单纯制作工序中的协作关系。还有一套更大范围的社会组织管理保障系统，也需要步调一致的协调协作，如人员工匠的组织管理，制作经费的筹措使用，产品质量的技术检验，市场需求的了解与联系等，都需要各方协作。今天组织协调这些工作已有较为先进完善的组织管理体系，古代这些事务的组织调度往往由产瓷区的行业帮会协调处理。

曾作为近千年为皇家生产瓷器的御窑所在地的瓷都景德镇，当接受皇朝宫廷下达的生产制作任务后，除了接受对产品质量、种类、数量、器形、装饰等的明确要求外，还有一套严密完整的保障机制和制度体系，如组织体系、管理体系、保障体系、信息体系、质量体系和责任体系，以确保任务的完成。这套庞大复杂的分工协作体系，不仅是陶瓷产品制作成功的技术保证和组织保证，更重要的是，在当时自给自足，老死不相往来的农耕社会，这种广泛复杂的社会协作和社会联系的生产交流方式，这种科学严密的分工生产组织形态，正是现代工业化生产的基本特征，在当时的全世界都是非常先进和超前的。以景德镇为代表的制瓷业，实际已处于当时世界手工业水平的顶峰。所以英国著名学者李约瑟博士在其专著《中国科学技术史》中认为："景德镇是世界上最早的工业化城市。"

由于中国制瓷业在世界上遥遥领先，陶瓷作为当时奢华、高端、大宗的外销产品，在长达1700多年的时间，沿着海陆丝绸之路，源源不断地向世界输出，不仅长期为国家和民族赢得了巨大的财富和声誉，还以此为载体，广泛地传播了先进的中华文明，对西方世界尤其是欧洲大陆的文化观念、社会习俗、社会礼仪等都产生了全面深刻的影响。世界各地在对中国制瓷技术学习和引进的同时，也学习吸纳了陶瓷分工协作的工业化生产方式和合作交流的精神，对后来欧洲的文艺复兴和随之而来的工业革命，起到了重要的启示作用。

在这种世界范围长时期的交流合作过程中，中华文明和陶瓷的制作，也吸纳了很多优秀的外来文化元素，不仅丰富了中华文明，也促进了陶瓷的新发展。如著名元青花料即来自西亚，很多陶瓷器形参照了阿拉伯地区的习俗和特征，珐琅彩的颜料和工艺则来自欧洲。而很多陶瓷产品的装饰图案则借鉴了宗教纹饰，如佛教的莲纹、基督教的花枝、伊斯兰教的图案等，都是先由国外引进，整合了中国元素后，又输入国际。正是在这种共同的协作流动转移中，实现了广泛的文化传播交流和融合，成为世界合作共赢的历史典范。可以说，协作精神既是陶瓷制作成功的技术保证，也是成就各项事业的秘诀。

党的十八大后，习近平总书记在多次国际会议上，大力倡导"人类命运共同体"，强调合作共赢的美好愿景，这既是继承历史的优良传统，又是解决今日世界诸多冲突和矛盾的先进理念和救世良方。

五、工匠精神

今天，对工匠精神的提倡与呼唤，已成为公众的共识和国家的意志。但是，当我们急迫地呼唤和追求工匠精神，也不必言必称德日欧美，实际上，工匠精神原本也是中国的传统。中国历史上并不缺乏工匠精神，甚至曾长时间地领先于世界。工匠精神的提倡与实践，非常典型地体现在陶瓷的制作史中。

历代无数精美的陶瓷产品，是中国工匠精神的实物呈现。我们所说的工匠精神，应该主要指追求卓越的创造精神、精益求精的品质精神和一丝不苟的职业精神，而这些无不体现在千万种陶瓷作品的制作过程中。中国是世界上最早发明陶器的地区之一，又独立发明了瓷器，正是因为贡献之大，成就之高，因此号称"瓷之国"，甚至英文单词瓷器的大写China，即为"中国"。历朝历代巧夺天工的名瓷名器层出不穷，灿若繁星，从宏阔生动的秦汉陶俑，到热情浪漫的唐代三彩，从宁静高雅的宋代青瓷，到赏心悦目的元代青花，从缤纷精妙的明清彩绘，到绚丽多姿的当代瓷画，每一种美轮美奂的旷世杰作，都是经过繁复精细的七十二道工序过程，都是无数工匠倾注了全部的心力和智慧，方成美器。正是由于中国历史悠久的制瓷传统，规模宏大的产业集群，绵延不绝的庞大工匠群体，才滋生培育了宝贵的工匠精神，值得我们永远珍惜和传承。

工匠精神既是陶瓷制作的技术保证，也是陶瓷行业的最高信仰。窑神宁封子和童宾的传说和事迹，就是陶瓷行业的精神追求和行为楷模。相传宁封子是黄帝时的陶正（负责烧制陶器的官吏），不仅发明了陶器，为烧制出优质的陶器，还常常亲自升窑添柴观火，后不幸遭遇窑塌事故，与恋人仙娥双双身陷火窟，最终化为烟雾升天，成为后代陶工景仰效仿的第一位窑神。宁封子实际上是以身殉职，是远古实践工匠精神的第一位先进典型。而明代窑工童宾则以跳窑自焚的壮举，促进了龙缸大器的烧成，成为又一位陶工永远敬仰和祭奠的窑神。各地窑口，还有当地许多诸如为烧制陶瓷精品，历经困苦，不畏饥寒，终成大作的杰出陶工，有不眠不休吐血身亡的把桩师傅，这些杰出的陶瓷工匠，纷纷被当地的历代陶工颂扬并奉为本地窑神，一直流传至今。

从大量陶瓷史料中可以看到，景德镇尽管因历代制作了无数精美陶瓷作品而被誉为天下瓷都，但由于落后的市场机制和不合理的利益分配规则，历代陶工的生活一直十分困苦。直至陶瓷产业最鼎盛的清代，绝大多数陶工依然十分贫穷，每月只能吃到一两次肉类。曾有西方的瓷商来景德镇从事陶瓷贸易，看到街道弄堂的孩童，均面黄肌瘦，未见一名脸色红润活泼的幼童，可见陶工悲苦的生存状态。但就是在这种困窘的生活状态中，他们仍然一如既往，代际相传，一丝不苟地倾心于陶瓷的生产制作，正所谓吃的是草，挤的是奶。正是这种周而复始的重复与坚持，持续不断的创造和超越，始终如一的忠诚与热爱，才构建起至今传承不断的工匠精神。

当然，陶瓷工匠精神的形成与传承，也是有着客观的必然和历史的缘由。

首先，是陶瓷制作的七十二道工序承前启后紧密相连，任何一个环节的疏漏失误都会直接影响最终产品质量，以至前功尽弃，这就要求每道工序环节、每个工匠都必须做到尽善尽美。这是形成陶瓷工匠精神的技术动因。

其次，是历代皇室宫廷对陶瓷品质的极端要求。陶瓷作为高端的日用品和高雅的艺术品，一直为历代王公贵族所钟爱，并对其品质孜孜以求，不计成本代价，不断追求技术和艺术上的极限，为此还专门设立官窑御窑专制专用，烧制出来的成品，好中选优，稍有瑕疵便全部砸碎，并就地掩埋，不让流入民间，这种近乎病态的品质要求，致使历代陶工不得不竭尽全力，追求极致，成为形成陶瓷工匠精神的政治动因。

再次，由于陶瓷应用的广泛性和普及性，社会需求量极大，全国各地窑口众多，生产规模巨大，行业与市场的竞争激烈，促使各窑口必须精益求精，竞相推出新品精品，这是陶瓷工匠精神形成的经济动因。

最后，在漫长的农耕社会，广大农民长年累月面朝黄土背朝天地辛勤劳作，加上官府豪强的欺凌剥削，战乱和水旱虫灾频仍，生活十分困苦，能脱离农耕苦境，成为具有较强技术含量且相对较为稳定和安逸的手工业者，无疑是历代陶瓷工匠梦寐以求的美好愿望。他们必定十分热爱和珍惜这个岗位，并努力钻研制瓷技术，以此作为自己养家糊口、安身立命的保障，这是形成陶瓷工匠精神的社会动因。

总之，陶瓷产业是工匠精神的原产地，是滋生和继承工匠精神的沃土和基

础。一代又一代千千万万名陶瓷工匠,就是工匠精神的创造者、实践者和传承者,为我们留下了宝贵的精神财富,需要我们永远地继承和发扬。

此外,从广义上看,今天,我们每个人都是各行各业的工匠,需要深刻地认识、学习并弘扬陶瓷所蕴含的工匠精神,努力培养和形成敬业爱岗、高度负责、追求卓越、决不苟且的人生态度和人生追求,做一个有所作为的优秀"工匠"。

今世行之，后世以为楷
——赞人类文化的传承者

喻 干[*]

好友李大西博士于 2016 年年底特意向我推荐了一位同行——江西景德镇学院院长陈雨前教授以及他所创立的"景德镇学"。那时我正在哈佛大学参加并协助组织"艺术家的手：实践中的技术"（The Artist's Hand: Technology in Practice）国际学术研讨会，只从微信上看了李博士发来的信息。我与陈雨前教授从未见过面，仅通过中外媒体对他的学术成就有所了解，却深怀敬意。陈教授对祖国文化精粹的学、接、传这样一种看似容易但非常难做到的奉献使我印象尤其深刻。陈教授在景德镇置镇千年的 2004 年首次提出了"景德镇学"，在国际国内产生了很大影响，并得到联合国教科文组织与其总干事博科娃女士的高度评价。"景德镇学"是对中国陶瓷文化的学科性研究，它不仅有一个完整的学术体系和文化创意，也是中国传统文化复兴中的一部分。

东西方都有伟大的文化艺术传统，在社会历史发展的任何一个时期，都需要有人传承。从手工业时代开始直至 20 世纪末，人类文化艺术的传承方式是基

---

[*] 喻干，美国明尼苏达州立大学硕士，中国美术学院博士，现任美国哈佛大学美术史与建筑史系研究项目经理、中国美术学院视觉中国研究院国际部主任。

本相同的，都是以手工艺的形式在潜移默化中坎坷地进行着。但是，20世纪末的信息革命带来的大数据时代使人的生活方式、价值观、文化历史观有了与传统看似更近实则更远的本质性变化。人们打开电脑甚至手机，在几秒钟之内就可以把远隔千年的人类文明历史资料拿到眼前，这在"前数字时代"里是不可想象的。可是，如果全世界的电脑和手机在同一时刻全部停止工作而且不能修复，结果将怎样？人类还可能回到仅仅是50年前的生活状态中去吗？我们的时代是否过分依赖科技而失去了一些最基本的"传统基因"？我们是否有必要来塑造"现代工匠精神"？从历史的角度看，人类社会生活形态发生重要变化的时代，有时会引起文化传统的遗失。例如公元4至5世纪，由于古罗马帝国的分裂和灭亡，意大利的大量能工巧匠和艺术大师四处流亡；又由于艺术品供需平衡的变化，艺匠们不能再靠艺术技能生存，因此他们不愿把自己的实践经验传授给子孙。随着时间的推移，整个杰出艺术家群体就消失了，加上战争、宗教、政治等诸多因素，导致欧洲千余年来希腊罗马以人性美为本体的艺术传统因无人继承而逐步瓦解，直至14世纪开始的全面文艺复兴。

今天的世界虽处盛世，但人们的生活和思维方式与以前相比已经有了结构性的变化，这种变化将对人类在"前数字时代"里所积累的文化艺术传统的继承和发展产生许多影响。这是一个必须面对的问题。

今日社会的明显特点是把艺术与经济效率直接挂钩，时间就是金钱。个人名利至上，薄利多销的快餐式文化占有很大成分。在全世界都朝着这种大数据化时代发展时，如何把近在咫尺的千年文明所积累起来的"石窟精神"、"瓷窑精神"等人类经典的艺术精神好好地继承下来，用新的形式传递给后代，就成为一种伟大使命。对于这个问题，陈雨前教授在《谁能拯救景德镇》一文中这样论述："景德镇陶瓷目前的整体情况，着实堪忧，若果按照这种趋势走下去，不能力挽狂澜创造性地解决目前存在的问题，滑坡和不景气的态势将无可挽回地持续下去。假如真的出现令人痛心事情的话，我不知道我们这一代人将如何面对，将如何面对我们的祖先，将如何告诉我们的子孙，将如何对我们的历史，对我们的祖国负责！"我从陈雨前教授的文字中看到一种沉甸甸的使命感。

对于人类文化的传承，是全世界共同面临的问题。在哈佛大学艺术博物馆召开的"艺术家的手：实践中的技术"国际学术研讨会上，美国罗德岛设计学

院版画系教授安德鲁·诺夫瑞（Andrew Raftery）先生的发言得到一致称赞。诺夫瑞教授几十年来一直在研究濒临失传的欧洲古典铜版刻画技法，用这种技术来创作现代生活作品并把它们烧制成西方传统的瓷盘形式。他是现在美国唯一能用从北欧文艺复兴时期就开始流传的欧洲古典铜版凹凸刻印技术来作画的艺术家，在欧洲也只有少数几位。在国际研讨会艺术实践工坊里，诺夫瑞教授向会议代表们介绍古法制作墨汁及鹅毛笔的过程，请大家用这种古老的材料创作底稿，并试着在铜版上雕刻精细线条。我问诺夫瑞教授作一幅小画要花多少时间，教授回答说："如果每天都刻，小尺寸的画至少要三个月才能完成，一年只能画数件作品。"我想，按这样的速度计算，他一辈子也画不了几张。如果想依靠卖作品从艺术市场上获得很大收获几乎是不可能的。毕业于耶鲁大学的安德鲁·诺夫瑞教授认为，自己始终在做一件极有意义的事。作为教师，他把多年来学习欧洲古典铜版画精湛技法的体会传授给学生，大家一起来研究和再创造，让这种画法不断地延续。

中国江西景德镇的制瓷历史悠久，是中国陶瓷的发源地之一，是"集天下技艺之大成，汇各地良工之精华"的世界著名瓷都，是中国最具代表性的瓷器艺术国际品牌。景德镇的官窑瓷业就有几百年，留下了很多珍贵的文化艺术遗产，景德镇官窑瓷器中所凝聚的工匠精神和让人叹为观止的杰出艺术成就是中华五千年文化中的一个重要组成部分。陈雨前教授以保护、重现、研究和发扬景德镇陶瓷艺术为己任，在长期艰辛的路途中创建了"景德镇学"，这对弘扬中华文化有着重要意义和历史价值。它不但是艺术实践和艺术史研究的里程碑，还像是寄给大家的"一封信"，启发我们如何面对传统、面对现在、面对子孙后代。

陈雨前教授和安德鲁·诺夫瑞教授都出生于1962年，虽然他们所传递的东西方文化火炬不同，但其行为对人类的意义是一样的：他们以不同的文化价值观和各自的努力，让祖先所创造的灿烂艺术遗产在我们这一代人手中薪火相传，根源不断。

今世行之，后世以为楷（《礼记·儒行》）。

知世

瓷行天下

王鲁湘[*]

一

两千多年历史纵深的丝绸之路,是从东亚腹地向东北亚、向东南亚、向南亚、向西南亚、向西亚、向东欧、向地中海、向东非、向伊比利亚半岛、向阿姆斯特丹不断延伸的一个贸易网络,由此建立的海陆通道,涵盖了欧亚旧世界和北美新世界。东方和西方两个世界的物质文明和精神文明都在这个网络里输送、流转,互通有无,取长补短。

从大的方面说,通过丝绸之路,域外向中国输送了佛教、伊斯兰教、基督教和拜火教,重构了中国人的精神信仰;输送了科学、民主、法治,深刻影响了中国的社会变迁;输送了因果、报应、轮回、天堂、地狱、原罪等观念,改造了中国人的世界观;还输送了个人主义和自由主义,影响了中国人的价值观。这些都在不同的历史时期,深刻地改变了中华文化。而中国呢?也通过丝绸之路,向域外输送了儒家和道教,输送了理学和心学,输送了中国化了的汉传佛

---

[*] 王鲁湘,文化学者,香港凤凰卫视高级策划、主持人、评论员,现为中国国家画院研究员、文化部国家艺术基金专家库成员。

教，输送了"四大发明"——按照马克思的说法，中国的"四大发明"对于摧毁欧洲中世纪的堡垒，对于文艺复兴起了巨大的推动作用；中国还向欧洲输送了文官制度，助推了欧洲理性主义的思潮，启发了欧洲的启蒙思想。

从小的方面说，通过丝绸之路，域外向中国输入了许多新的农作物品种，如小麦、葡萄、番茄、红薯、辣椒、烟叶、玉米、土豆，丰富了中国人的食品结构，也使得中国人口数量得以在16世纪以后突破上亿规模，在18世纪突破四亿规模。而中国向域外输出的丝绸、茶叶、瓷器，也改变了东南亚、南亚、西亚和欧洲人的生活形态。

二

丝绸、茶叶、瓷器，是中国通过丝绸之路向域外输出的三大主要商品。但是丝绸和茶叶都被消耗掉了，瓷器虽然也因为其易碎而损失了不少，但毕竟因其材质坚硬而大量保存下来，成为丝绸之路最主要的物证。

瓷器是人类通过技术手段改变自然材料理化属性的第一种工业制品，是19世纪前最高精尖的科技产品，是天地间唯一融合了金木水火土"五行"之气的人工制品，是硬度、密度、耐磨度、光洁度最高的生活器具，是最早采用精细分工与流水线作业生产出来的产品，是器形、色彩、装饰、绘画最丰富多样的工艺品，是改变了人类生活方式并提升了人类生活品质的生活必需品，是美化人居环境、提升生活品味的艺术品，是承载了东亚文明、西南亚文明和欧洲文明相互影响作用的"天下之器"。

中国外销瓷广义的概念，应指所有通过贸易方式和贸易渠道销往中国境外的中国产瓷器。从沉船考古与域外陶瓷考古的文物来看，唐代的越窑青瓷、邢窑白瓷、长沙窑釉下彩绘瓷已大量外销，宋代外销窑口更多，主力转移到江西和福建。中国外销瓷狭义的概念，指明嘉靖至清中期由景德镇生产（含景德镇供坯、广州上彩的广彩瓷）的专供欧洲和美洲市场的瓷器。广义的外销瓷的生产和贸易的历史，贯穿唐宋元明清五朝一千年，从8至18世纪。狭义的外销瓷

的生产和贸易的历史，从明末到清中期，约三百年。当然，清末、民国、中华人民共和国，也都有瓷器出口，甚至"文革"时期，还有景德镇国营瓷厂的瓷器出口创汇，这些也可以说是中国外销瓷。外销瓷的市场范围，从东亚到东南亚，从南亚到西亚再到东非、北非，从南欧的亚平宁半岛到北欧、西欧，从墨西哥到美国，基本涵盖了世界。因此，中国外销瓷是第一个扮演"世界商品"的商品。

中国外销瓷的数量无法估计，也没有统计，但有外国学者估计，明末到清中期，由欧美公司组织运输和销售的中国瓷器，应该有三亿件之多。这是"中国制造"最大宗的外销商品，是"中国制造"遗留在海外的最大财富。

三

自隋唐以来，中国的造船和航海技术日臻进步、成熟，海上交通航线开辟，海运便捷，大量的中国丝绸、茶叶、瓷器等商品源源不断输出海外，远销东南亚和中东地区，并由此转运扩散到地中海沿岸。人们把历史上这条连接东亚、西亚、地中海世界贸易的海上交通通道称为"海上丝绸之路"。自宋代开始，瓷器的输出量逐渐超过丝绸，在外销商品中占据上风。日本学者三上次男通过对这条海上贸易通道的考古调查后认为：这是连接中世纪东西方两个世界的陶瓷纽带，同时又是东西方文化交流的桥梁。因此，应该被称之为"陶瓷之路"。

16世纪以前以中国为主导的海上陶瓷之路，建立的是半个世界的贸易圈，打通了太平洋—印度洋航线，建立了以中国为中心的东南亚和东北亚贸易区。

16世纪以后以欧洲列强为主导的海上陶瓷之路，建立的是完整的世界贸易圈，太平洋—印度洋—大西洋的全球航线打通，真正的全球化时代来临，而中国瓷器，则充当了人类贸易史上第一件全球化商品的角色。

四

1514年，葡萄牙航海家抵达广州沿海，开始了欧洲国家与中国的第一次贸易。

1553年葡萄牙商船在澳门停泊，后取得澳门居住权。很多葡萄牙商船往来于里斯本、果阿、澳门、广东之间，开启了一条前无古人的海上致富之路。

与此同时，西班牙把菲律宾作为和中国贸易的据点，著名的马尼拉港于1571年开放，每年大约有三四十艘中国大帆船来到这里，出售茶叶、丝绸和瓷器，西班牙商船再把购买来的货物转运回国。

1571年，荷兰舰队到达马尼拉。"海上马车夫"在大西洋和印度洋上出其不意地袭击从远东返航的葡萄牙船队，掠夺其运载的中国货物。

为了从东方的贸易中实现经济利益最大化，欧洲一些国家纷纷组建贸易公司，先后有英国、荷兰、法国、丹麦、奥地利、西班牙、瑞典等八个国家组建了专门从事东方贸易的东印度公司。

1600年12月，一群有创业心和影响力的英国商人组成了股份制的英国东印度公司。

1602年3月20日，荷兰14家从事东印度贸易的公司合并成为股份制的荷兰东印度公司。

两家公司分别从本国获得自组军队、发行货币、与他国结盟和宣战、签订条约、实行殖民与统治的权力，可以说都拥有一个"国家"的性质。

荷兰东印度公司成立后，1610年7月（万历三十八年），荷兰商船"红狮与箭"（Roode Leeuw met Pijlen）号抵达广州，购回瓷器约9227件。1614年，运荷瓷器上升到69057件；1637年，运荷瓷器21万件；1639年，运荷瓷器366000件。1605年至1661年，荷兰东印度公司除了把中国瓷器运往荷兰销售，还载运了大约500万件中国瓷器至安南、暹罗、缅甸、锡兰、印度、波斯和阿拉伯等地，印度尼西亚和马来亚各岛屿的运销还不在内；1636年的记载显示，当年运销印尼各岛屿的中国瓷器总数达379670件。荷兰商人还把中国瓷器销往

日本，打开了对日本的销售市场。据沃尔克（T. Volker）保守估计，1602—1682年间，仅荷兰东印度公司一家就从中国进口约 1200 万件瓷器。1683 年以后，荷兰东印度公司购买中国货（包括瓷器），都是在雅加达从中国商人手里购买，再由荷兰东印度公司的船只转运回欧洲。

1799 年 12 月，荷兰东印度公司解散，存在了 197 年。

1715 年，英国东印度公司最早获得在广州开设贸易机构的权力。18 世纪中叶，英国占有了在欧洲经营中国瓷器的首要地位。1716 年，英国赛杂纳号装载价值 54000 两白银的瓷器返国。估计在 18 世纪初，英国人把 2500 万件到 3000 万件中国瓷器运到了欧洲。18 世纪 30 年代前后，在广州的黄埔港和珠江内停泊的外国商船开始以英国占据首位。同时，在广州的对外贸易业务中，各国的商人们也都统一使用了英语。

1858 年，英国东印度公司从英国官方文件中永久消失，存在了 258 年。

英、荷两家东印度公司在与中国贸易的同时，曾经深刻卷入中国历史。

荷兰东印度公司侵占台湾的商业动机之一，是要在赤嵌（Chikan，今台南市一带）设立远东贸易的分部，把从中国沿海采集的瓷器运抵赤嵌库存起来，再转运到日本、东南亚各国、南亚、阿拉伯地区和欧洲。

英国东印度公司向中国倾销鸦片，是为了平衡中英贸易。包括瓷器在内的中国商品输出欧洲，使白银源源不断流入中国这个白银"秘窖"，而英国商品却打不进自给自足的中国市场，这种中英之间的贸易不平衡最终导致东印度公司向中国大量输出鸦片，使得中国白银大量流出，引发清政府的"虎门销烟"，鸦片战争爆发。

欧洲八大列强的东印度公司，加上后来居上的美国，用 300 年持续不断的接力贸易，把约三亿件中国瓷器带到了全世界。可以毫不夸张地说，从中国到欧洲再到美洲的这条海上陶瓷之路，成了西方崛起的"海上致富之路"，中国当然也从这条"海上致富之路"获利匪浅，这些东印度公司的船队，不仅成为东方财富的搬运者，而且也间接成为东方文化的搬运者。借他们的舟船之利，中国瓷器连带着附于其上的文化，被"搬运"到世界各地，中国瓷器所到之地，就是中国文化传播影响所到之地。这些中国外销瓷，清晰地画出了中国文化影响力的世界版图——哪里出现了中国瓷器，哪里中国文化就已然抵达。

因为瓷器之故,从 14 世纪蒙元帝国开始就激起了一股国际化的商业冒险活动,无论规模还是数量,都是近世以前的世界见所未见——绘饰瓷器图案的钴蓝色料由波斯输往中国,在景德镇制作成大量的青花瓷后,再销往印度、埃及、伊拉克、波斯的穆斯林市场。16 世纪起,青花瓷又由西班牙船只载运,从菲律宾运往墨西哥的阿卡普尔科和秘鲁的利马;与此同时,欧洲的贵胄则向广州下单订做专属瓷器。及至 18 世纪,瓷器营销各地数量之巨、遍布之广,已足以首度并充分证明:一种世界级、永续性的文化接触已然形成,甚至可以说,所谓真正的"全球性文化"首次登场了。

五

为什么说中国瓷器充当了人类贸易史上第一件全球化商品的角色?美国历史学家罗伯特·芬雷(Robert Finlay)在其专著《青花瓷的故事》(*The Pilgrim Art: Cultures of Porcelain in World History*)中对此进行了深入的探讨。

从东西方贸易的表象看,虽然从公元 7 世纪开始,瓷器即已成为国际性的贸易产品,但若论数量或影响力,却不是最突出的商品。当时纺织类的交易数量更高,尤其是丝与绵。利玛窦曾说:"葡萄牙船最喜欢装载的就是中国丝绸,其他任何货物都比不上。"

就东西方之间的贸易而言,不论任何时候,中国瓷的重要性始终落后于香料,18 世纪中国茶的贸易也比瓷器更具分量。

但是,丝绸、香料、茶叶,走的都是单向旅程:自东而西,最后在终点被人消费使用而消失。罗伯特·芬雷说:"只有瓷器,不仅历时长在,还在文化相互影响上发挥了核心作用。"

也就是说,瓷器不仅以其物理属性的坚硬而获得了时间上的长久存在,更重要的是,照罗伯特·芬雷的看法,"中国瓷对世界史研究的最大价值,在于它反映了一项规模最为庞大的文化转型活动"。

所谓"规模最为庞大的文化转型活动",即自 16 世纪发轫的全球化过程。

这个过程不仅是指东西方海上贸易通道的建立，新世界和旧世界连为一体，全球性贸易网初步形成，世界各地商品互通有无，这样一个物流层面的全球化商业转型；而且是指此前各个地区相对孤立发生演进的文化，开始超越地区间的封闭而相互影响，这种相互影响是一个"文化大循环"，也就是说，它不再是一个单向旅程，不再是一个简单的"输出—接受"模式，而是地区之间的文化要素彼此往复循环，互鉴互学，你追我赶，最终共同促进了世界性的文化转型，使东方有西方，西方有东方，跨文化的交流、渗透、影响、融合，超越此前任何时代。而中国瓷器，经罗伯特·芬雷的考察，其在"文化大循环"中所扮演的角色，超越了丝绸纺织品、茶叶、香料，而成为核心要角。

所谓"文化大循环"，指的是一种跨文化交流现象，出自于甲文化地区的某一文化要素，比如艺术母题或图案，被远方的乙文化地区所接纳拥抱，重新组合，另加诠释，更常常遭到误解错译，其间还可能被转移到其他材质的产品之上作为其全新的装饰，然后再送回它们当初所来之处。以中国陶瓷为例：元明清三代瓷器上都有的卷草牡丹花图案，就是从阿拉伯地区的卷草番莲花图案改造过来的，中国陶瓷匠把这改造过的异国图饰用于自家产品，然后又由商人运送出国，使之归返几代以前这些图案的原产地。这一受到中国影响的纹饰版本传到半个世界之外，又被当地艺匠模仿，他们却浑然不知这项曾经给予中国艺匠灵感而自己正在继而效仿的图案，其实始于自家祖先。当这一改造过又返回的图饰被转用到纺织品、金属器皿、玻璃器皿或建筑装饰之上时，又会因材质的不同产生令人头晕目眩的变化。这就是"文化大循环"：反复地联结、并合、再联结、再并合……

中国瓷器之所以能够在这样的"文化大循环"中担任要角，就是因为瓷器是日常生活、商业和艺术的交集点，它一身三角，同时是实用品、商品和艺术收藏品。

实用品的属性使瓷器同生活的方方面面密切相关，因而同不同地区和文化的生活习性、风土人情紧密关联，甚至就是其生活习性与风俗的载体，所以最大限度地体现出区域性、地方性和民族性。商业的属性使瓷器在交换过程中必须受到市场需求的制约，也就是说，它的设计和生产要迎合市场消费者的所需所好，所以必然要接受异域文化的特殊要求，呈现出与本土性恰好相反的种种

特性。艺术收藏品的属性使瓷器的种种设计和装饰超越其实用性和功能性，成为表达审美、信仰等精神价值的载体，成为家族传承的收藏品。

中国外销瓷是这三个属性最集中的表达，一身三角，使中国外销瓷成为一项文化聚焦物，一个艺术与商业的汇流现象，一种在相当程度上将其制作者、购买者、欣赏者（他们彼此很可能属于不同的文化区）的风俗、信仰与心理等精神面向，化为具象而可观可触的人造物品。

研究世界近代史和全球化现象的西方学者甚至认为，中国外销瓷器在14至19世纪的几百年间，比任何其他商品都要敏感地记录了来自全球化进程的种种面向的冲击，比如传统艺术手法的不断革新，国际贸易的顺逆、摩擦和冲突，科学研究、制造技术和产品创新，精英阶层的消费支出，用餐礼节的改变，饮食文化的革命，室内设计和建筑风格的影响，装饰图案和服饰风格的不变，甚至对家庭两性关系的微妙影响，还有社会价值观念的变化，等等，中国瓷器都对它们做出了反应，同时也接受了它们的冲击，并参与到了这一伟大的历史进程中。

六

中国瓷器在唐代就外销到了红海、埃及，对当地的釉陶产生了影响。那么，中国瓷器何时抵达欧洲的呢？

这一直是个问题。

多数欧洲人要到16世纪末才知道中国瓷器。他们非常惊讶瓷器竟会比水晶还要美丽。中国瓷器那种不渗透性、洁白光滑、非常实用的美，以及相对于水晶器和银器的低廉价格，使它甫一现身欧洲，就赢得当地人民深深的喜爱，并被誉为"白色的金子"。

今日称为"盖涅雷斯—方特希尔瓶"的名瓶，可能是已知最早抵达欧洲的一件中国瓷器。这只白色微青的景德镇瓷瓶，显示出极少数能够在蒙元时期抵达欧洲的瓷器，在西方世界获得何等尊贵的价值。这只瓷瓶14世纪初取道丝绸

之路来到欧洲，或许是由前去法国阿维农觐见罗马教皇的景教基督徒携往。这只素雅的影青瓷瓶被隆重装饰，镶嵌于银鎏金座之上，并铭有哥特体的金字，陆续成为十四五世纪匈牙利和那不勒斯安茹王室的珍藏。接下来又在勃艮第和日耳曼等地历经多主，再添加一些纹章饰记，最终落脚巴黎附近的圣克劳，进入当时全欧最尊贵的藏家法国太子路易手中。

1497年达·伽马自葡萄牙出发，展开他绕过非洲前往印度的划时代之旅。葡萄牙国王曼努埃尔一世千叮万嘱，交代他务必带回两样西方最渴求的东西：一是香料，二是瓷器。两年后，历经疾病、饥饿，全船170人折损过半，达·伽马归来向国王呈上包括黑胡椒、肉桂、丁香在内的数袋香料，以及一打中国瓷器。

1501年，卡布拉尔率领的第二批葡萄牙船队，从印度洋远航归返里斯本。葡萄牙国王曼努埃尔一世转告另一位欧洲君主：瓷器、麝香、琥珀和沉香，可自印度之东一处叫作Malchina的国度取得。Malchina衍自梵语，意谓"大中国"。

意大利画家乔凡尼·贝里尼（Giovanni Bellini，1427—1516）于公元1514年创作油画《诸神之宴》（*The Feast of the Gods*），是这位画家一生创作的最后一幅作品。画中诸神手上的青花瓷盘体现了当时中国瓷器在欧洲主流社会中的尊贵地位。值得注意的是画家创作此画的1514年，正是葡萄牙海船抵达中国沿海，开始了欧洲国家与中国的第一次贸易之时。那么，《诸神之宴》中的青花瓷是元青花还是明青花？这些青花瓷盘来自何处？通过什么途径到达威尼斯而成为画家的描绘对象？还有比《诸神之宴》更早的描绘有中国瓷器的欧洲绘画吗？在此之后的欧洲绘画里，我们会大量看到，在宫廷的珠光宝气中，在中产阶级的厨房和客厅里，在码头的拍卖市场上，在静物画的台布之上，都会冷不丁地瞅到中国青花瓷器那特有的钴蓝色身影和柔润的釉光。

1517年，葡萄牙船只抵达中国，曼努埃尔一世立刻订了许多瓷器。现知最早绘有欧式纹饰的青花瓷是一只1520年的宽口执壶，图案是古式的环状地球仪，既代表地理大发现，也是国王的私人纹章。毫无疑问这是一只来图加工的执壶，壶形是中国的（但最早的形状可能来源于唐代的阿拉伯样式，这又是一个"文化大循环"的例子），而纹饰是葡萄牙商人带来的。中国艺匠用钴蓝画上

了环状地球仪。显然，这要大大早于利玛窦神父在明万历年间展现给中国士大夫的那幅世界地图。或许，景德镇的陶瓷工匠，是最早知道地球是一个球体的中国人，也或许他们什么都不知道，只是依样画葫芦。

葡萄牙王室收藏的早期中国瓷器，还包括曼努埃尔一世的儿子胡安三世的一只瓷盘，上绘葡萄牙王室纹章和耶稣会会徽。他的孙子塞巴斯汀一世拥有的一只瓷碟，上绘其私人纹章和中国的狮子戏彩球纹饰。

欧洲王室较早大规模拥有中国瓷器的国王是合治西班牙与葡萄牙两国的"东西方万事之主"菲利普二世。他是16世纪中国瓷器最大的收藏家，藏品达3000余件。

17世纪晚期及18世纪时，中国瓷器已经风靡欧洲宫廷和贵族家庭。专门陈列中国瓷器的瓷器室的设置，成为上流社会家庭的风尚。他们还特别设计木制家具以做大件中国瓷器的器座，连中等人家也将中国瓷器的盘、碟置于墙上以为装饰，殷实家庭都有专门摆放中国瓷盘的柜子。当壁炉开始普及到中产阶级家庭的时候，壁炉上摆两只中国瓷瓶成为标配，这一讲究流传至今。

中国瓷器在18世纪即已成为欧洲宫廷非常流行的收藏品。波兰国王约翰三世在维拉努哈宫侧殿，专门陈设中国青花瓷器。英国王后玛丽是一位中国瓷的鉴赏家，美国旅行家迪福（Defoe）在1724年于纽约出版的《回忆录》中说："玛丽王后的习惯是在宫廷里陈列许多中国瓷器，甚至达到惊人的程度。我们可以看到，在橱柜以及家具的最高顶上也放着架子，架子上陈列着珍贵的中国瓷器。"1670年在凡尔赛宫内修建的特里亚侬（Trianon）宫，是路易十四专门为其所珍藏的中国青花瓷器而修建的。路易十四和曼德侬王后还委托商人在中国订制了他们夫妻穿着中式服装的瓷雕像。路易十五的宠姬旁帕多夫人对中国瓷器纹饰有一种特殊爱好，并将之发展为一种服饰图案，后人因此把她喜欢的瓷器纹样专称为"旁帕多风格"。这种风格对当时法国文化产生了多方面的影响，在建筑、家具以及工艺品制作上打下了烙印。路易十五本人对中国瓷器的迷恋不逊其父，他曾在宫内大力提倡使用中国瓷器，并下令将宫廷所用的金银器全部融化另作他用。德国宫廷对中国瓷器也表现出极大兴趣，宫殿内摆满了中国瓷器，并用中国瓷器改装成各种装饰品。在奥地利、意大利等国也流行使用中国瓷器，宫内也都有专门的陈列室陈列中国瓷器。

最狂热的中国瓷器迷恋者莫过于在德累斯顿的萨克森选帝侯奥古斯都二世。1717年，他与威尔汉姆一世达成一笔交易，以萨克森部队600名龙骑兵换取151只大型中国瓷瓶，因此这些中国瓷瓶也就获得了"龙骑兵瓶"的美名。奥古斯都二世对瓷器的狂热喜爱，驱使他投入大量人力、物力和财力，来探索瓷器制作的秘密，并最终在1709年获得成功。

七

在中国瓷器"瓷行天下"的数百年中，并不只是中国瓷器的优良品质和中国文化的魅力造就了她在世界范围的霸气流通。事实上，这种"世界商品"称号的获得以及她连续数百年畅销的秘诀，就存在于前述的"文化大循环"之中。没有异质文化对中国瓷器的渗透，没有其他国家和地区持之以恒地仿制、挑战和竞争，没有对异质文化的谦虚学习、认真对待，中国瓷器要想数百年"瓷行天下"是不可能的。

拿青花瓷来说，她是中国外销瓷从14世纪一直到18世纪畅销不衰且唯一贯穿始终的一个品种，以至于世人想当然地认为青花瓷就是地道的中国瓷器的国粹。其实不然。

青花瓷的成熟是在元代。从传世品和考古发掘来看，元青花瓷的市场主要是在海外。全球水域中保存了大量元代外销瓷遗存，其中就有不少青花瓷。器型较大、制作精美的元青花器，大多保存在国外博物馆、艺术馆等收藏机构和私人手中。目前保存在阿德比尔寺和托普卡比宫的元代青花瓷，就是通过海上丝绸之路，由伊斯兰国家向中国订制的生活日用品。青白二色并不是中国传统的色彩组合，而是伊斯兰地区的传统色调。元代的统治民族蒙古族也是尚白，对蓝色并无偏好。所以，元青花瓷器的生产主要是外销，外销地区主要是伊斯兰文化圈，包括土耳其、波斯、阿拉伯和东南亚的印尼、马来亚。元青花的钴料主要是来自波斯的苏麻离青，发色浓艳清晰，少见晕染，青花瓷器的纹饰繁密精细又极富层次感，以缠枝花卉、莲池水禽、瑞兽草虫、庭院小景等居多，少见人物形象，符合伊斯兰教禁止用人像做装饰的禁忌，这些纹饰在波斯陶瓷和其他工艺品上都可以找到。

元青花瓷的产生不是由于国内需求或统治者的喜好，而是海外市场的需求。有元一代，马背上出身的蒙古皇室始终保持着游牧民族质朴的性格，延续着对贵重金属器皿的喜好，质脆易碎的瓷器是汉人的陈设和把玩的雅器，并未受到蒙古贵族的青睐。元青花是景德镇制瓷技术发展到一定阶段后，国外市场需求和优质钴料齐备推动下的产物。享誉全球的元青花是中国外销瓷的一枝奇葩，是景德镇瓷业对世界陶瓷美术的杰出贡献，但一定是在蒙元帝国的世界背景之下跨文化交流才可能产生的"文化大循环"现象。

明代万历至天启年间由景德镇窑生产的"克拉克瓷"，是风行于欧洲的中国青花瓷的代表。这种专供外销的青花瓷，是景德镇工匠依据听到的外来信息生产的，根据欧洲的趣味想象出来的一种不中不西的新风格，但却迎合了欧洲市场，于是风行欧洲，甚至影响到日本，被日本人称之为"芙蓉手"，连荷兰生产的代尔夫特釉陶都对它进行模仿。

粉彩是外来户，法文称为"famille rose"，清代粉彩瓷被誉为中国瓷器中的"国色天香"。从雍正朝开始，粉彩就是外销瓷的主力军，而雍正时期的粉彩外销瓷也是最精彩的。粉彩的出现使外销瓷的色彩变得丰富，将陶瓷彩绘艺术的表现力推向高潮，外销瓷品质尤为精美，画面内容更趋丰富，不仅画中国的花鸟鱼虫、仕女情爱，也画了不少外国人订制的男欢女爱，甚至模仿西方油画效果，细腻精美。

在广州画的粉彩俗称"广彩"。为节约成本和提高效率，西方的商人们在广州市场培养了一批画西洋风格的瓷画艺人。在景德镇购买瓷器，送到广州绘画，时间当在1760年到1780年左右。广彩是中西绘画手法结合的产物，表现生活中真实的场景，引入西画的明暗透视，装饰图案也采用西方设计的纹样和边饰，大量使用金彩，富丽堂皇，有浓郁的异国情调，是一种典型的混搭美学风格。

八

荷兰代尔夫特青花陶也是东西方"文化大循环"的产物。

1614年,有位荷兰实业家获得国会许可,设厂生产东印度式的器皿,于是代尔夫特陶业开始登场。他们使用在代尔夫特南方不远处发现的高质量黏土,器内施以透明铅釉,外壁施锡釉再上彩绘。代尔夫特青花陶利用了中国明末清初社会动荡,瓷器外销受阻的历史机遇,迅速扩大生产,并乘虚而入国际市场,甚至倒输东方,由荷兰东印度公司把它们销往波斯、印度、东非海岸、东南亚群岛和南北美洲。这些中国瓷器的仿冒品,器底常仿中国瓷的做法,也弄上一个年款。但好景不长,随着1684年清朝解除海禁,景德镇瓷外销反攻,便将代尔夫特青花陶逐出了传统属于中国的各地市场。

中日在"伊万里瓷"上的相互模仿和市场角逐,说明挑战者的出现是"瓷行天下"的新的动力。

丰臣秀吉出兵朝鲜,归国时带回朝鲜陶瓷工匠。其中一名李姓工匠,在有田的泉山发现瓷石,于1610—1620年在今佐贺县有田町的天狗谷开窑,生产有田瓷器。由于有田瓷器多从伊万里港输出,因此在欧洲被称为伊万里瓷。初期伊万里瓷的纹样,很多以景德镇瓷器为样本,甚至连款识也模仿。17世纪50年代,明清易代,中国瓷器出口不畅,而欧洲对中国瓷器的需求仍源源不断。由于伊万里瓷器和景德镇瓷器风格接近,所以欧洲在寻找替代品时选择了伊万里瓷。大量向欧洲外销,促使伊万里瓷器对景德镇的克拉克瓷和转变期瓷器的欧洲样式进行了模仿,以期更迎合欧洲人对瓷器风格的品味。康熙收复台湾,解除海禁,恢复海外贸易,景德镇发现欧洲已是伊万里瓷的天下,于是转而模仿伊万里瓷的风格,并最终重新夺回欧洲瓷器市场。

中日为角逐欧洲市场而在"伊万里"风格上的循环摹仿,是瓷器这一全球化商品的有趣故事。商人逐利和商品对市场的争夺,必然打破国界和文化的畛域,全球化的新风格、新趣味引导着一种地区性的商品超越自我,越来越分不清彼我,越来越国际化。欧洲大量的伊万里瓷器,除非专业人士,很难分清哪个是日本的,哪个是中国的。

九

1729年开始,中国外销瓷出口进入了按订单加工出口的时代。根据外商提供的瓷器画样、种类和数量进行生产,这种订单加工的方式,估计在唐代长沙窑和元代景德镇青花瓷的生产中就已经采用,但18世纪30年代以后,这成为中国外销瓷的常规做法。

英国牛津著名的中国瓷器商人查尔斯·皮尔斯(Charles Peers,1703—1781)所设计或指定的一些特定样式的午餐具,于1731年由英国商船"广东商人号"从广州起航驶往印度,再转运到伦敦。如今,英国博物馆中还珍藏着查尔斯·皮尔斯先生1731年12月19日于广州签署的订购中国瓷器发货单。在英国伦敦有一种"瓷人",就是专门为私人定制特殊纹样的瓷器商人,这种商人在1774年(乾隆三十九年)大约有52人。

从1736年往后,荷兰买家都是提前一年将瓷器订单交付工厂。荷兰东印度公司曾经发往中国成百上千的瓷器画样,在海牙博物馆保存着1758年的七页画样原件,上面有33件瓷器的图样。这些瓷器的样式、色彩及装饰布局不同于中国传统风格,很多瓷器样式是仿照欧洲人熟悉的金银器或者玻璃制品制作的,带有巴洛克艺术风格。

特别订造的瓷器永远是个棘手的问题,因为制作需要时间,而陶匠又很有可能弄错了客户关于造型和装饰的指示。后来,索性在广州设立工场,从景德镇运来素瓷,就地加上绘画,这不仅加快交货时间,也大大简化了押运员与画工的中间环节,减少指示纠缠不清之弊。英国东印度公司职员威廉·西凯(William Hickey)到过珠江岸边的一间工场,他看到长廊上列满百十个工匠,有些工匠很老,有些只是六七岁的孩子,都在忙于描画和着色。

由于瓷器的定销,欧洲艺术对中国瓷器产生了重大影响。欧洲商人提供的

瓷器木样和画样,丰富了中国瓷器的造型;欧洲宫廷画师们设计的纹章、瓷器商人提供的丰富画稿,使外销瓷器纹饰充满了异域风情和欧洲时尚。

在按指定要求烧制的器皿中,也有加上徽号的纹章瓷。纹章是识别等级的一种制度,最初在欧洲战争中使用,在盔甲盖住战士脸部时作为辨认的手段。此后,装饰在盾甲和旗帜上的盾形纹章继续流行,超越了原先的意义,内容和用色都有一定的标准和规定,使用在纺织品、碑石以及套装餐具等物品上,作为家族和组织的标记。

虽然数量较少但也被视为一个整体的纹章瓷在艺术上极有意义。纹章不只是装饰性图案,还具有历史真实性,也透露了瓷器的历史背景和可能的制造日期。在中国瓷器上画上家族和组织的纹章,也说明中国瓷器在欧洲大家族和工商组织中曾经具有的崇高地位。但这似乎是中国瓷器在欧洲最后的辉煌,到18世纪末,英国大家族一度拥有的纹章瓷风光不再。

十

在18世纪以前,木材、陶和锡是欧洲餐桌上餐具的常用材料,但富有的人和贵族能用上锡釉陶具或银制品。由于没有像样的高雅餐具,欧洲人的饮食文化和餐桌礼仪,在18世纪以前相对"野蛮"。

随着16世纪中国瓷器的进口及其数量越来越多,形成了全新的饮食方式,并于17世纪末达到顶峰,产生了所谓的"饮食革命"。进入18世纪,欧洲上流社会的饮食成为一种社交活动,尤其是套装餐具的出现,使餐桌礼仪变得烦琐。

中国瓷器的进入,丰富了西方人的日常餐具,也顺应了欧洲中世纪末期饮食习惯变得较为文明的趋势,使用成套餐具的方式开始流行。餐桌上出现瓷器后,促使不少用餐开始弃银用瓷。套装餐具,包括整套造型和图案统一的餐具,可能还配上诸如烛台、牛油碟和上菜盘等附件,在陶瓷生产中出现较晚。从中国进口的套装餐具改变了欧洲餐桌的景观,也改变了欧洲人的用餐方式。

德国人雷德侯所著《万物》一书这样描写:"欧洲人为中国瓷器的品质着

迷，瓷器能按照人的意愿成型；装饰方式多样；用后极易清洗，同时又坚硬、耐用；能发出铿锵声，加之其美如玉——光滑、白净、晶莹，而且半透明。"

如果没有瓷器餐具的多样性、系列性，欧洲现代菜肴的多样性发展也许就不可能。

"给我倒杯茶吧，艾兰小姐，请用这样美的中国瓷杯。"法国诗人波德莱尔在《给我倒杯茶》中这样写道。

茶叶与瓷器是中国古代三大外销商品中的两种，它们彼此又密不可分，许多瓷器就是茶具。饮茶方式的改变，催生出不同瓷茶具的创新，茶具成为瓷器中的一大门类。

1662年，葡萄牙国王约翰四世的女儿凯瑟琳公主与英国国王查理二世结婚，把饮茶习惯带到了英国王室，这一来自中国的嗜好迅速成为英国贵族间流行的一种时尚，饮茶之风席卷英国宫廷。到18世纪中，英国上下无论贫富贵贱几乎每人每天都可以喝上一两杯茶。

欧洲饮茶之风大炽，茶叶贸易便成为中欧间的大宗贸易。但是，茶叶是体积大而质量轻的物品，装船后吃水太浅，极易倾覆，而且船行进的方向不易控制；再者，茶叶怕水浸，不能放舱底，因此压舱是船运时必须考虑的。欧洲商人很快就想到用精美的中国瓷器来压舱，一举两得。这样，输往欧洲的茶叶越多，进入欧洲的中国瓷器也就越多。

1984年哈彻尔（M. Hatcher）发现并打捞的1752年荷兰东印度公司的海尔德马尔森号沉船、1986—1996年打捞的瑞典东印度公司在1745年沉没的哥德堡号沉船，装运的主要货物是茶叶和瓷器，证明茶叶和瓷器是一对伴生的外贸商品。

十一

中国瓷器到达欧洲后，有一些给加上了各种装饰。大多数加工美化瓷器出现在17世纪末到18世纪中叶。

一些外销瓷在欧洲被镶嵌上贵金属，通常用金或银。它们往往只用作装饰，如花式支架、饰边或把手，但这些金属装饰也可能改变瓷器的功能，可以使一件装饰瓷变得实用，或者相反，例如瓷器人像装上贵金属后变成烛台。金属镶嵌也能保护瓷器的脆弱部分，如壶嘴，或替换整个丢失的壶嘴或盖子。最精致的镶嵌有时还有签名和日期，补充了瓷器到达欧洲后的历史。

这种在中国瓷器上镶嵌贵金属装饰的做法，是一种典型的"中为洋用"的文化态度。即使是已经很华丽的中国彩瓷，在欧洲宫廷环境中依然显得素朴。为了同当时欧洲流行的巴洛克美学风格相适应，许多进入宫廷的中国瓷器都被穿戴上了华丽富贵的金属"衣帽"，既保护了贵重的中国瓷器，又同欧洲宫廷风格搭调。这种经过欧洲金匠打扮过的中国瓷器，组成了17至18世纪欧洲上流社会尤其是宫廷陈设的一道靓丽华贵、兼具东西异彩的风景线。

这种中西合璧的瓷器修饰，光大了巴洛克风格和洛可可风格在欧洲的流行，反过来也影响到中国本土的瓷器风格。人们常说乾隆风格不胜繁复，正是当时的传教士以西方时下的流行元素影响到了"朕"。随着庞贝古城的发现，古朴典雅风兴起，改变了欧洲人的趣味。诸多欧洲瓷厂利用这个审美风格的改变，把中国瓷器挤出欧洲市场，终结了几百年来欧洲世界对中国瓷器的向往和崇拜。

十二

肯定地说，世界上可能找不出哪样东西，能够像中国外销瓷一样，成为多民族、多宗教、多习俗、多文化共同参与创造的载体。只有纵贯12个世纪，横跨欧亚两大洲，梯航太平洋、印度洋、大西洋万国千邦的中国外销瓷，可以雄辩地证明习近平主席对丝路文明的高度概括，印证"和平合作，开放包容，互学互鉴，互利共赢"的丝路精神。

由于外销瓷要适应和满足异域文明在宗教信仰、生活习性、审美需求和实际使用功能上的种种要求，外销瓷在器型设计、题材选择、花样设计、工艺施为上，都呈现出许多不同于国内宫廷用瓷和民间生活用瓷的特点。其器型之千样百态，其花色之奇异缤纷，远远超过了国内宫廷用瓷和民间生活用瓷，为中国瓷器文化增添了灿烂的新章。

多种文化在这里碰撞，绽放出炫目的光辉，令人叹为观止。中国瓷器文化如果缺失了外销瓷这一华章，将大为逊色；丝绸之路如果缺失了外销瓷这一物证，其文明交流与互学互鉴的价值，也将无所依凭。

一千多年间，瓷器始终居于东西方文化交流的核心，在欧亚大陆进行远距离的文化传布，而且深入所到之处当地原有的生活。

凡有文明的地区，都有当地自身的制陶传统。但随着中国瓷器的到来，这些制陶传统会完全改变，甚至被取而代之。从东南亚到南亚到西亚再到欧洲，无一例外。瓷器改变了世界，影响了世界，成为世界上最被广泛模仿的产品，最被广泛需求的产品；从7至17世纪，中国瓷器也是世界上最被喜爱、最被歆羡的产品。

相对于陶器、石器、木器、漆器、玻璃器、水晶器和金属器，瓷器或者更结实耐用，或者更洁净美观，或者更廉价易得，其功能性、审美性和性价比，使得瓷器一经问世，就成为其他材质器皿的终结者。瓷器畅通无阻地成为世界上第一个为所有人共同使用的人造产品，也就当之无愧地成为"天下之器"，第一个全球化商品。或者说，当"寰宇"的范围从旧大陆扩大到新世界，亚洲商品可在欧美取得，所谓物质文化的"全球化现象"出现时，是什么东西有史以来第一次真正成为一项具有"世界性"身份的商品呢？是中国瓷器。中国瓷器的形制、纹饰和色彩，是全球化最早也最普遍的首场展示。

中国瓷器在这一千多年里，始终是"文化大循环"的中心要角。通过瓷器这一物质载体，不同国度的制作者、购买者和欣赏者的风俗信仰与文化心理等精神层面的东西，都化作具象的器形、图案和绘画，非常清晰地流露和表达在瓷器之上。由于这种"文化大循环"的循环往复，是在欧亚大陆的不同区间多次叠加发生的，以至于在瓷器这一载体上，产生了世界性的交融现象：学习、模仿、接受、竞争、互鉴、改变、创新。

从中亚到罗马，从东南亚海域到西班牙占领的美洲，从中国口岸到欧洲各大首都和纽约，从9世纪的唐朝皇帝到19世纪的中英鸦片战争，都贯穿着中国瓷器的东西方贸易故事。这是充满探险、创业和财富的故事，也是充满劫掠、战争和沉船的故事，还是充满技术突破、艺术创新和跨文化交流等内容的故事。

一句话，它是开拓世界的故事。从中国的角度来说，凡有瓷器到达之地，都是中国文化影响力所及之地，外销瓷给中国文化的世界影响范围画了一个圈。从西方的角度来看，到东方寻求瓷器，则是促成全球化壮举的伟大开篇。

"瓷行天下"的故事，就是全球化的"文化大循环"的故事。

附：中国外销瓷精品图例

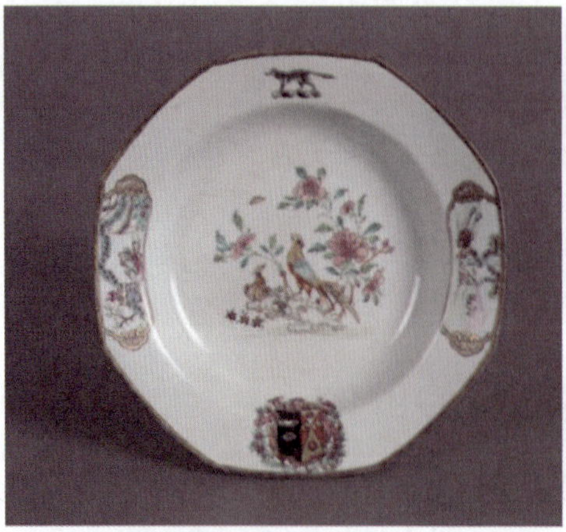

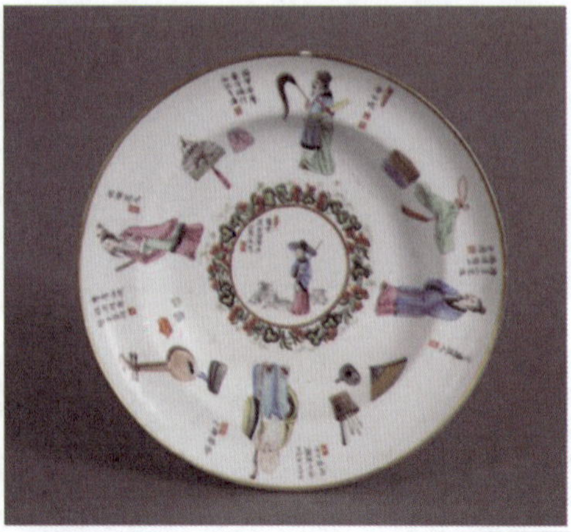

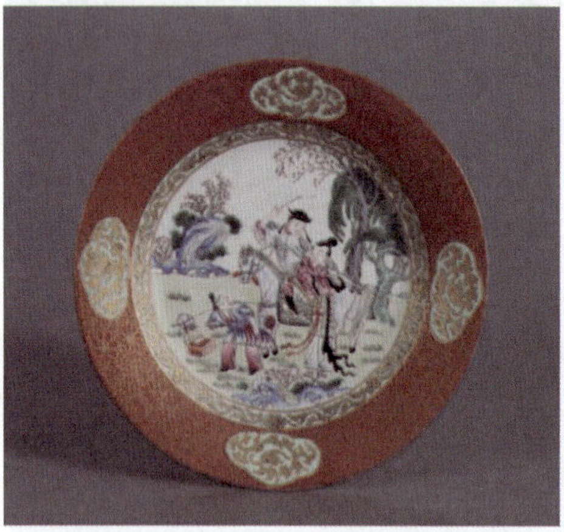

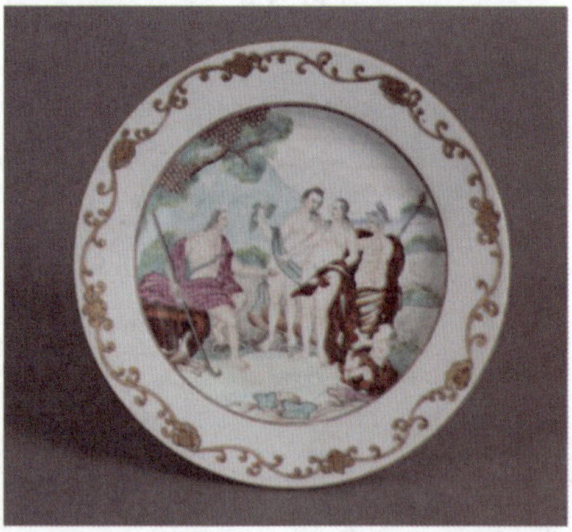

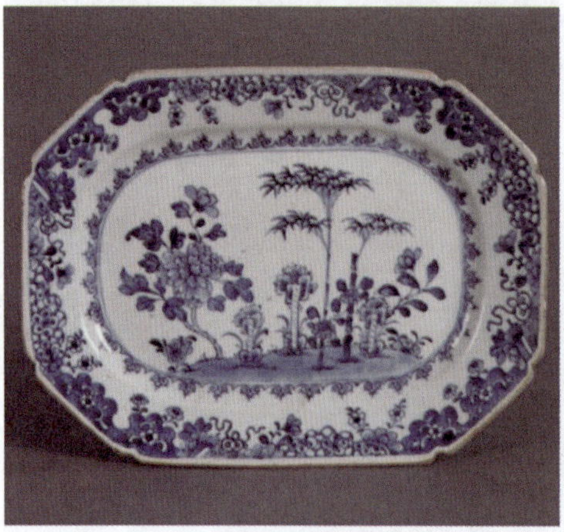

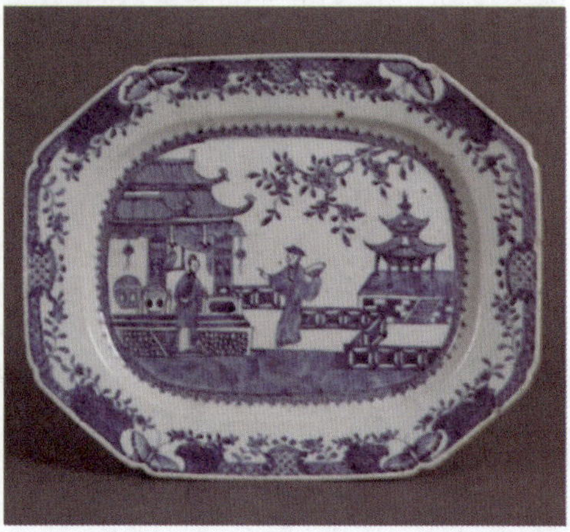

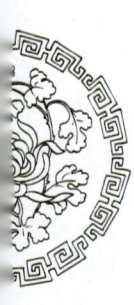

| 知世 | 瓷行天下   127

128　中国景德镇学（第一辑）

知世 | 瓷行天下　129

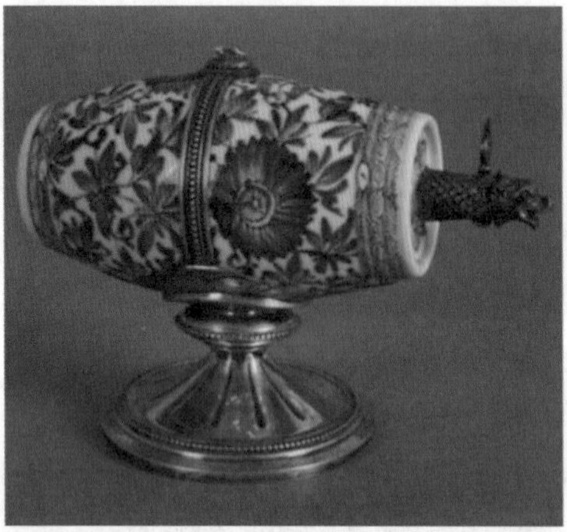

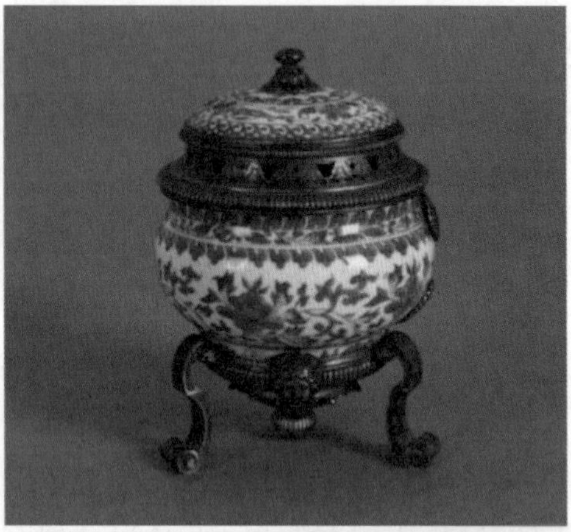

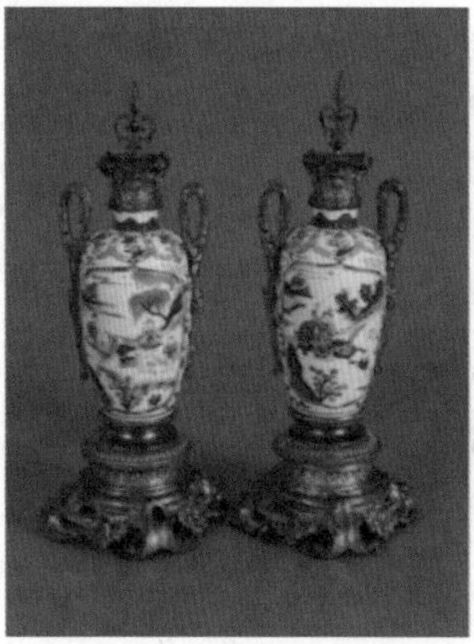

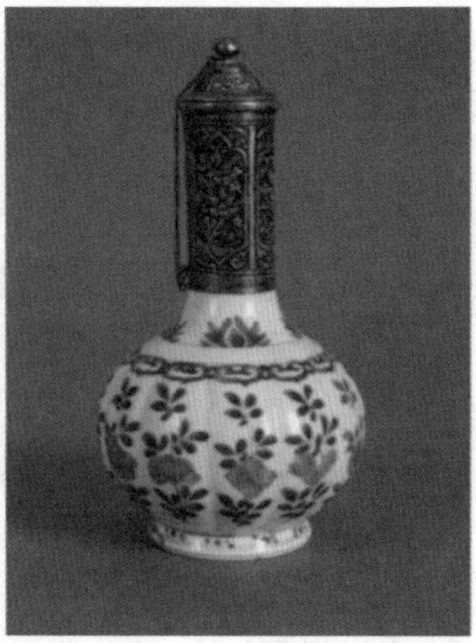

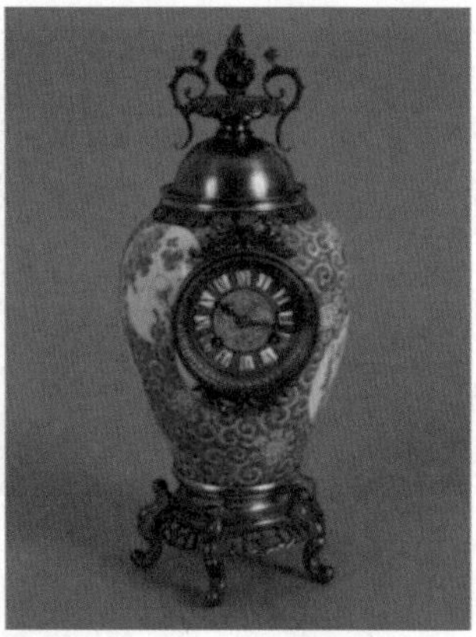

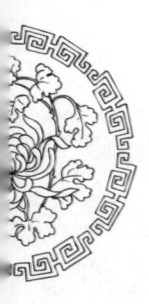

世界陶瓷艺术领域的挑战与对话
——兼论国际陶艺学会的性质与任务

周光真*

一、中外陶瓷艺术领域的对比与面临的挑战

陶瓷艺术是世界各民族的文化载体。无论是世界四大古代文明古国,还是前哥伦布美洲印第安人都有丰富多彩的陶器。世界各民族在陶瓷工艺领域中相互影响,共同谱写了一部缤纷多彩的世界陶瓷文化史。在这部世界陶瓷史里,中国陶瓷工艺与文化占据了十分重要的地位,中国甚至被公认为"世界陶瓷王国"。

从世界陶瓷工艺历史来看,中国陶瓷工艺曾经失去两次机会,第一次是明末清初的政局动乱与康熙海禁。这导致荷兰东印度公司的船舶在印度尼西亚等待17个月而得不到中国

图1 安第斯文化秘鲁莫契卡陶器

---

* 周光真,现为国际陶艺学会理事中国区代表,上海视觉艺术学院客座教授。

瓷器，只好转向日本进口。当时，日本抓俘了朝鲜陶工而成功研制了制瓷工艺。等到清政府重新开放以后，已经失去了欧洲的高档瓷器市场。第二次是英国工业革命。18世纪，英国工业革命带来了三大陶瓷工艺的技术革新——陶瓷颜料印刷转移（俗称"花纸"）、石膏模具、骨质瓷。英国陶瓷生产实现了机械化，在陶瓷企业商业化经营管理等领域占据了领先地位。此后，陶瓷工艺实现从经验累积到科技探索的飞跃。中国陶瓷科技领域与欧美国家的距离逐渐拉开了。

纵观全球，当今世界陶瓷艺术领域面对着三大挑战：一是传统手工艺的消亡与陶瓷文化遗产的保护；二是创意陶瓷艺术的兴起，新材料、新科技的运用；三是陶艺普及教学。

传统陶瓷工艺被新材料、新科技替代。无数陶瓷公司或生产作坊被迫停工、关闭。从欧美等发达国家到墨西哥偏远乡村，传统陶瓷工业十分萧条。这是一个全世界的普遍现象。一方面人们需要对传统手工艺和文化遗产进行保护；另一方面，许多遗址、旧厂房被开发利用，建成艺术创意园区，同时陶瓷行业不断吸收新材料、新科技。在互联网虚拟世界盛行的社会，无数手工艺爱好者出现，陶艺普及教学无疑成为一项重要任务。

目前，全国各地有许多陶艺项目正在兴起，如醴陵瓷谷——世界陶瓷艺术城、景德镇陶溪川——宇宙瓷厂改建的陶瓷文化产业园、景德镇中国陶瓷博物馆、浙江上虞青现代国际陶艺中心，还有浙江龙泉、重庆荣昌、河南神垕、云南建水（132米长的老龙窑非常震撼）、四川成都，等等，无数历史窑口正在焕发出新的生命，同时还有许多至今仍被雪藏的陶瓷历史资源有待发掘。

当前，中国经济发展与文化复兴已成整体趋势，陶瓷文化的复兴自然成为令人关注的领域。当今中国硬件建设堪称世界一流，但一些地区在软件建设譬如陶瓷文化宣传、

图2 云南建水陶老龙窑

陶艺工作室管理、专业人士的培养、国际文化交流等领域还不尽如人意。如何有效利用这些资源与平台参与国际陶艺交流是一项重大任务，需要大家的共同努力，营造浓厚的艺术氛围，再充分发挥地方文化特色与优势。

二、陶艺普及教学与新材料、新工艺的开发与运用

现代化都市中，我们的生活节奏变得方便、迅速、高效，学习速成化、餐饮简单化、购物便利化、娱乐即兴化。互联网诞生以后，人们的价值观念和生活娱乐方式都变了，无数青年陷于网络的虚拟世界而无法自拔。因此，陶艺成为一种可以平衡虚拟世界的娱乐化的手工艺，成为流行全球的手工艺和美术教育。现代陶瓷科技发展，釉色如同普通绘画颜料，全自动控制电窑如同微波炉，干净环保，人人可以学会。各地居民小区应该可以推广以休闲为主的陶艺教室，让有闲人士在棋牌室与广场舞之外有另外一种选择。

随着现代科技的发展，陶瓷材料、设备、工具都发生了很大变化。在一些经济发达的国家与地区，陶瓷材料设备公司，陶瓷原料，釉药、拉坯机、窑炉等设备及工具分布于全国各地。陶艺家或爱好者们购买陶泥、釉药等物品就像购买普通美术用品一样方便。陶瓷材料和设备的标准化、系列化是陶艺教育普及化的重要动力。就全国范围而言，陶瓷材料设备工具应该有巨大的市场潜力。陶瓷文化创意产业与陶艺普及教学、陶艺理论探索与创作、陶瓷材料设备工具的开发、陶艺市场与收藏等无疑可以成为一个新的产业链，带动全国各地的陶瓷相关产业，有可能成为一个新的全国性经济增长点。

三、陶瓷文化博物馆与双年展活动

伦敦的大英博物馆、巴黎的卢浮宫、纽约的大都会博物馆和圣彼得堡的艾尔米塔什博物馆等不仅收藏了本国的无数经典艺术品,更收藏了世界各地艺术珍品。全世界最权威的陶瓷博物馆与学术研究机构可能要数英国伦敦的维多利亚与阿伯特博物馆(V&A博物馆)。V&A博物馆是一座工艺美术博物馆,其中陶瓷艺术藏品占一个楼面。博物馆玻璃陈列柜是按照年代与地区区分的。每个玻璃柜的藏品都塞得满满的,如同一座世界陶瓷文化历史宝库。这些藏品包括许多日常生活中常见的陶瓷艺术品。该博物馆不仅陶瓷收藏最丰富,而且是当今世界上最重要的陶瓷艺术研究单位,同时还拥有庞大的学术研究队伍,产生了不少权威性的学术研究成果。许多书籍、网站的相关陶瓷艺术图片和咨询都来自这座博物馆。期待有一天陶瓷王国也出现一座世界陶瓷艺术博物馆,收藏一部世界陶瓷艺术史。

近20年来,日本、韩国和中国台湾地区也兴建了陶瓷主题博物馆,并举办了相关的国际活动。日本美浓陶瓷博物馆、韩国利川陶瓷博物馆、中国台湾莺歌陶瓷博物馆等三家陶瓷博物馆堪称东亚地区最重要的陶瓷博物馆。经过逐年扩张,每一座博物馆的周边就像一个主题公园,兼有画廊、陶艺工作室、礼品店、咖啡厅、儿童乐园等。博物馆的礼品商店销售相关书籍与延伸产品。

中国台湾莺歌陶瓷博物馆成立于2000年,兼有各种陶瓷材料、工艺、窑炉

图3 V&A博物馆展厅一角

设备的普及性介绍，同时还有儿童体验馆等。博物馆如同一本陶瓷艺术的百科全书和一个富有趣味与教育意义的陶瓷文化主题公园。

20世纪初，西班牙现代主义大师高迪（1852—1926）将陶瓷材料与建筑装饰工艺相结合，并发挥到了极致。在巴塞罗那，高迪设计的建筑中有

图4　莺歌陶瓷博物馆

七项被列为联合国教科文组织的世界文化遗产。巴塞罗那无疑是世界上最大的"陶瓷艺术创意园区"。

改革开放以来，中国陶艺业发展惊人并取得了可喜成就。大家从无到有，兢兢业业，开拓了一条阳光大道。我们看到一些中国陶艺家经常活跃在国际舞台，参加国际大型展览，他们的作品被一些国外博物馆收藏。当年许多年轻力壮的开拓者如今已经两鬓斑白，有些已经步入人生的晚年。可是中国大陆至今没有一部完整的中国当代陶艺史，更没有一家博物馆系统地收藏这一段重要的中国当代陶艺史。博物馆不仅是专家学者研究、社会大众美术普及教育的机构，更是艺术市场与收藏群体的一个重要的、权威性与指标性的参照依据。组建一个当代陶艺批评家团队，创建一家重量级的陶瓷艺术主题博物馆刻不容缓。否则，我们将因为缺失这一辉煌的历史而愧对于我们的后代。

在当代艺术领域，世界各地有不少权威性的双年展，陶艺界也不例外。创办于1938

图5　高迪设计的建筑作品（巴塞罗那）

年的意大利法恩札国际陶艺双年展可能是世界上最早的陶瓷艺术活动了。除了欧洲多个陶艺双年展以外，近20年以来，日本美浓陶瓷博物馆、韩国京畿道陶瓷博物馆、中国台湾莺歌陶瓷博物馆先后举办了双年展。前些年韩国京畿道双年展特等奖金约五万美元，展览广告遍及世界各大陶瓷杂志，在世界陶瓷艺术界激起了一波巨浪，成为陶艺界家喻户晓的大事。2016年12月，河南博物院举办了首届中原国际陶艺双年展，填补了中国大陆国际陶艺双年展的空白。

美国陶瓷艺术教育学会主办的美国陶瓷艺术教育年会是一个非营利组织，在没有政府拨款的情况下可以自负盈亏。至今已经是第51届。每次举办年会的活动经费支出约十多万美元，依靠厂商与个人会员的缴费支持，不仅没有亏损，还可以略有盈余。没有住宿餐饮接待，每人缴300多美元买一张三天半的入场券与一袋子资料，竟然有5000至7000名与会者。大家到底去看什么？其间的相关问题值得探讨，其运作方法是否可以复制？

四、世界陶瓷文化多样性对话

每位中国艺术家出了国门都是代表中国。我们在出国之前应该先做点功课，学习一些基本的外交礼仪，用当地语言说一声"谢谢"。我们走进大英博物馆时不要只是寻找早期流传在外的中国陶瓷艺术品，也要学会欣赏其他国家的陶瓷艺术品，也许可以在中国跟其他国家的陶瓷文化中间找到某种相似性和某种联系。若是出国举办展览，是否考虑邀请当地的艺术家一起交流。

中国发明了瓷器。这些历史辉煌是每一个中国人的骄傲。陶瓷科技发展有先进与落后之分。但是当我们谈到文化多样性，就只能说差异，而不是讨论优劣高低。

美洲印第安人的陶器尽管没有鲜艳亮丽的釉色，烧制温度甚至没有超出1100摄氏度，但是这些陶器的丰富形象与精神内涵却是任何民族的陶瓷文化都无法比拟的。当今世界上还有一些民族吃饭时不用餐具，直接用手抓食物；一些美洲印第安人至今保留着近于原始社会的生活方式。即便是这样，他们的文

化习俗依然应该获得尊重。这些族群可能还享有世界最高的"幸福指数"。

在国际交流活动中,我们不仅要能够站在讲台上发言,也要学习如何当好一位普通听众。我们要学会为其他国家的文化点赞,要注意对方的感受。在国际陶艺交流中我们要善于将主语从"我"改成"我们",将国际陶瓷文化交流从"单行道"改为"双向通道"。我们不仅要积极分享中国陶瓷文化,也要研究国际陶艺领域的新材料、新科技、新趋向。这是我们在国际陶艺交流中经常面对的问题。

近年来,笔者看了一些与陶艺无关的书籍。笔者希望了解联合国宪章精神、联合国教科文组织宗旨同国际陶艺学会的任务与目标之间的关系。世界各地的国际陶艺组织多如牛毛,唯有国际陶艺学会是联合国教科文组织的合作伙伴。作为联合国教科文组织宗旨的传播者,我们应该做些什么?笔者试图寻找一些关键词,探讨一些问题。例如:通过国际陶瓷艺术交流,传播友谊,互相尊重,对话合作,消弭仇恨,以包容替代对抗,认同文化多样性,创建全人类的和平与昌盛,等等。之前我们去阿根廷,出发前笔者做了一些功课,了解到阿根廷

图6 布宜诺斯艾利斯艺术学院学生们手中的马黛茶

文化的三大特色：足球、探戈舞、马黛茶。马黛茶是一种很特别的饮食文化。容器可以是硬果壳、金属、陶瓷等任何材料制成。泡制后插上一根吸管，在亲朋好友间传递吸饮。当我们主动要求饮用他们手中的马黛茶时，我们之间的距离瞬间消失了。

随着中国经济与文化的蓬勃发展，我们依靠先祖留下的陶瓷文化的深厚底蕴，努力重振中国陶瓷的辉煌。我们在新世纪为中国陶瓷文化的发展与繁荣做出重大贡献的同时，也应该在世界陶瓷文化领域承担历史责任并发挥重要作用。

中国能够为世界文化艺术大舞台提供什么？悠久而丰富的中国陶瓷艺术与科技在世界陶瓷文化领域的地位及影响力，没有任何民族的陶瓷文化可以相提并论。我们应该从国际陶瓷文化这个概念去思考中国在国际陶瓷文化领域如何有所作为，以及中国陶瓷文化对全球的新贡献。

五、国际陶艺学会的性质与任务

国际陶艺学会（International Academy of Ceramics，简称 IAC），1953 年成立于瑞士日内瓦，是联合国教科文组织的官方合作伙伴。IAC 的宗旨是在联合国宪章精神的框架下，促进所有国家、民族在陶瓷艺术领域专业人员之间的友谊与沟通。目前拥有 55 个国家的近 600 位会员。

在 2014 年 IAC 都柏林大会上，笔者当选为 IAC 理事中国区代表。

作为一个跨国界的文化类组织，我们在自身成长中还必须兼顾各地区、各国家的平衡与共同发展。事实上在全球陶艺界范围内，无论个体艺术家或各种社团组织，无论是否能够成为 IAC 会员，这并不妨碍我们建立友谊，并不妨碍我们建立各种层面的联系与支持。我们希望与更多的国内外同行携手共同发展。

任重道远。能够为大家提供服务是笔者的责任与荣耀，希望在国际社会为中国陶艺界发声。笔者会认真学习，谨慎平衡国际关系，彼此尊重，换位思考，协调不同关系。任何个人的能力都是十分有限的，不是少数人单打独斗；每个会员都有各自的能力和资源。我们鼓励会员在陶瓷专业范围内的积极参与和分

图7　IAC日内瓦总部瑞士阿丽亚娜陶瓷博物馆

享，充分发挥团队合作的精神。我们特别需要会员们的帮助。笔者希望有更多的会员参与学会的工作，提出建议，承担责任或义务，与国内陶艺界同仁一起努力，加强国际交流与发展。

中国文化在18世纪的欧洲

张西平[*]

经过"礼仪之争",中国文化在欧洲得到更广泛的传播,并在欧洲思想文化中产生了广泛影响,甚至可以说"在18世纪,遥远的中华帝国成为许多法国改革家心目中的典范"[①]。18世纪是欧洲崇尚东方的世纪,在他们走出中世纪的城堡时,东方的文化成为他们智慧的源泉。这种"中国热"表现在欧洲生活的方方面面,从对中国器物的热爱到模仿中国的建筑风格,从研究中国的语言到介绍中国的文学,中国成为欧洲人心中的乌托邦。

一、中国器物在欧洲

葡萄牙人占据澳门后,澳门成为中国和西方经济贸易的窗口,中国传统的出口商品丝、瓷器、茶叶开始源源不断地输入欧洲。穿丝绸的衣服,喝武夷山的红茶,成为欧洲上层社会的时尚。欧洲对中国各类器物的需求越来越多。

---

[*] 张西平,现为北京外国语大学教授、博导,中国文化走出去协同创新中心主任、首席专家,《国际汉学》主编,国际儒学联合会副会长,国际中国文化研究会会长。
[①] 弗朗斯瓦·魁奈著,谈敏译:《中华帝国的专制制度》,商务印书馆1992年版,第11页。

（一）丝绸

丝绸素有盛名，它不仅在中古时期通过陆上丝绸之路传向西方，近代以来它也通过海上丝绸之路传向西方。

历史记载："每年由葡人输出之绢约计5300箱（每箱装绸缎百卷，薄织物150卷）。"卫匡国在其《中国地图志》中说："葡人每年由中国贩运至欧洲者，为绢1300箱，金块2200枚（每枚重十两），麝香800个以及真珠、宝石、磁器、砂糖等品。"大宗的丝绸贸易使葡人获得丰厚的利润，"仅生丝一项，自公元1580—1590年每年运往果阿（Gua）的生丝约3000担，价值白银24万两，利润竟达36万两。到公元1636年这一年的出口量增到6000担，利润达72万两"[1]。

西班牙人则以吕宋为基点展开对中国的丝绸、瓷器等商品的贸易，由于获利大，西班牙人对华兴趣极大，"在1620年以1艘200吨的大帆船载运生丝从菲律宾到新西班牙，每年可赢利200万比索"[2]。由于中国生丝和纺织物大量涌进拉美市场，从而直接影响了西班牙的纺织业和白银的收入，可见当时的贸易数额之大。

与此同时，法国的里昂也开始了自己的丝织业，并成为欧洲的中心。里昂的丝织品虽产于法国，但其风格和图案受到中国的影响，"甚至印花绸缎上的各种图像，如人物鸟兽等，都是仿自中国。由于把多种颜色混合起来，深浅匀称，能引起人们非常愉快的感觉，所以欧洲人对它特别喜爱"[3]。

（二）瓷器

瓷器历来受到欧洲人的青睐，它是中国同欧洲和中亚贸易的主要产品，门多萨较早地向西方介绍瓷器制作的方法："他们把坚硬的泥土粉碎碾磨它，放进

---

[1] 陈炎：《海上丝绸之路与中外文化交流》，北京大学出版社1996年版，第192页。
[2] 马启春：《中欧文化交流史》，辽宁教育出版社1993年版，第94页。
[3] 李金明、廖大珂：《中国古代海外贸易史》，广西人民出版社1995年版，第338页。

图1　传入欧洲的瓷器：清雍正粉彩仕女抚琴图盘

图2　传入欧洲的瓷器：清雍正广彩西洋港口景物图盘

用石灰和石头制成的水池中，在水里充分搅拌后，上层的浆他们用来制作精细的陶器……"但这种介绍仍是似是而非的，于是有人认为它是蛋壳制作的，但要埋在地下80年；有人认为并不需要埋在地下，只是要风吹日晒40年，有的则认为它需要埋入土中100年。总之，门多萨的介绍引起欧洲无数猜想。[①] 实际上直到法国传教士殷弘绪（Francois Xavier d'Entrecolles，1662—1741）的《瓷器制作新释》寄回法国后，西方才真正掌握了制瓷器的秘密。

17世纪时，中国的瓷器在欧洲还是十分新奇的东西，只有个别宫廷中才有。随着茶叶输入欧洲，茶具的需求造成瓷器使用的普及，最初的欧洲茶具大都是在中国订做的，当时荷兰是中国瓷器远销欧洲的一个重要中介国。"荷兰商人在福建和更远的江西景德镇订购大

图3　传入欧洲的瓷器：清雍正青花矾红描金竹石牡丹纹盘

① 张弘：《中国文学在英国》，花城出版社1992年版，第18页。

量瓷器。为了订购荷兰市场畅销的瓷器，荷商在荷兰制作多种样品、木模、绘图案送到中国，再在中国依样制造。其实，带有中国图案的瓷器在欧洲更受欢迎。"①

1540年威尼斯人已有了自己的瓷厂，荷兰和德国也分别于1628年和1637年有了自己的瓷厂。"这个时候，欧人制造品大量采用中国的饰纹，又进而仿效中国的款式。瓷器本是被认为中国所独创，其仿效中国通法，也是很自然的。"② 当时的欧洲"中国热"一个主要方面就是瓷器绘画上的中国风格，甚至可以说"从16世纪起，欧洲陶瓷史实际上是欧洲在装饰和材料方面努力模仿中国瓷器的历史"③，拥有这种中国风格的瓷器成为一种荣耀，乃至人们作诗赞美这种中国风格的瓷器："中华土产有佳瓷，尤物移人众所思。艺苑能辟新世界，倾城不外亦如斯。"④

图4 传入欧洲的瓷器：清康熙粉彩洞石花卉纹盘

（三）茶叶

茶叶最早被荷兰人引入欧洲，早在1596年荷兰人就看到茶叶在亚洲备受欢

图5 茶在宫廷生活中

---

① 包乐史：《中荷交往史》，路口店出版社1989年版，第90页。
② 利奇温著，朱杰勤译：《十八世纪中国与欧洲文化的接触》，商务印书馆1962年版，第23页。
③ 同上。
④ 同上书，第27页。

迎，于是开始从福建进口茶到欧洲，"因此，欧洲人说'茶'，大部分用福建方言的发音，例如荷兰人说的'thee'"①。

1728年，荷兰商船科克斯合恩号（Coxhorn）直航广州，1730年返航时带回有268479磅茶叶，利润高达白银10090两。1685年，荷兰的医生戴克尔（C. Decker）出版了《奇妙的草药——茶叶》一书，极力推荐茶叶的神奇作用，但当时喝茶的人大都为贵族，因为"一磅茶叶价格高达50—70荷盾，一磅所谓的宫廷用茶，价格甚至高达100荷盾左右"②。大约20年后，随着进口茶叶的增加，茶叶价格大跌，从此茶叶才进入寻常百姓家，成为大众所喜爱的可口饮料。

喝茶成为一种时尚，成为修养、博学和典雅的象征。在1742年的一本《善食学·茶·茶颂》中，以这样的诗句来颂扬茶叶："只在巴黎人们喜欢品茗，就会满怀荣耀到处咏唱我的美名。"③由此可见当时欧洲人对茶叶的顶礼膜拜的程度。

（四）漆器

17世纪时，中国的漆器已开始大量输入欧洲，法国人第一次仿制华漆并取得成功。在路易十四时代，漆器还是一种非常珍贵罕见的用品名，"1703年，法国商船'昂菲特里特'号从中国运回了整整一船漆器，引起全国性的轰动。以后，法国成了欧洲漆器的生产大国，法国匠人马丁兄弟制作的中国式家具饮誉全欧洲"④。

以后的英国、德国、荷兰等地也有了效仿中国漆器的制造厂，各地所生产的漆器普遍受到欢迎。

传入欧洲的中国用具还有中国桥、中国扇、家庭养的中国金鱼、孔雀等，当时在欧洲这些东西成为时尚，成为欧洲"中国热"的重要方面。

---

① 艾田浦：《中国之欧洲》，河南人民出版社1994年版，第55页。
② 包乐史：《中荷交往史》，第98页。
③ 许明龙：《欧洲18世纪"中国热"》，山西教育出版社1999年版，第123页。
④ 艾田浦：《中国之欧洲》，第53页。

图 6 欧洲地图中的中国宫廷

二、中国园林建筑艺术在欧洲

在欧洲"中国热"中,英国人对中国的园林产生了兴趣,威廉·坦普尔爵士(Sir William Temple)在他的《论园林》一书中第一次将中国园林的不规则性与欧洲园林的规则性做了对比,在他的倡导下英国开始建造一种有中国趣味的庭园。

正在这时,远在北京的耶稣会士、乾隆的宫廷画师、圆明园的设计者之一王致诚(Jean Deni Ateiret,1702—1768)的一篇关于介绍圆明园的信在欧洲发表了。信中详细介绍了中国园林的特点,描绘了圆明园的建筑特色,小桥流水、

灰砖琉璃瓦，绿荫中的假山，小溪旁的庭院，九曲回廊，亭榭楼阁，水湖山色融为一体，一派恬然的自然风光，其建筑风格和特点完全不同于西方。"这是人间的天堂。水池的砌法完全是自然的，不像我们那样，要在四周砌上用墨线切割成的整齐石块，它们错落有致地摆放着，其艺术造诣之高，使人误以为那就是大自然的杰作。河流或宽或窄，迂回曲折，如同被天然的丘石所萦绕。两岸种植着鲜花，花枝从石缝中挣扎出来，就像天生如此。"①

王致诚批评欧洲人在建筑上既贫乏又缺乏生气，一切都整齐划一和对称，使建筑冗板不能贴近自然。王致诚的这封信，使欧洲人感受到了完全不同于西方的另一种建筑风格，向欧洲人展示了中国皇帝御花园的几个显著特点："一是广大：它们面积和那居住十来万人的法国城市第戎（Dijon）不相上下。二是繁复：那里有多少宫殿、多少假山、多少河道、多少桥梁、多少游廊，一个接一个。三是多样化：布置虽多，但是没有两个是同个式样的，真是千变万化，目不暇接。四（也是最引人注目的）是不对称美。欧洲建筑总要讲究对称，北京城内的宫殿差不多也是这样。但是，御花园情况不同。在那里风物之美，不是在于对称，而是恰恰在于不对称。"②

王致诚的信在西方引起了很大反响。首先是在英国，多家期刊转载发表了这篇文章，许多著名建筑设计师把眼光投向东方，开始注意这种建筑形式和风格，一系列关于中国建筑的书开始出版。英国的皇家建筑师威廉·钱伯斯（Willian Chambers）不仅撰写了《论东方园林》、《中国房屋、家具、服饰、机械和家庭用具设计图册》等著作，而且在英王室的支持下，于1762年在伦敦西郊建造了著名的丘园（Ke Wgarden）。园内"垒石为假山，小涧曲折绕其下，茂林浓荫；湖畔矗立十六丈高之塔，凡九层，塔檐有龙为饰。塔侧有类似小亭之孔子庙，类似其他国家及其宗教之装饰，惟雕栏与窗棂为中国式"③。丘园建成后引起一时轰动，英国参观者络绎不绝，在欧洲产生了很大影响。

在此前后，德国人在波茨坦建起了逍遥宫，中国式的屋顶，屋檐外各类中国人的雕塑栩栩如生。腓特烈大帝的威廉夏因花园更是把中国园林推向极

---

① 王致诚：《中国皇帝的游宫写照》，转引自罗芃、冯棠、孟华：《法国文化史》，北京大学出版社1997年版。
② 范存忠：《中国文化在启蒙时期的英国》，上海外语教育出版社1991年版，第89—90页。
③ 方豪：《中西交通史》下册，上海人民出版社2008年版，第1068页。

图7 德国波茨坦的中国建筑——逍遥宫

图8 欧洲的中国亭

图9 绘画里的中国人

致,亭榭楼台,溪水拱桥,一派中国风光。慕尼黑英国公园中的中国塔保存至今,今天仍为慕尼黑一景。在瑞典,国王阿道夫·弗里德里克(Adolf Fredrik,1710—1771)送给王后露维莎·欧瑞卡(Lovisa Ulrika,1720—1782)的生日礼物就是一座"中国宫"。① 在法国,路易十四按照荷兰人纽霍夫游记中所附的南京报恩寺的素描,为其情妇蒙特庞夫人修建了凡尔赛的特里亚农宫。

中国建筑艺术在欧洲的流行最明了地说明了风靡欧洲的洛可可(Rococo)风格的特点,它追求一种优雅、精巧、玲珑的建筑风格以同过去的古典风格相区别,在园林设计中以自然的田园风光取代对称的几何图形式的园林,"洛可可风的绘画,注重表现上流社会轻松愉快的享乐生活,表现精美典雅的装饰环境,画风十分纤细和女性化。……巴洛克时代强烈的明暗对比,被一种平面的轻快所代替;浓艳的色彩也让位于典雅、优美的浅色,白、粉和金黄色格外得宠;同时线条也失去往日的夸张,变得更加柔和动人"②。

---

① 李明:《瑞典"中国宫"的形成及其风格》,《国际汉学》1999年第4期,第156页。
② 罗芃、冯棠、孟华:《法国文化史》,第115页。

洛可可时代的建筑家在中国的建筑中找到了他们的灵感和新的表达方式：高矗的中国塔、宽大的中国屋顶、自然般的中国庭院、多种形状的窗棂。自然、轻巧、多样、非对称性，所有这些都成为一种建筑的时尚，一种情趣。

三、中国科学技术在欧洲的传播

16世纪的传教士东来以后对中国的科学技术一直都比较关注，门多萨虽未到过中国，但他依据伯来拉和拉达等人所提供的材料在《中华大帝国史》中还是用了较多的笔墨介绍中国的科学。他介绍了中国的制炮技术，认为中国人使用炮远早于西方国家；他介绍了中国的书籍和印刷术，明确指出中国印刷术的发明要远远早于德国的谷腾堡（John Cutembergo）。他说："现在他们那里还有很多书，印刷日期早于德国开始发明之前五百年，我有一本中文书，同时我在西班牙和意大利，也在印度群岛看见其他一些。"①

如果说门多萨主要依靠他人的间接材料来向西方介绍中国的科技，那么耶稣会入华以后这种介绍就大大深入了。

后来曾德昭在《大中国志》，卫匡国在《中国上古史》中也分别介绍过中国科技的情况。尤其是德国基歇尔的《中国图说》更是用大量篇幅介绍中国的植物、地理和环境，以及工艺方面的情况，引起了欧洲人对中国的极大兴趣。

但中国科技向西方传播的最重要的发展是法国耶稣会士1688年的来华，因为这批传教士入华前就是法国的科学家，许多人都有一技之长，洪若翰（Jean de Fontaney，1643—1710）、白晋、刘应（Claude de Visdelou，1658—1737）、张诚（Jean Francois Gerbillon，1654—1707）在1684年就已被法国皇家科学院任命为通讯院士。加之他们入华的目的除传教以外，还受皇家科学院之托，了解、调查中国的科学技术是一项重要任务。洪若翰曾写信给皇家科学院，说明了每个人的分工与任务，他说："洪若翰负责中国天文学史和地理学史、天体观

---

① 门多萨著，何高济译：《中华大帝国史》，中华书局1998年版，第121、136页。

图 10　欧洲地毯中的中国天文观测

测，以与巴黎天文台所做的天文观测相比较；刘应负责中国通史，汉字与汉语的起源；白晋负责动植物的自然史和中国医学的研究；李明负责艺术史和工艺史；张诚负责中国的现状、警察、官府和当地风俗，矿物和物理学（指医学）的其他部分，即指白晋研究以外的部分。"①

正因为这种有组织、有计划的调查、研究，加之他们受到康熙皇帝的支持，从而掀起了中国科学技术向西方传播的高潮。

这种科技交流的繁荣首先表现在中国科技典籍的西译上。

宋君荣（Antoino Gaubil，1689—1759）是法国入华耶稣会士中最博学的传教士之一，其汉学成就也最为突出，除撰写出《元史与成吉思汗本纪》、《大唐朝史》、《西辽史略》等专门史以外，对天文学的研究也达到很高的水平。他的《中国天文史略》（*Histoire Abrégée de L'astronomid Chinoise*）记录了《书经》、《诗经》、《春秋》中的日蚀以及中国干支。他的《中国天文纲要》（*Traite de L'aseronomie Chinoise*）分为上下两篇，"上篇述古代迄汉初之天文；下篇述汉初迄十五世纪之天文。其列举者有：1. 中国分度与吾人分度之对照表；中国星宿表，四至表，求每年诸日太阳所在之赤道与十二宫图；2. 中国测算日蚀月蚀之方法，中国各地日月蚀之测算；3. 中国测算金、木、水、火、土五行星运行之方法；4. 中国日蚀表、中国月蚀表"②。后来宋君荣的这些手稿正式出版，对18至19世纪的欧洲天文学家产生了重要的影响。另外，在他的《中国天文学史》一书中还将《周髀算经》的一个片段译成了法文，这被称为"《周髀算经》摘译到西方之始"③。

宋君荣的书不仅对欧洲的天文学家产生了影响，对伏尔泰这样的大思想家也产生了影响，伏尔泰在《风俗论》中专门提到了他："中国的历史，就其总的方面来说是无可争议的，是唯一建立在天象观察的基础上的。根据最确凿的年表，远在公元前2155年，中国就已有观测日蚀的记载。……宋君荣神甫核对了孔子书中记载的36次日蚀，他只发现其中两次有误，两次存疑。"④

---

① 韩琦：《中国科学技术的西传及其影响》，河北人民出版社1999年版，第20页。
② 费赖之著，冯承钧译：《在华耶稣会士列传及书目》下册，中华书局1995年版，第695页。
③ 潘吉星：《中外科学之交流》，香港中文大学出版社1993年版，第490页。
④ 伏尔泰：《风俗论》上册，商务印书馆1995年版，第207页。

实际上伏尔泰从宋君荣的著作中找到了推翻基督教历史观的证据，这点笔者下面还要专门论述。

卜弥格，波兰来华传教士，奉南明永历帝之命到罗马。返回中国时南明王朝已被清所灭，后病逝广西。他虽是法国耶稣会入华前来中国的传教士，但在中国科技西译上卓有贡献，因而不能不提到他。他所写的《中国植物》（*Flora Sinensis*）是第一部向西方系统介绍中国植物的书籍，书中列举了中国植物20种，奇异动物数种，并配有插图。《中国脉诀》（*Clavis medica ad Chinarnm Doctrinam de Pulsibus*），是《图注脉诀辨真》的译本，原作者为明代名医张世贤，该书首次是在德国法兰克福以拉丁文出版，题为《中医琐港本或中医小品》（*Specimen Medicinae Sinica Sive Opascula Medica ad Mentem Sinensium*），此书被称为"中国医书被翻译到西方之始"[①]。

韩国英（Pierre-Martial，1727—1780）有多种译稿都收入《中国杂纂》（又被称为《中国纪要》或《中国论丛》）。该书原名为《北京耶稣会士关于中国历史、科技、风俗、习惯等的论考》（*Mémoires concernant I'Histoire, Les Sciences, Les Arts, Les Moeurs, Les Usages, etc. des Chinois, Par Missionaires de Pekin*），其中收录了许多关于中国科技文献的译文。韩国英有以下著作：

1. 《野蚕说与养蚕法》（*Notice sur Les Versàsoie Sauvages et sur lamanièrede les èlever*）

2. 《说香椿》（*Notice sur le frene de chine, nom me hiang-tchum*）

3. 《说竹之种植与功用》（*Notice sur la culture et l'utilite du bambou*）

4. 《说若干种中国植物》（*Notices de quelques plantes, arbrisseaux etc. de la China*）

5. 《记痘症》（*Mémoire sur la petite verole*）

尤其令人惊讶的是，他把中国宋代法医学家宋慈的《洗冤录》也译成了法文，发表在了《中国杂纂》第4卷上，题为《宋慈于1247年所著〈洗冤录〉概要》（*Notice dr live Si-Yuen-lou, ourrage velaitifà La police et àla justice criminelle, composée par Song Ts'evers 1247*）。由此可见韩国英对中国科技介绍之广泛。

---

① 潘吉星：《中外科学之交流》，第489页。

另外，韩国英还译了《康熙几暇格物编》，这是康熙在政务之余"研究各门科学问题的心得之作。此书的内容涉及天文学、物理学、生物学、医学、农学和地学等方面，有不少创见"[①]。此外，钱德明（Jean-Joseph-Marie Amiot，1718—1793）、汤执中（Pierre d'Incarville，1706—1757）、殷弘绪（Francois-Xavier d'Entrecolles，1662—1741）也分别译介了中国科技的文献，由于篇幅有限我们不再一一列举。

入华传教士不仅著书、译书，还直接与法国皇家科学院的科学家通信，将他们在中国的科学研究与欧洲的科学研究直接联系起来。这种联系在邓玉函（Jean Terrenz，1576—1621）时已经开始，到法国传教士入华后就变得更为直接、频繁。这些从洪若翰、宋君荣的通信中也可以清楚地得到证实。

中国科技在欧洲的传播引起了欧洲科学家的关注，他们开始把中国的科技理论、历史记载纳入他们的科学研究视野[②]，中国科技成就启发了近代的欧洲科学家，甚至如李约瑟所说，在天文学方面，中国的天文学理论直接导致了欧洲中世纪天文学理论的解体。而且从古代科学的总体情况来说，李约瑟也认为"世界受惠于东亚，特别是受惠于中国的整个情况已经非常清楚地显现出来"[③]。

四、中国文化对欧洲的影响综述

随着中国文化在欧洲的传播，随着"礼仪之争"在欧洲社会文化层面的展开，从17世纪中叶开始，欧洲逐渐兴起了一股称为"汉风"（Chinoiserie）的"中国热"，遥远的东方犹如神奇的土地，深深地吸引着欧洲。到18世纪时，这种热潮达到高潮。

在社会生活中以使用中国的器物为其荣耀，使用中国家具，贴中国墙纸，

[①] 陈受颐：《康熙几暇格物编的法文节译本》，载《中欧文化交流史论丛》，台湾商务印书馆1970年版，第95—111页。
[②] 韩琦：《中国科学技术的西传及其影响》，第82—92页。
[③] 李约瑟：《中国科学技术史》第4卷，天学，第2分册，科学出版社1975年版，第643—656页。

用中国瓷器,喝中国茶。社交场所中以中国命名的各类休闲场所让人目不暇接:"中国咖啡会"、"中国茶社"、"中国舞场",等等。

各国的王侯贵族是这股"中国热"的积极参与者,"以路易十五的情妇蓬巴杜夫人为例,她经常光顾巴黎专营中国物品的拉扎尔·杜沃商店,仅1752年12月27日,一次就从该店购进了价值五千利弗尔的五个形状各异的青瓷花瓶;路易十五的国务秘书贝尔丹(Bertin)也是一个'中国迷',他家中设有一间'中国室',专门陈列中国的珍宝及标本。据说他曾一次就得到两木箱运自中国的泥人和纸人,共计31个"[①]。

路易十四在1667年的盛大宴会上为满足人们的新奇感,化装成中国人出场,轰动一时。18世纪的第一个新年,法国王宫是以中国的形式庆祝的,从而引起了18世纪上半叶"中国热"的高潮。到1756年时,在重农学派核心成员魁奈的说服下,路易十五仿模中国皇帝举行"籍田大礼",以示对农业的重视。

在当时的文学领域,以中国为题材的小说竟达45部之多,《中国间谍在欧洲》、《北京宫廷秘史》……一部部东方情味的书畅销书市[②],伏尔泰的《中国孤儿》更是轰动巴黎,一时间模仿者不少。

法国当时是欧洲的文化中心,法国的"中国热"很快就传遍了欧洲。英国国王查理二世和王后都爱喝茶,经常举行茶会,一时品茶成为上流社会的时髦之举。1700年桂冠诗人纳厄姆·泰特(Nahum Tate)专门发表了《论茶颂》,说女王陛下常在肯辛顿公园闲坐饮茶。当时时髦的女子们在上午10点到11点之间要喝一盅武夷茶,晚上10点到11点又要坐在茶桌旁边。因为人们认为饮茶使社交活动更有生气了,"年老的变得年轻,年轻的更年轻了"[③]。

在文学上,关于中国的五幕悲剧《鞑靼征服中国》在伦敦上演,复仇加爱情的情节,异国的情调,"一场尸体横陈,鲜血四溅的舞台大悲剧,以出人意料的喜剧性团圆告终"[④]。东方学家海德写文介绍中国的围棋游戏,坦普尔爵士介绍中国的园林,哥尔斯密则以中国哲学家名义发表书信体的小说。

---

① 罗芃、冯棠、孟华:《法国文化史》,第445页。
② 同上书,第450页。
③ 范存忠:《中国文化在启蒙时期的英国》,第77—78页。
④ 张弘:《中国文学在英国》,第25页。

在德国，文化巨人莱布尼茨如饥似渴地阅读当时能收集到的中国材料，他与多名入华传教士通信，并发表了德国历史上第一部关于中国的学术著作《中国近事》。大文学家歌德在魏玛王宫中给王公大臣们表演中国书法，看中国的皮影戏成为魏玛王宫中一件最受欢迎的事。卫匡国的《鞑靼战纪》被改编成了戏剧，演出时观众场场爆满，而顺治皇帝则成为哈佩尔（Eberhard N. Happel，1647—1690）笔下骑士小说中的人物。小说名为《亚洲的俄诺干布》，副标题是"描述中国当今伟大的执政皇帝顺治——一位地地道道的骑士"，并简略地介绍他以及其他亚洲王子的风流韵事、他们的骑士业绩，所有地处亚洲的王国和地区的特性以及它们君主的等级制度和主要功劳。①

"中国风"的兴起是 18 世纪欧洲文化史上的一件重要历史事件，对于这股热潮，当时的法国著名作家格利姆（Grimn）有一段描述，十分生动，他说：

> 在我们的时代里，中国帝国已经成为特殊注意和特殊研究的对象。传教士的报告，以一味唯美的文笔，描写远方的中国，首先使公众为之神往；远道迢迢，人们也无从反证这些报告的虚谬。接着，哲学家从中利用所有对他们有用的材料，来攻击和改造他们看到的本国的各种弊害。因此，在短期内，这个国家就成为智慧、道德及纯正宗教的产生地，它的政体是最悠久而最可能完善的；它的道德是世界上最高尚而完美的；它的法律、政治，它的艺术、实业，都同样可以作为世界各国的模范。②

格利姆是这股热潮中的反对派，但他说明了那个时代的特征。

---

① 卫茂平：《中国对德国文学影响史述》，上海外语教育出版社 1996 年版，第 9 页。
② 利奇温著，朱杰勤译：《十八世纪中国与欧洲文化的接触》，第 86 页。

美国开国元勋与中国瓷器

王小良*

在英文里,瓷器是"中国的器具"(China ware)之意。北美殖民地时期,它在人们的生活中非常重要。本杰明·富兰克林曾将北美称为大英帝国的"美丽而高贵的中国花瓶",这一比喻证明中国瓷器在殖民地的美国人心中极为重要。[1] 富兰克林将北美殖民地比喻为"高贵的中国花瓶",并警告英国议会应以公平的态度和合理的政策处理殖民地问题,否则,殖民地迟早将不再属于帝国。

长期以来,我以不懈的努力和不倦的热情,努力让大英帝国这精美而高贵的中国花瓶不至破碎:因为我知道,一旦破碎,部分将无法保留其曾在整体中的那份价值,而且分散的部分想要再重新结合起来的可能性也是微乎其微。[2]

---

* 王小良(Dr. Dave Wang),亚利桑那大学中美关系文学硕士,亚利桑那大学东亚研究哲学博士,现任美国劳尔顿皇后图书馆馆长、圣约翰大学兼职教授、西北大学现代学院儒学在海外研究院院长。

[1] From Amelia Barry, ALS: American Philosophical Society, Tunis 3d. July 1777. In the Papers of Benjamin Franklin. It is available at http://franklinpapers.org/franklin/framedVolumes.jsp.

[2] Benjamin Franklin, To Lord Howe, Copy: Henry E. Huntington Library; Other Copies: British Museum; Library of Congress Philada. July 20th. 1776. In the Papers of Benjamin Franklin. It is available at http://franklinpapers.org/franklin/framedVolumes.jsp.

1783年《巴黎条约》签署后，殖民地人民获得了他们所期望的独立，成为"高贵的中国花瓶"的主人。富兰克林告诉正为胜利而欢喜雀跃的美国人民：现在，殖民地属于你们，"美国人有足够的智慧来照顾好自己的中国花瓶"[①]。

本杰明·富兰克林的比喻，反映了中国瓷器在美国殖民地和建国时期弥足珍贵的历史现实。本文中，笔者将为大家介绍美国开国元勋们对中国瓷器的喜爱以及他们为获得中国瓷器所做的努力。美国开国元勋们对瓷器的热爱与追捧，"反映了美国文化历史关键时期的个人和民族品味"[②]。

访问殖民地时期的威廉斯堡时你会发现，在世界文明史中为中国赢得良好声誉的瓷器，经欧洲中转进入18世纪的北美殖民地（18世纪中叶，新英格兰人也知道了中国的瓷器）。中美之间的直接贸易打开了商贸通道，大量瓷器进口至北美。中国瓷器因"其图案和优雅而卓越超群"，几乎"完全取代了所有其他器具，无论是金属、皮革还是玻璃"[③]，例如，在伊莱亚斯·哈德茨·德比的房子里，"几乎每个角落都放着中国陶器，而在一个橱柜里则收藏着估价371美元的瓷器"[④]。

本杰明·富兰克林在他的自传中讲述的一个故事，向我们再现了中国瓷器在殖民地社会受人追捧的情景：

> 一天早晨，我吃早餐时发现盛早餐的是一只瓷碗和一只银调羹。我妻子瞒着我替我买了这些东西，她一共花了二十三先令的巨款，她并没有其他的借口或辩解，仅仅说她认为她的丈夫也应该像邻居们一样享受一只银调羹和一只瓷碗。这是银器、瓷器第一次在我们家里出现。以后的许多年中，当我们的财富逐渐增多，我家杯盘碗碟之类的瓷器也逐渐增添到价值几百镑的总数了。[⑤]

---

① Benjamin Franklin, To David Hartley (unpublished) Passy, Oct. 22, 1783. In the Papers of Benjamin Franklin. It is available at http://franklinpapers.org/franklin/framedVolumes.jsp.
② Susan Gray Detweiler, *George Washington's Chinaware*, New York: Harry N. Albrams, Inc., Publishers, 1982, p.8.
③ Ping Chia Kuo, "Canton and Salem: The Impact of Chinese Culture Upon New England Life During the Post-Revolutionary Era," in *The New England Quarterly*, vol. III, 1930, p.429.
④ E. Singleton, *Furniture of Our Forefathers*, New York, 1901, II, pp.548-553.
⑤ Benjamin Franklin, The Autobiography of Benjamin Franklin, Part Eight, in the Papers of Benjamin Franklin. It is available on line at http://franklinpapers.org/franklin/framedVolumes.jsp.

除了本杰明·富兰克林，乔治·华盛顿和托马斯·杰斐逊也都非常喜爱中国瓷器。华盛顿一生都对中国瓷器青睐不已。对中国瓷器的情感，可以追溯到他的青年时代。1757—1772年间，他多次向布里斯托尔和伦敦寄送中国瓷器订单。① 在此期间，华盛顿还从一个著名的中国商品经销商处购买了许多中国瓷器。② 有人曾统计过弗吉尼亚商人罗伯特·卡里（1730—1777）在1759年到1772年间寄给华盛顿的发票，结果显示，理查德·法拉尔（1692／1693—1775）向华盛顿出售了数量可观的中国瓷器。

在帕蒙克河的"白宫"，华盛顿在自己的婚礼上使用了中国瓷器③，这一做法"引发了生活条件好的人们用美丽的瓷器来庆祝他们婚礼的时尚"④。

华盛顿特别喜欢青花瓷。我发现至少有9处记录提到他购买青花瓷器的事。⑤ 塞缪尔·弗劳恩斯（Samuel Fraunces，约1722—1795）了解到华盛顿对中国瓷器的痴迷之情后，便为他找来了大量的青花瓷。⑥ 独立战争结束后，美国官员和军队将重点转向他们的未来。华盛顿也开始为他的弗农山庄寻找一大套瓷器，他写信给在纽约的丹尼尔·帕克（William Parker，威廉·杜尔和约翰·霍尔克的合伙人，他们的公司为大陆军队提供给养），要求购买"一整套精致的青花瓷餐具"⑦。在塞缪尔·弗劳恩斯的帮助下，帕克于1785年9月之前便购买到了205件青花瓷。⑧ 爱德华·尼科尔（Edward Nicole）也为华盛顿购买了一些青花瓷。

1785年8月12日，华盛顿通过《马里兰周报》和《巴尔的摩报》获悉，从中国直航回来的帕拉斯号商船将出售船上包括青花瓷器在内的货物。他立即写信给他的前军事助理泰奇·塔尔葛曼（Tench Tilghman），让他询问销售条件和

---

① Detweiler, p.9.
② The term was used in the eighteenth century to describe merchants who specialized in imported Chinese porcelain. There were over a hundred such Chinamen in London between 1711 and 1774. See Detweiler, p.43.
③ Ibid., p.37.
④ Ping Chia Kuo, p.430.
⑤ Detweiler, p.52.
⑥ Samuel Fraunces was a keeper of the Queen's Head Tavern in New York. He used to serve as a steward to President Washington in New York and Philadelphia. See Detweiler, p.77.
⑦ Ibid..
⑧ Ibid..

价格。① 五天后，华盛顿在弗农山庄获悉"货物将在 10 月 1 日公开出售"的信息，便再次致信塔尔葛曼，要求购买"一套印有辛辛那提协会徽章的大青花瓷餐具"和最好的熙春茶、一打小青花瓷和最好的南京棉布。② 1790 年 7 月，两艘船刚刚从广州回到纽约，托比亚斯·李尔（Tobias Lear）便让克莱门特·比德尔（Clement Biddle）购买一套可供 24 人用的青花茶具和咖啡具，三四个盛茶渣的瓷碗，将它们送到弗农山庄。一周后，比德尔通过海豚号船长卡哈特，将标有 GW 的 3 打瓷器杯碟、2 打咖啡杯碟、4 个渣碗送到了弗农山庄。③

华盛顿把中国瓷器当作厚礼送给他的朋友和客人。1797 年，他送了塞缪尔·鲍尔夫人一个中国瓷器凉盘和盖子，上面饰有蓝色河流图案，手柄和口沿上还镀了金。④ 1798 年 6 月 9 日，华盛顿夫人邀请波兰记者朱利安·尼姆茨维奇（Julian Ursyn Niemcewicz）访问弗农山庄，并送给他一个标有自己名字和美国国名的中国瓷杯。⑤

美国建国时期，华盛顿在北美享有巨大声誉，因而他对中国瓷器的青睐很大程度上影响了其他人。造访官邸的客人在他的餐桌上感受到中国瓷器的魅力，并把这种魅力传播开去。乔治·华盛顿曾把他的家称作"一间修缮完好的酒馆"，现有的记录也证实了他所言不虚。据家庭文件记载，华盛顿在他婚姻的最后 20 年里，只与妻子一起单独吃过两顿饭。普通的美国公民和朋友"蜂拥去见总统，而他则以与生俱来的优雅，欢迎他们到他家做客、吃饭甚至过夜"。⑥

---

① Samuel Fraunces was a keeper of the Queen's Head Tavern in New York. He used to serve as a steward to President Washington in New York and Philadelphia. See Detweiler, p. 77.
② John C. Fitzpatrick, ed., *The Writings of George Washington from the Original Manuscript Sources 1745-1799*, volume 30(June 20, 1788-January 21, 1790), United States Government Printing Office, Washington, 1939, p. 223(different volume).
③ Lear to Biddle, 18, 25 July, and Aug. 1790, all in Phi: Washington-Biddle Correspondence; Biddle to Lear, 21, and 29 July 1790, and Biddle to George A. Washington, 8 Aug. 1790, all in Phi: Clement Biddle Letter Book.
④ Detweiler, p. 145.
⑤ See Niemcewicz's letter of thanks for his stay at Mount Vernon, in Eugene Kuisielewicz, "Niemcewicz in America," *The Polish Review* V (1960), 71-72. As for the cup, see Samuel W. Woddhouse, Jr., MD., "Martha Washington's China and Mr. Van Braam," *Antiquaries*, XXVII (May, 1935), 186; Julian Ursyn Niemcewicz, *Vine and Fig Tree: Travels Through America 1797-1799, 1805 with Some Further Account of Life in New Jersey*, translated and edited with an introduction and Notes by Metchie J. E. Budka, Elizabeth, New Jersey: The Grassmann Publishing Company, Inc, 1965, p. 104.
⑥ Anne Petri, George Washington and Food, see http://www.house.gov/petri/gw003.htm.

中国和美国直接通商之前，欧洲是美国人购买中国瓷器的主要来源地。托马斯·杰斐逊利用他在法国的机会购买中国瓷器。1784年5月7日，杰斐逊取代约翰·杰伊，被任命为驻欧使节。1784年8月，杰斐逊赴巴黎上任。他到达巴黎并住在"临时宿舍"时，便购买了一些中国瓷器，包括一打咖啡杯、碟子和茶杯①。第二年，他订购了更多的中国瓷器。

像大多数18世纪中国瓷器订购者一样，杰斐逊通过代理商购买中国瓷器。1786年3月6日，杰斐逊离开法国前，在巴黎购买了"大量中国外销瓷"。他想带回美国的物件，包括"瓷器、银器和镀金属器在内的器皿和家具"②。从巴黎回来后，杰斐逊又下了"购买中国外销瓷的第二大订单"③。

托马斯·杰斐逊将中国瓷器从欧洲运到北美的做法，说明了中国瓷器的价值。有趣的是，为了保护中国瓷器在运输过程中不受损坏，杰斐逊还购买了由英国陶工制造的奶色陶瓷器皿。他表示，购买英国陶瓷，是为了保护中国瓷器免受伤害。他把前者作为保护层，放在中国瓷器外面。鉴于杰斐逊的做法，有学者认为，英国陶瓷器皿的作用正在发生改变，其"美学和价值正在下降"④。

1789年，杰斐逊从波士顿从事中国贸易的商人爱德华·道斯（Edward Dowse）那里订购了更多的中国瓷器。1790年4月，道斯把杰斐逊订购的瓷器送到了纽约，此时的杰斐逊正担任美国第一任国务卿。⑤在此期间，他在法国订购的瓷器也如期而至，其中有120个瓷盘、58个瓷杯、39个瓷碟、4个汤碗，还有盐瓶和各种大瓷盘。他在纽约和费城使用部分上述瓷器，剩下的则被运到蒙蒂塞洛。⑥1793年，杰斐逊将他所有的中国瓷器都运回了蒙蒂

---

① Susan R. Stein, The Worlds of Thomas Jefferson at Monticello, Harry N. Abrams, Inc., Publishers in association with the Thomas Jefferson Memorial Foundation, Inc. 1993, p. 23. (Jefferson's Memorandum Books shows records of these purchases between August 21 and 6 September 1784.)
② Thomas Jefferson to Rayneval, 3 March 1786, in Jefferson Papers, 9: 312-313; Susan R. Stein, p. 27.
③ Susan R. Stein, p. 348.
④ George L. Miller, "A Revised Set of CC Index Value for Classification and Economic Scaling of English Ceramics from 1787 to 1880," *Historical Archaeology* 25, 1991: 1; Susan R. Stein, p. 346.
⑤ This china may be the double bordered Nanking pattern with an armorial shield with the initial "TJ" that was found in Boston in the late nineteenth century. It was acquired by Thomas Jefferson Coolidge. Jr..
⑥ Martha Jefferson Randolph to Thomas Jefferson, 16 January 1791, Family Letters, See Susan R. Stein, p. 68.

塞洛。①

美国开国元勋对中国瓷器的喜爱以及为获取它们而做的努力，反映了中国瓷器在美国人生活中的重要性，也说明中国瓷器在美国建国时期曾给美国人的生活留下了深刻的印记。

---

① Martha Jefferson Randolph to Thomas Jefferson, 23 June 1808, Massachusetts Historical Society, Boston, See Susan R. Stein, pp. 86-87.

陶瓷文化是"一带一路"民心交流的纽带

徐 波[*]

一

与许多人一样,我也一直存在着对自己身份认证问题的犹疑。在外交部从事政府外交近 30 年,其中包括长达十年的上海世博会申请、竞选、筹备、运营的世博外交。因此,把自己定位为一个职业外交官是贴切的。

然而,2010 年 10 月 31 日,世博会戛然而止,或云曲终人散,每个办博人均面临着新的工作与生活的选择。

世博会期间,中国与 145 个国家及国际组织国之间所开展的那场激动人心的跨文化对话一直在我心底波澜起伏。作为这样一场文化对话的参与者,作为中国百年世博梦的实践者,抑或我们这个伟大时代的见证者,我真心觉得世界上再没有比继续从事中国与世界文化对话更有意义的事情了。

于是,在联合国(教科文组织参展上海世博会的协调人)、教科文组织战略事务助理总干事汉斯·道维勒(Hans d'Orville)和博科娃(Irina Bokova)女

---

[*] 徐波,资深外交官、2010 年上海世博会中国政府总代表助理、联合国教科文组织战略事务助理总干事特别顾问、国际公益交流架构师、中国世界和平基金会欧洲代表。

士的热情邀请下，我于 2011 年 1 月 15 日至 2016 年 6 月 30 日担任教科文组织战略事务助理总干事特别顾问。我的中心工作就是通过自己在上海世博会申办、筹备长达十年的国际网络及我与中国社会各界的关系，为教科文人类文明对话的和平事业争取到更多成员国公民社会的支持。

到教科文工作的第一天，我就开始琢磨两个问题：一是如何将教科文的和平事业与中国民间的公益力量结合起来，使双方的正能量叠加，为中国社会的转型发展引入新的源头活水；二是如何使教科文和平事业为中国公益"走出去"创造新的平台，通过这样的公益"走出去"，使中国的国家软实力和国际美誉度快速提升。

思考中，我想到了"南南合作"，想到了中国与这些国家的"民心之交"。我认为，这样的民心之交不是政治口号，也不是笼统的大概念，抑或晦涩难懂的抽象学术描述，而应该是极其简单但深刻，并能受到交流国人民，特别是青年的来自内心的由衷热爱和支持。

这样的思考中，我强烈预感到中国的景德镇陶瓷文化完美地符合上述各种条件：首先，陶瓷文化是中国的国粹，景德镇是千年瓷都，享誉天下。在海外，China（陶瓷）甚至成为"中国"的英语名称，而景德镇更是这种符号的最优体现。其次，世界上，大凡古老的民族都有陶瓷文化。开展一场以陶瓷文化为主体的不同文化的对话将有着广泛基础，这样的对话首先将覆盖亚非拉发展中国家。这种新的"南南合作"不仅是联合国教科文组织的重点，更是中国外交的重点。最后，如果这种陶瓷文化对话由景德镇牵头，那么，陶瓷文化的普世价值和景德镇美名，再加上中国在陶瓷文化方面的优势，活动对受众的吸引力应该是强大的。因此，活动的质量和参与性有所保障。

2011 年 8 月，在深圳企业家万宏伟先生的帮助下，围绕陶瓷文化展开的不同国家之间的文化对话有了资金方面的支持。

万先生对我们的支持，也是联合国教科文组织成立近 70 年来，第一家来自中国的民营企业与教科文组织达成的战略合作。

万先生与博科娃女士签署的战略合作协议要点，就是要加强中国与广大发展中国家在非物质文化遗产保护方面的合作。其中，陶瓷艺术是我们合作第一阶段的重点。

作为此项合作的推手，这些条款均出自笔者之手，准确地说，是笔者的深度思考。

有了资金与合作协议，景德镇陶瓷文化与非洲、阿拉伯国家之间的合作呼之欲出。巧的是，景德镇陶瓷学院教授、景德镇学院院长陈雨前先生适时出现在我面前，他向我详细介绍他多年来致力推动的景德镇学，并希望以景德镇学为载体，将中国灿烂的陶瓷文化和优雅独特的生活艺术，打造成中国与世界文化对话的新平台。

于是，教科文组织以景德镇陶瓷文化为依托的中非、中阿青年学生陶瓷文化对话的序幕就拉开了。

二

作为项目发起人，我非常看好中非、中阿青年学生陶瓷文化对话，并将其视作我之后世博推动不同文明对话的新征程。我不仅参加了所有项目的顶层设计，还参与了所有的交流活动。其中，中国陶瓷工艺大师访问摩洛哥、突尼斯的活动让我迄今难忘。

2013年2月14日是中国农历蛇年正月初四，当绝大多数国人还在合家欢聚享受春节长假时，应联合国教科文组织的邀请，中国工艺美术大师刘远长、李文跃，中国陶瓷设计艺术大师葛军一行踏上万里征程，远赴非洲参加中、阿、非陶瓷艺术交流活动。

在机场见到76岁的刘远长大师时，我被他的充沛精力打动了。

我们颇有相见恨晚之感，他对我说，感谢教科文组织邀请他和他的同事们访问非洲，这是他们作为陶瓷工艺工作者的荣幸，也是景德镇陶瓷学院的荣幸。

2月14日也是情人节，抵拉巴特机场后，我们不顾舟车劳顿，又驱车两小时直奔梅克内斯市，第二天要与那里的传统手工艺学院陶瓷专业的师生们交流。用刘老先生的话说，之所以要这样拼，为的是会会摩洛哥的"情人"们——摩洛哥的陶瓷工艺同行。

梅克内斯是摩洛哥的四大皇家城市之一，著名的老皇宫就在此，有摩洛哥"凡尔赛"之美誉，其陶瓷艺术历史悠久，陶瓷技艺的保护和传承也是梅克内斯各界普遍关心的问题。然而，同所有传统手工业一样，在全球经济竞争压力下，小作坊式的陶瓷业难以为继。特别是由于欧元区的经济危机，传统的欧洲市场进口萎缩，梅克内斯的陶瓷业更是雪上加霜。

第二天，在梅克内斯传统工艺学院开学典礼上，刘远长与他的同行们在赞美世界陶瓷艺术的同时也坦诚表示，陶瓷业在中国也面临着如何保护与发展的问题。刘远长表示，中国陶瓷代表团此行不是为了传授经验，而是希望在联合国教科文组织的平台上，与摩洛哥同行相互切磋，找到维护和发展陶瓷文化的最好方法。李文跃、葛军也表示，中国陶瓷具有2000多年的历史，但中国要向世界学习，摩洛哥在保护传统手工业方面有许多值得中国学习的地方。

之后，中国大师们向摩洛哥学生展现中国陶瓷技艺，几块不显眼的泥巴在大师们的手中慢慢变成了美妙的作品。最初很拘谨的同学们，见到大师们手工呈现出来的作品惊叹不已，话也多了，胆子也大了，开始与大师们互动，从陶瓷设计、用材、烧制温度，到陶瓷工艺的未来等，无话不谈。

当同学中有人问，如何成长为陶瓷工艺大师时，三位大师不约而同地表示，"勤奋+耐心"！

有学生当场表示，希望能做大师们的学生，到景德镇上学。不少学生说，中国大师们技艺高超，艺术品市场价值很高，却又如此低调谦逊，使他们深为感动。

也有学生表示，在传统工艺创作路上，他们快要放弃希望了，但这次中国大师们的一席话，又为他们点燃了新的希望，带来了新的勇气。

为感谢大师们的精彩示范，梅克内斯手工业协会主席阿布杜拉当即向中国代表团发出邀请，在他家里设家宴款待大家。当我们到达他家时，发现他把其他协会的所有行业代表均邀请到了，大家济济一堂，就如何保护传统手工业展开了非常热烈的讨论。

品尝着由手工业协会饮食分会主席亲自烹饪的摩洛哥传统风味，大家一起探讨在经济全球化条件下，如何保护传统生活和传统手工业等中摩两国共同面临的严峻问题。在座的摩洛哥手工艺匠人们向我提出建议，希望教科文组织下次安排范围更广泛的中摩两国手工业者的全面交流活动。听着摩洛哥工匠们发

自内心的建议,我深感此行意义重大,从陶瓷文化入手,中摩之间在非物质文化遗产方面的合作内容太广泛、太有必要了。

结束对梅克内斯的访问后,我们又去了拉巴特和卡萨布兰卡,然后赴突尼斯,访问刚刚欢度完90年校庆的突尼斯国立高等美术学院。

抵达学校时,校长代表全校师生欢迎我们——90周年校庆来的第一批中国客人。校长表示,学院建校90周年以来,已与美国、意大利、西班牙等国进行过艺术交流,但与中国艺术家的交流,特别是关于陶瓷工艺的交流比较少。他非常欢迎中国景德镇陶瓷工艺艺术家深入到突尼斯民间,与他们切磋交流。

交流过程中,中国代表团发现突尼斯同行在陶瓷工艺现代化方面其实已走在了前头。无论是用材,还是设计图案,表达的主题思想方面均有新意,值得中方借鉴。

中国艺术家还深入突尼斯陶瓷之都纳布尔小镇,走进一家家陶瓷作坊,细致考察交流,并与当地艺术家就具体作品进行别开生面的讨论。

由于工作原因,我没能陪同刘远长大师一行前往第三站加蓬,但我依然关注着整个访问过程。随团法语翻译、景德镇陶瓷学院的黄宁丽老师及深圳红钻文化集团总经理王美潭每天都通过微信向我通报访问情况。

由于历史、地理、气候等原因,加蓬没有摩洛哥、突尼斯那样悠久发达的陶瓷手工业传统,但陶瓷同样在加蓬人民的生活中发挥着重要作用。在加蓬国立艺术学院,师生们对中国代表团的到来表现出极高的热情,表达了更为迫切和具体的交流互动的愿望。在联合国教科文组织驻加蓬办事处举办的临别招待会上,加蓬总理顾问等政要再次向中国大师们表示感谢,认为中国大师到访加蓬非常重要,为加蓬国立艺术学院带来了新的生机,也为加蓬文化传统的保护带来了新的启迪。

三

2013年是联合国教科文组织制订《保护非物质文化遗产公约》十周年纪念。

十年前，公约的缔约者明确要求，希望通过成员国在公众、社区、青年之间的合作，加强能力建设，提高遗产保护的自觉性和能力。

以刘远长大师为代表的景德镇陶瓷工艺大师代表团，在不到 20 天的时间里飞行三万公里，先后访问了摩洛哥、突尼斯与加蓬，与上述国家陶瓷业的同行们就如何保护陶瓷艺术这一人类非物质遗产文化瑰宝进行了卓有成效的交流。刘远长大师的"福寿富贵观音手"、李文跃大师的"粉彩唐人诗意图"和葛军大师的紫砂壶特技是这次中非、中阿文化对话的特殊语言。这种朴实无华的手工语言，赢得了非洲青年学生的由衷赞叹，他们表达了一个共同的愿望——期盼与更多的中国艺术家交流，期盼有机会到中国景德镇学习。不止一个陶瓷艺术专业的学生当场向中国陶瓷艺术大师提出申请，要给他们做助手。

我的同事、参与此次交流项目的教科文驻拉巴特办事处代表莫哈默德对我说，中国陶瓷艺术享誉世界，中国陶瓷工艺大师此行为联合国成员国纪念非遗保护公约十周年拉开了序幕，是中国对公约的直接支持，特别是在加强青年和社区之间能力建设方面的示范，将成为教科文成员国"南南合作"的又一典范。同时，活动对访问国陶瓷界更好地了解中国陶瓷业现状也很有帮助。

特鲁西埃（Philippe Troussier）是资助此次活动的深圳红钻集团旗下深圳足球俱乐部的主教练。他在拉巴特的家里设便宴招待了代表团。特鲁西埃表示，他是一个法国人，在深圳工作，家住摩洛哥，他的整个教练生涯就是在亚非两大洲穿梭度过的。他说，很高兴看到中国陶瓷工艺大师出来交流，这标志着中国已开始重视并利用陶瓷文化参与世界人文事业。他坦言，三天的交流活动让他学到了许多中国陶瓷知识，特别是感觉到中国文化形象在摩洛哥青年学生中大大提升。

整个交流活动结束时，我特意安排代表团访问了教科文总部。

教科文组织战略规划事务助理汉斯·道维勒和文化部门的克里斯蒂安、加蓓莉尔勒等官员在巴黎教科文总部会见了中国陶瓷艺术大师们。

道维勒先生首先代表博科娃总干事对中国陶瓷工艺大师不远万里赴非洲交流表示由衷感谢，他表示，中非阿陶瓷工艺从业人员的交流，对中国和教科文组织同样都是第一次。但这样的活动非常有意义，它体现了中国对国际社会的新贡献和软实力，树立了新的"南南合作"样板，也为广大发展中国家在经济

全球化的历史条件下如何保护文化遗产找到了一条新路径。

道维勒先生认为，本次活动由联合国教科文组织、红钻战略合作基金参与组织落实，体现了中国经济快速增长、国力不断上升后，民营部门和全社会参与世界文化遗产保护、促进国际上不同文化之间的交流对话的兴趣与积极性，也体现了中国民营部门的国际视野、觉悟和它们的软实力。深圳红钻集团敢为人先，为中国民营企业今后全面参与教科文组织的世界科学、文化、教育事业活动树立了一个好榜样。

道维勒先生在感谢深圳红钻集团总裁万宏伟为此次活动做出重大贡献的同时，也表示遗憾：活动如此成功，应该邀请摩、突、加三国驻教科文大使来参加今天的见面会，以便让大使们在第一时间听到中非陶瓷交流的好消息。

道维勒先生的话也让我想起整个活动是如何从无到有、从小到大起步的——2012年10月，来自摩洛哥、突尼斯与加蓬的九名陶瓷艺术学院师生来到景德镇陶瓷学院，进行为期七天的对口交流。中非双方就陶瓷艺术的保护与传承、工艺设计改进、新技术运用和工艺品的市场化等议题进行了深入交流。刘远长、李文跃、葛军等陶瓷工艺大师还现身说法，向三国同行演示了创作过程。

九位非洲的陶瓷工艺师生都是第一次到景德镇。能来到享誉世界的中国瓷都，与中国著名的陶瓷工艺大师们直接交流，他们感到非常荣幸。我有幸参与了整个过程，当年在官窑三宝举行的结业点火仪式，迄今历历在目。

从某种意义上讲，刘远长等三位大师这次的非洲之行，就是上次景德镇中非交流的回访和续篇。此次访非活动时间不算长，但各方收获很大，非常值得总结。

刘远长认为，我们原来对非洲不是很了解，认为非洲贫穷落后，可借鉴的东西不多。非洲此行，我们学到了不少宝贵经验，中国在加强保护传统文化的同时，需要向世界各国的陶瓷艺术专家学习，再关起门来自己搞肯定是不行的。

李文跃、葛军表示，现在的陶瓷艺术遇到的问题不仅是传统技法改进的问题，而是我们的主题有限，缺乏现代感。突尼斯的陶瓷艺术现代感就很强。以前我们对这个国家不了解，现在看来，他们的陶瓷艺术现代化已走在前头了。

随团的著名艺术策展人、现代艺术家沈其斌认为，中国陶瓷艺术需要寻找

现代题材和现代表现方法。说到底，陶瓷是一种材料，材料是为表现的内容服务的。看看当代艺术，如毕加索等人的作品，世界上有不少艺术家是将陶瓷作为艺术的载体，用以呈现他们的灵感和哲学思想的。为此，他建议中国工艺大师在巴黎转机时一定要参观蓬皮杜文化中心、东京宫现代艺术馆和卡地亚现代艺术中心。

深圳红钻集团董事长万宏伟表示，中国陶瓷业的高端精品打造得确实不够。现在，从世界角度上说精品陶瓷，肯定是英国、日本，中国的精品陶瓷只是在凡尔赛博物馆、大英博物馆里。为什么？精品意识不够，品牌保护不够，市场化运作不够！

刘远长感慨，精品意识需要精益求精的态度。封建时代有官窑，对质量要求几乎到了苛刻的地步。一窑陶瓷选了又选，不合格的产品绝不能问世。后来是计划经济，政治领先，不计成本保质量。现在是人人都在做景德镇陶瓷，人人都想卖大钱，如果没有精品意识，也没有政府的有效市场监督和论证，只会良莠不分，慢慢将老祖宗留下来的景德镇牌子做小、做杂、做坏。

四

中、非、阿陶瓷文化交流是我在教科文任职期间为中国与世界文化对话推动的项目之一，与我在教科文总部策划的文化对话论坛相比，我觉得这个项目有不少可圈可点之处，回忆起来感慨不少。

首先，文明对话不能是空洞口号。刘远长大师不止一次对我说，陶瓷艺术是世界上最古老的文化遗产，只要有人类的地方，不管其地域和文化差异多大，他们的祖先都曾发明和使用过陶瓷。因此，陶瓷是人类非物质遗产最形象的载体。

其次，中国陶瓷工艺大师赴非之行也是联合国教科文组织平台上"中国文化走出去"的一次有益尝试。我们讲文化走出去不知讲了多少年，其实，核心问题就两个，一是如何走出去，二是谁走出去。借助教科文平台走出去是对第

一个问题的回答，陶瓷文化是对第二个问题的回答。

笔者看来，中国文化最容易走出去并被海外接受的应该是中医、中餐、陶瓷、茶叶、丝绸等，而中国陶瓷艺术在世界上享有极高的美誉度，是中国"软实力"中一种难能可贵的比较优势，是文化走出去内容上的最佳选题。陈雨前教授十几年前就提出了"景德镇学"，这是非常有战略眼光的。虽然，将中国陶瓷打造成曾经景德镇陶瓷的那种崇高地位仍有很长的路要走，但方向明确了，目标会越来越近。

因此，中国在帮助非洲国家保护传统陶瓷技艺的同时，也能很好推介和营销自身的陶瓷艺术。

最后，陶瓷文化是"一带一路"民心交流的心灵纽带。

2017年5月14—15日，在北京举行的"一带一路"峰会上，习主席号召加强丝路国家之间的文化交流，建立新时期中国与世界人民友好的新的心灵纽带。陶瓷由于其文化价值的普世性，因此成为这种心灵与文化纽带的首选。

我非常高兴地获悉，经过陈院长的不懈努力，UNESCO正式同意授予景德镇学院联合国教科文组织的"陶瓷文化：保护与创新"教席。这是中国陶瓷文化教育与教科文组织合作的又一里程碑，更是景德镇陶瓷和景德镇学走向世界、走向"一带一路"国家文化对话的开始。

在祝贺陈教授及其团队的同时，笔者衷心希望这种教席合作不是"牌子到手，革命到头"的活动，而是景德镇与"一带一路"国家陶瓷文化交流的开始。笔者认为：

一是要加强自身能力建设，在自己强大的同时，与世界一起强大。有必要在条件成熟时，考虑发起举办一个"一带一路陶瓷文化节（或论坛）"，这是中国响应习主席建立"一带一路"民心交流的心灵纽带的中国外交需要，也是我们所处时代世界各国人民之间交流、促进和平与发展的需要。

二是现有的教科文各种文化项目中，尚没有任何陶瓷文化城市联盟。景德镇应该有担当精神，特别是景德镇的特殊历史和中国享誉整个世界的陶瓷文化，为景德镇在此领域发挥国际领导作用创造了条件。

如有可能，还可以尝试与世界其他瓷都合作，在教科文组织联合申遗，这不仅体现景德镇与这些陶瓷文化城市和国家的文化交流水平，也是世界不同文

化背景人民合作的样板，是教科文组织期待和鼓励的。

三是如同"中国文化走出去"一样，景德镇陶瓷文化抑或景德镇学如何"走出去"，必须是务实接地气，深受学界、业界和国际社会所认可的。

要本着先做成后做大的原则，切实完成中国陶瓷文化走向世界的"最后一公里"，必须一切以项目化为主，而非口号或概念化。过程中，充分调动景德镇以外的全国陶瓷文化界的各种积极性尤为重要。

刘远长大师曾对我说，教科文组织派他到非洲，这个高端平台不仅仅是给他的，更是给所有中国陶瓷艺术家的，他是在为人类工作，从而感到无上光荣。我觉得，这种荣誉感、使命感，对景德镇陶瓷文化走出去同样至关重要。

相会于历史十字路口的中国与波斯

——中国瓷器如何开启了永久的联系

梅里·马达沙希[*]

古代丝绸之路上商人买卖最早的中国陶瓷，是白色的炻器和瓷器（2 至 8 世纪）。虽然质量有别，但这些色白质纯的陶瓷在当时非常罕见。当时，近东的陶工往往给陶器施一层透明白釉，以此仿效胎体质白和釉色透明的中国陶瓷，但烧成的只是泛黄的白陶器。尽管这些陶器坚固且耐水、耐酸、耐热、耐磨损，却只能作为家庭日常器物使用。

中、西亚发现的大量瓷器可以证实上述观点。大盘不符合中国人的使用习惯，却是伊斯兰饮食的理想选择。早期的瓷器上，可以看到近东设计风格的影响，例如将器物表面分成不同部分或开光。青花瓷可能是中国人为近东市场特制的产品，开始时被中国鉴赏家们视为粗俗之物。

12 世纪初，波斯陶工不满足于毫无装饰的素器，便给瓷器的白胎装饰颜色和图案。波斯陶工的这种方式，促进了中国陶瓷生产的重大转型。在这一时期，伊朗（波斯）的陶工开始生产一种特殊类型的陶器，它以乳浊白或孔雀绿为底

---

[*] 梅里·马达沙希（Mehri Madarshahi），曾在联合国秘书处工作长达 26 年，先后担任众多要职，现为全球文化网络和文明间对话音乐协会主席。

色，并在其上装饰多彩图案。这种器物被称为"米奈"（Minai）陶瓷。波斯人率先使用来自盖迈尔（Qamṣar）地区喀山（Kashan）上的钴做釉下青花料，中国人称之为苏麻离（su-ma-li）、苏泥勃（su-ni-po）或苏麻泥（su-ma-ni），这个称呼可能来源于波斯语的"solaymānī"。

喀山是当时的主要陶瓷生产中心。此外，陶瓷生产基地还有萨瓦（Sava）、拉伊（Rayy）和纳坦兹（Natanz）。直到1220年的蒙古入侵，波斯人才发明或改进了各式装饰技术，诸如将成型、雕刻和穿孔技法应用于一系列新形式和各式颜色釉上。他们还发明了釉下绘画和釉上彩技法，使艳丽的绘画达到了新高度。

典型的米奈陶瓷在器物上饰有图案或几何设计，有些则在器物的内外刻有铭文。尽管对烧成温度和彩绘技法还有争论，但其基本技法早有定论。装饰技法以两种不同的方式完成：一种是先将包括蓝色、绿色和紫色的色料施在原釉上，然后将底釉和釉上彩一起烧制。另一种方法是，素坯烧成后施棕色、红色、黑色和白色色料，然后再低温第二次烧制。

最早提到米奈生产技术的文献是阿布·卡西姆（Abu El Qasim）于1301年或更早时写就的《论陶瓷》（*Treatise on Ceramics*）。

也有一些研究支持阿布·卡西姆的说法，认为有七种颜色特别是装饰青花瓷的钴蓝，是从伊朗进口的。黑色颜料的不同化学成分表明，在米奈陶瓷上使用的黑色颜料会发生变化。更有趣的是，黑色颜料的特性与发现米奈陶瓷的地域具有很强的关联性。

对应用于米奈陶瓷和中国青花瓷上的蓝色颜料的研究，更清楚地揭示了中世纪亚洲陶瓷工业的材料供应网络。这些陶瓷为非凡的创造性活动奠定了基础，也许直到工业陶瓷在18世纪英国斯塔福德郡兴起之前，世界上任何地方都无法与中国相提并论。

牛津大学资助过出土于伊朗和埃及的14块米奈陶瓷碎片和一块12至13世纪的拉吉阿瓦第（lajavardi）瓷片的化学成分分析，旨在研究其中使用的着色剂和彩绘技术。多彩色料的制造过程和钴蓝颜料与青花瓷的相关性表明，人们使用了多种方法来制造多彩色料和米奈陶器的不透明锡铅和铅碱釉。这些发现接近阿布·卡西姆的相关描述。化学分析表明，赤铁矿、铬铁矿、氧化锡、二氧

化锰、氧化铜和氧化钴是多彩色料的着色剂。进一步分析证实，中国元朝青花瓷的蓝色颜料与米奈陶瓷的蓝色颜料相同，可能来自伊朗喀山县的盖迈尔村。

这项研究和文献记录再次表明：元朝（1271—1368）的青花瓷器与米奈陶瓷的蓝色有着相同特性。可以肯定，应用于米奈陶瓷和元青花瓷上的蓝色是相同的。伊朗喀山县盖迈尔村特殊的蓝色矿藏被当地人称为苏莱曼尼（sulaimani），它在元朝时被输入中国并被用作瓷器釉色。之所以被称作苏麻离、苏泥勃或苏麻泥，应是译自于它的原始发音。

伊朗陶器黄金时代的消亡发生在13世纪后期，当时蒙古人征服了伊朗并于1256年在波斯建立了伊斯兰国，1271年在中国建立了元朝。米奈陶瓷的消失造就了青花瓷在中国的重生，这种发展在某种程度上与蒙古人有关。

14世纪初，景德镇开始大规模生产精细、半透明的青花瓷。这种发展是中国技术和伊斯兰贸易结合的结果，也有赖于从波斯进口钴料而得以实现。

钴蓝被认为是一种珍贵的商品，价值约为黄金的两倍。这些陶瓷制品的主题也从伊斯兰装饰中获取了灵感。景德镇生产的青花瓷，大部分通过广州的穆斯林商人运回西南亚市场。

虽然米奈陶瓷存在不到一个世纪，但它创造了中世纪陶瓷技术和美学的奇迹。在阿布·卡西姆论述陶瓷的时候，米奈陶器已不复存在，但他的描述为后人了解这些陶瓷技术提供了宝贵的信息。

12世纪上半叶，一块块上了釉的瓷砖被率先运用在伊朗的建筑装饰中，人们把这些单色釉瓷砖以非常稀疏的方式嵌入建筑物的墙壁。当第一个宗教圣殿建成时，这种做法很快流行起来。圣殿的整个墙壁被饰有花卉的马赛克装饰起来，这些马赛克完全由小块精美的施釉陶瓷组合而成。这种复杂纹饰对施釉陶瓷的准确性要求极高，因为每一部分都必须精确切割。很快，这一做法就让位于在大型瓷砖上绘图，这样就能以更快且更容易的方式装饰建筑表面。土耳其（布尔萨绿色清真寺）、伊拉克、叙利亚和埃及的艺术采用的都是这种方法。

明代皇帝特别是太祖和成祖不喜欢青花瓷，因为它洋溢着浓郁的异域情调。因此，人们便无所顾忌地生产青花瓷，主要用于与其他国家的易货贸易。与此同时，景德镇还专门为宫廷生产了少量更为精致的瓷器，且标有帝王的年号。其中一些罕见的瓷器现收藏于阿德比尔（Ardabil）清真寺，在国外的一些收藏

中也可以看到。鉴于此，有人认为这些器物是赠予外国政府礼品的一部分。如果这个猜测准确，那么我们可以认为，明代的四个皇帝，即成化、弘治、正德和嘉靖，在赠送外交礼物时表现得非常积极。

当正德皇帝意识到青花瓷之美时，贸易和生产模式便发生了变化。纹饰独特的青花瓷被用来易货或私人收藏，质量一般的则用来出售。

16世纪开始，由于从波斯进口钴料过于昂贵，中国人开始在当地开采青花料。景德镇一直到今天都在生产青花瓷，但它可能在清朝康熙皇帝统治时期（1661—1722）就达到了技术高峰。

中国的青花瓷从16世纪开始被欧洲仿制，但他们用的是青花彩陶技术，叫作"alla porcelana"。不久之后，欧洲人首先在美第奇瓷器上实验，以期复制中国的青花瓷。这些早期作品似乎受到来自波斯和中国青花瓷的双重影响。

值得强调的是，伊斯兰早期以来，中国和波斯陶瓷的对话从未停止过，从早期远销美索不达米亚的瓷器餐具，到后来的辽代和宋代精细陶瓷，都是这一对话的见证。上釉装饰这一令人叹为观止的技术虽在14世纪被遗忘，但17世纪又开始复兴，当时的人们通过原始物品而非记忆，复兴了这一技术。波斯绘画中描绘的青花瓷是中国还是波斯制造，迄今的研究尚无定论。但萨法维（Safavid）王朝的开始恰逢现代的开始，也是第一批欧洲船只在亚洲水域出现的时代。1501年葡萄牙人到达印度西南海岸，1517年登陆广州。欧洲船只的到达促进了波斯和中国之间的贸易运输。

感谢阿德比尔和托普卡帕宫（Topkapi Saray）瓷器画册的出版，使我们现在能够对比中国和波斯两国的设计。17世纪以来，伊朗陶器开始成为著名的艺术品，波斯陶工则用高超的技艺在复杂而美丽的多彩陶瓷上绘制了明亮色彩和非凡独特的风格。与此同时，中国青花瓷也跻身西方皇家宫殿和艺术博物馆中。

今天，跨越分隔两国的文化边界，将有助于开阔人们的视野，让他们更好地互相了解。毕竟，唯有艺术和文化元素，才会为每一种文明带来生机，并赋予它厚重的历史感。当英雄豪杰离我们远去，当历史被碎片化为只言片语，唯有文化特性能让我们以独特的方式存在，并以独特的方式缅怀过去。

留驻永恒的一瞬间

——用瓷文化讲好中国故事

刘凌宏[*]

中国素有"瓷国"之称,英文里瓷器和中国都是"china"。3000年前,无数骡马与船只满载瓷器、丝绸和茶叶,将中华文明自丝绸之路和海上丝绸之路传播到世界各地,因此瓷器本身已经是中国的象征。

习近平主席提出"一带一路"的发展倡议,旨在通过中国经济外向型发展和加强国际文化交流进一步实现中华民族的伟大复兴。习主席还强调了"艺术因交流而多彩,文化因互鉴而丰富",而用瓷文化讲好中国故事就是其中一个重要途径。

鸟巢设计者赫尔佐格和德梅隆为在鸟巢举办的第五届中国国际建筑艺术双年展展示了一件互动性作品"一瞬间"。作品以中国传统的陶瓷绣墩为基础,印制鸟巢场景图像,散布于展场供观众坐、踏、观赏等,通过观众现场使用参与,实现鸟巢设计师本人邀请所有因鸟巢而感到震撼的人们,在一个奥运周期后再次回到那个辉煌瞬间的美丽约定。

---

[*] 刘凌宏,资深媒体人,曾任《海南日报》主编、《科学时报》总编、《建筑与文化》杂志总策划,现任中国建筑文化研究会副会长兼秘书长、东南大学艺术学院客座教授。

2008年奥运会在中国成功举办，作为主场馆的鸟巢成为北京的标志性建筑，同时也成为全世界瞩目的地方。作为鸟巢的设计者，赫尔佐格和德梅隆为宣传中国文化、宣传中国奥运精神做出了贡献，使大家记住了他们。建筑本身是一个文化记忆，大家通过鸟巢记住了北京，记住了中国，鸟巢因此变成了中国的一个标志性建筑。中国国际建筑艺术双年展邀请他们进行展品展出，是希望向大众推广和宣传公众的文化建筑艺术和空间建筑艺术，通过展出展品表达设计师对城市的理解和对城市空间艺术的理解。

图1 "一瞬间"陶瓷绣墩

本次赫尔佐格和德梅隆推出的互动式展出作品叫作"一瞬间"，即我们所说的绣墩，又叫坐墩或鼓墩，其历史非常悠久，据沈从文先生在《中国古代服饰研究》中介绍："腰鼓形坐墩，是战国以来妇女为熏香取暖专用的坐具。"

设计师在设计过程中做了两点考虑：一是中国瓷器是中国的文化智慧，英文China即是"中国"之意，代表中国的文化；二是设计师在进行作品创作时，希望呈现的作品与人们的生活息息相关，比如日常生活里的桌椅凳子。而瓷墩作为中国古董家具——凳具家族中常用且最富有个性的坐具，是凳子中的佼佼者，灵秀且富丽，是日常生活必不可少的家具。因此，设计师最终决定选取了瓷墩。成品做出来后，设计师觉得，内在反映的内容更为重要，他们希望反映奥运以及奥运后的一瞬间。那么，这个一瞬间究竟是什么呢？

赫尔佐格和德梅隆觉得，那应该是所有人生活的一个串联：作为奥运会的见证者、参与者，你的一瞬间可能是参加了奥运会的开幕式，我的一瞬间可能是观看了奥运会的某场比赛，他的一瞬间是来看了鸟巢。很多单个的一瞬间能够组合起来，是因为鸟巢在发挥重大的作用，它发挥的是奥运精神、是中国文化。所以，设计师希望在这个瓷墩上反映出奥运的一瞬间。瓷墩上的绘画抽象而现代，仔细来看，每一幅都是奥运的一瞬间，包括奥运开幕式放飞的气球、观众的掌声、来来往往的观众或者是群众的一些动态影像，等等。正如两位设计师致2013中国国际建筑艺术双年展组委会信中所言：

> 我们意图建立一个捕捉在国家体育馆日常生活的档案，因此设计在体育馆周边陈列一些陶瓷凳子，邀请公众聚集坐在这里，并对他们游览鸟巢的体验做出反馈。这些来自景德镇的美丽的传统凳子，其顶部将浮雕上鸟巢的平面图，在鸟巢捕捉到的图像也将印在凳子上。

设计师用抽象画法把它们定格在瓷墩上，形成一个瓷墩系列的五个作品，通过这五个瓷墩来表现奥运瞬间。

在制作瓷墩的过程中，赫尔佐格和德梅隆派他们的核心团队去了景德镇，找到中国陶瓷艺术大师刘远长共同设计。两个世界级的建筑大师和一个中国工艺美术大师合作，为中国的"美丽中国、美丽城市、美丽家园"贡献了一个富有创意与文化内涵的作品。这是一个记录、一种承载，也是中华文化的一次提炼。

瓷墩"一瞬间"在鸟巢展出期间，受到公众的追捧和关注，大家在这上面拍照留念、坐着休息，实际上拍照留念同样是一个操作过程。比如你坐在瓷墩上，朋友为你留影拍照，这一瞬间的图片会即时传输到大屏上。通过大屏展示人与人之间的互动，这是作品完整性的体现。它既是一个固化的艺术品，也是一个组合的艺术品，同时还是一个行为艺术作品。设计师通过组合的互动呈现，升华了艺术，很多观众和工作人员都喜欢上了这个公共艺术作品。

瓷墩完成后，赫尔佐格和德梅隆在瓷墩的底部做了题款：第五届中国国际建筑艺术双年展、中国建筑文化研究会、奥林匹克运动会组织委员会、中国工

艺美术大师刘远长和赫尔佐格。

　　赫尔佐格和德梅隆的作品"一瞬间"不仅具有公众展示意义，同时还有很高的收藏价值。两位设计师也收藏了一套完整的作品。赫尔佐格说："这组作品太珍贵、太难得了。因为过了这个时间便再没有这个机会，因为它记录了奥运历史以及现实生活的一瞬间，它定格在这一瞬，也只属于这一瞬间。"

寻源

略谈景德镇瓷业历程暨明代御器厂遗址考古发掘的重要意义

吕成龙*

众所周知，景德镇是举世闻名的瓷都。

从地理位置上看，景德镇位于今江西省东北部昌江河畔（图1），地处赣、浙、皖三省交界处，素有"赣东北门户"之称。历史上景德镇曾称"新平镇"，因位于昌江之南，故又称"昌南镇"。北宋景德年间（1004—1007）鉴于当地所产瓷器质量优良，"光致茂美"，深受人们喜爱，于是，真宗皇帝诏谕将"昌

图1　美丽的昌江

---

* 吕成龙，文化部优秀专家，享受政府特殊津贴专家。现任故宫博物院陶瓷研究所所长、中国古陶瓷学会常务理事等。荣获中共中央组织部评选的"2017年文化名家暨'四个一批'人才、国家'万人计划'哲学社会科学领军人才"称号。

南镇"正式更名为"景德镇"。从此,"景德镇"之名愈来愈为人们所熟知,而"昌南镇"一名则逐渐被人淡忘。

由于景德镇制瓷历史悠久,而且自元代开始异军突起,明清时期更是成为全国乃至世界的制瓷中心,产品行销海内外,因此景德镇几乎成为瓷器的代名词。一提瓷器,人们自然会想到景德镇;而一提景德镇,人们脑海里又自然会浮现出瓷器。

一、博采众长——明代以前景德镇瓷器生产概况

据文献记载,景德镇陶瓷烧造"始于汉世",而迄今为止在该地发现的瓷窑遗址年代最早者为唐代,当时主要烧造青釉(图2)和黑釉(图3)瓷器,产品受到越窑、长沙窑、鲁山窑等瓷窑的影响。

图2 唐青釉双系罐,景德镇乐平南窑遗址出土

图3 唐黑釉腰鼓残片,景德镇乐平南窑遗址出土

图4　五代白釉碗，景德镇湖田窑遗址出土

已发现的五代时期瓷窑数量比唐代瓷窑数量明显增多，五代时期主要烧造青釉和白釉（图4），产品主要受到当时著名瓷窑——越窑、定窑的影响。

宋代景德镇窑主要烧造青白釉瓷器（图5），兼烧黑釉瓷器。青白瓷以其釉色介于青、白之间，即青中显白，白中泛青而得名。北宋时期青白瓷的出现，是人们刻意追求青白玉这种稀有宝物的结果，当然与当时的社会时尚亦有密切关系。化学检测分析的结果表明，我国江南地区瓷釉的呈色主要与釉中氧化铁（Fe_2O_3）含量有关，当釉中氧化铁含量为5%—9%时，釉呈褐或黑色；当釉中氧化铁含量为1%—3%时，釉呈青色；当釉中氧化铁含量不到1%时，釉呈青白色。宋人已将青白瓷比作玉，南宋李清照《醉花阴》词有"佳节又重阳，玉枕纱厨，半夜凉初透"句，这里的"玉

图5　南宋青白釉刻花盘，景德镇湖田窑遗址出土

枕"即指景德镇窑青白瓷枕。成书于南宋淳熙七年（1180）的洪迈《容斋随笔》中有专门记载景德镇瓷器的内容，该书"浮梁陶器"条引彭汝砺《送许屯田》诗赞美景德镇瓷器曰："浮梁巧烧瓷，颜色比琼玖。"南宋至元之际蒋祈《陶记》曰："景德陶，昔三百余座。埏埴之器，洁白不疵，故鬻于他所，有饶玉之称。"

宋代景德镇窑青白瓷以其品貌素雅而广受世人欢迎，从国内出土情况看，产品不仅行销东南沿海、川陕各地，而且还远走漠北草原和白山黑水之间。色质如玉的景德镇窑青白瓷对江南地区瓷窑影响很大，出现了不少模仿它的瓷窑。已发现的有江西吉州窑、南丰窑、宁都窑、赣州窑、金溪窑、贵溪窑，福建德化窑、同安窑、泉州窑、永春窑、安溪窑、南安窑、莆田窑、福清窑、仙游窑、闽清窑、连江窑、浦城窑、崇安窑、光泽窑、建宁窑，广东潮州窑、广州窑、惠州窑，广西藤县窑、容县窑、桂平窑、北流窑，湖北鄂城窑、武汉窑，湖南益阳窑、衡阳窑，浙江江山窑、泰顺窑，安徽繁昌窑等，共计8个省、自治区的35个县、市，形成了一个以景德镇窑为中心的庞大的青白瓷体系，而且其堪称宋代八大瓷窑体系中影响最大者。

图6 元代青花芭蕉香瓜飞凤纹菱花口折沿盘，伊朗国家博物馆藏

图7 元代釉里红玉壶春瓶，美国大都会博物馆藏

除了内销以外，宋代景德镇青白瓷还大量外销，在东亚的日本、朝鲜，东南亚的菲律宾、马来西亚、印度尼西亚，南亚的巴基斯坦，北非的埃及等国，都曾出土过景德镇宋代青白瓷。

元代，景德镇窑异军突起，在烧造传统青白釉、黑釉瓷的基础上，还成功创烧青花（图6）、釉里红（图7）、青花釉里红（图8）、高温钴蓝釉（图9）、卵白釉（图10）瓷等新品种，显示出非凡的创造力，为明清时期景德镇制瓷业的进一步发展并成为全国乃至世界的制瓷中心奠定了基础。

图8 元代青花釉里红镂雕山石花卉纹盖罐，1964年河北省保定市元代窖藏出土，河北省博物馆藏

图9 元代蓝釉金彩月影梅纹杯，1964年河北省保定市元代窖藏出土，河北省博物馆藏

图10 元代卵白釉印花缠枝花纹盘，国家博物馆藏

尤其是元代青花瓷器，堪称中国陶瓷百花园中的一枝奇葩，虽然人们对其认识较晚，但它一经被认识，即受到人们的极大关注。其古朴浑厚的造型、精湛的绘画技法、明艳的纹饰色彩（图11、12），无不给人以淳朴豪放的审美享受。无论是博物馆还是私人收藏家，均以能拥有元代青花瓷器而感到自豪。

图11 元代青花鱼藻纹罐上所绘鳜鱼

图12 元代青花云龙纹梅瓶，2010年山东省菏泽市元代沉船出土

图13 元代青花开光花鸟草虫图八方葫芦瓶，土耳其伊斯坦布尔托普卡帕老皇宫博物馆藏

图14 元代青花麟凤穿缠枝牡丹莲花纹四系扁壶，伊朗国家博物馆藏

  元代青花瓷器是伊斯兰文化影响下的产物，当时曾大量外销，深受伊斯兰国家的喜爱，目前收藏在土耳其托普卡帕老皇宫博物馆的元代青花瓷器有40件（1件罐盖未列入统计之内），这些元代青花瓷器都是奥斯曼帝国的皇宫旧藏（图13）。现收藏在伊朗国家博物馆（原藏阿迪比尔清真寺）的元代青花瓷器有32件（图14）。这是目前已知世界上集中收藏元代青花瓷器最多的两处收藏地。

二、仿古与创新——明清时期景德镇瓷器生产概况

  明清时期，随着朝廷在景德镇设陶厂、御器（窑）厂专门烧造宫廷用瓷，一批全国最优秀的制瓷工匠聚集在这里。他们集天下名窑之大成，使用最优质的原料和燃料，参古酌今，不断研发新的瓷器品种以满足宫廷需求，御窑瓷器烧造遂呈现繁荣景象。御窑的兴盛带动了民窑的繁荣，景德镇成为全国乃至世

界的瓷业中心，当时天下至精至美之瓷器莫不出于景德镇。

嘉靖十九年（1540）"浮梁景德镇民以陶为业，聚佣至万余人"①。至万历年间，"镇上佣工，皆聚四方无籍游徒，每日不下数万人"②。万历时人王世懋（1536—1588）撰《二酉委谭摘录》记述当时景德镇景象曰："江西饶州府浮梁县，科第特盛。离县二十里许为景德镇，官窑设焉。天下窑器所聚，其民繁富甲于一省。余尝以分守督运至其地，万杵之声殷地，火光烛天，夜令人不能寝，戏目之曰'四时雷电镇'。民既富，子弟多入学校，然为窑利所夺，绝无登第者。"③

特别是景德镇御器（窑）厂所产瓷器，代表了中国乃至世界瓷器的最高水平，历来受人瞩目。景德镇也因此与以冶铁业发迹的广东佛山镇、以船码头著称的湖北汉口镇、以商贾繁兴而闻名的河南朱仙镇并称中国古代"四大名镇"。

早在明代洪武二年（1369），朝廷即在景德镇珠山设置陶厂（建文四年更名为"御器厂"，清代更名为"御窑厂"）专门烧造宫廷用瓷，直至清代最后一朝宣统，几乎历朝都曾沿袭这种制度。御器（窑）厂或由地方官监管，或由皇帝亲自简员派往督造。厂内集中了全国最优秀的制瓷工匠，按照宫廷的要求和所发给的设计样本，采用优质原料，大量烧造至精至美之瓷器。

从传世品和出土物看，明清时期景德镇瓷业生产有三个重要节点：一是明代永乐宣德时期，二是明代成化时期，三是清代康熙雍正乾隆时期。

明代洪武时期景德镇陶厂烧造的瓷器品种有青花、釉里红、釉里褐、白釉、鲜红釉、浇黄釉、霁蓝（青）釉、紫金釉、黑釉、五彩、白釉矾红彩、外酱釉里蓝釉、外鲜红釉里蓝釉、外白釉里鲜红釉、外蓝釉里鲜红釉、外白釉里蓝釉、外白釉里黑釉等至少17个品种。

永乐时期景德镇御器厂除了继续烧造洪武时期已有的青花、釉里红、鲜红釉、霁蓝（青）釉、紫金釉、黑釉、浇黄釉瓷等传统品种外，还成功地创烧出青花釉里红、青花加金彩、黄地绿彩、红地绿彩、白地绿彩、白地矾红彩、白地金彩、白地铁褐彩、绿地酱彩、霁蓝地釉里红瓷、甜白釉、仿龙泉釉、翠青

---

① 《明实录·世宗实录》卷二百四十"嘉靖十九年八月戊子"条。
② （清）白潢修、查慎行纂：《西江志》卷一四六"艺文"条引萧近高《参内监疏》。
③ （明）王世懋：《二酉委谭摘录》，载《丛书集成新编》，台北新文丰出版公司1986年版。

釉、影青釉瓷等十多个新品种。特别是永乐时期的青花瓷和鲜红釉、甜白釉瓷，工艺精湛，备受后人推崇，对后来景德镇制瓷业产生过极其重要的影响。在器物造型方面，如果说洪武御窑瓷器尚过多地带有元代瓷器胎体厚重、装饰繁缛、工艺粗率的遗风，那么，永乐御窑瓷器则基本摆脱了元代瓷器风格的影响，而变得器物大小适中、胎体厚薄适度、工艺日趋精湛、造型更加丰富。

宣德一朝（1426—1435）历时虽仅有短暂的十年，但由于这期间没有大的天灾人祸，加之宣德皇帝（1398—1435）治国有方、深谙艺术，使这一时期各门类工艺美术几乎都取得了非凡成就。景德镇御器厂在永乐时期已奠定的基础上，获得更大发展。从大量传世和出土的宣德御窑瓷器看，此时景德镇御器厂除了继续烧造传统的青花、釉里红、青花釉里红、鲜红釉、甜白釉、霁蓝（青）釉、霁蓝（青）釉白花、黑釉、紫金釉、仿龙泉釉、孔雀绿釉、浇黄釉、孔雀绿釉青花、黄地绿彩、白地铁褐彩、白地矾红彩瓷等至少16个品种以外，还成功地创烧出洒蓝釉、瓜皮绿釉、淡茄皮紫釉、天青釉、铁红釉、仿汝釉、仿哥釉、鲜红釉描金、白地局部鲜红釉（宝烧）、青花五彩、青花加矾红彩、青花加金彩、黄地青花、白地黄彩、白地铁钴铜点彩等至少15个新品种。可谓品类丰富，洋洋大观。特别是宣德时期的鲜红釉、甜白釉、祭蓝（青）釉瓷，被后人誉为"三大名品"。

永乐、宣德时期的青花瓷器造型繁多、胎体厚薄适度、胎质洁白、釉质莹润、青花发色浓艳、装饰题材丰富、画面布局疏密有致、文人气息浓郁，被推为明代青花瓷器之冠。

实际上，明清两代景德镇御器（窑）厂所产瓷器品种中的绝大多数在永乐、宣德时期都已具备。

永乐、宣德御窑瓷器造型繁多，其中最引人注目的是模仿伊斯兰国家的黄铜、玉器、陶器造型和纹饰大量烧造的甜白釉或青花无当尊（图15）、鱼篓尊（图16）、双系活环大背壶（图17）、绶带耳葫芦扁瓶、如意耳扁瓶（图18）、方流执壶（图19）、绶带耳蒜头口扁壶、花浇（图20）、折沿盆（洋帽洗）（图21）、方腹委角瓶（图22）、八方烛台（图23）、笔盒（图24）等，给人耳目一新之感，显示出永乐、宣德时期景德镇御器厂擅于吸收优秀外来文化创造崭新陶瓷艺术品的能力，为中国传统陶瓷造型增添了新的活力。

| 寻源 | 略谈景德镇瓷业历程暨明代御器厂遗址考古发掘的重要意义

图 15-1 明永乐甜白釉无当尊，1983 年出土于景德镇市珠山，景德镇市陶瓷考古研究所藏

图 15-2 明永乐青花阿拉伯文花卉纹无当尊，故宫博物院藏

图 16 14 世纪黄铜錾刻阿拉伯文鱼篓尊，英国伦敦大维德基金会藏

图 17 明永乐青花花卉几何纹双系活环大背壶（形），故宫博物院藏

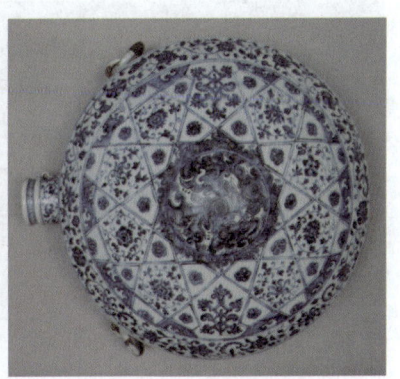

图 18　明永乐青花茶花图如意耳扁壶，故宫博物院藏

图 19　明宣德款青花缠枝花纹方流执壶，1984 年出土于景德镇市珠山

图 20　明永乐青花缠枝花纹花浇与 14 世纪伊斯兰黄铜鎏金花浇

图 21　黄铜镶嵌金、银人物故事图折沿盆，埃及或叙利亚，约 1320—1340 年，高 23.2 厘米，口径 50.5 厘米，1832 年入藏法国卢浮宫

| 寻源 | 略谈景德镇瓷业历程暨明代御器厂遗址考古发掘的重要意义

图22 明宣德青花缠枝牵牛花纹方腹委角瓶

图23 明宣德青花折枝花纹八方烛台，故宫博物院藏

图24 明永乐青花包镶黄铜嵌宝石笔盒，土耳其托普卡帕老皇宫博物馆藏

从传世品和出土物看，成化时期景德镇御器厂烧造的瓷器不但数量大、品种多，而且与以往御窑瓷器相比，其艺术风格也有很大转变，素以造型俊秀、胎釉精细、工艺精湛、装饰文雅而著称于世。

成化御窑所产瓷器品种见有白地青花、黄地青花、孔雀绿釉青花、青花加矾红彩、釉里红、青花釉里红、五彩、斗彩、白釉、鲜红釉、鲜红釉拔白、霁蓝釉、霁蓝地白花、仿哥釉、酱釉、孔雀绿釉、浇黄釉、瓜皮绿釉、白釉酱彩、白地绿彩、白地矾红彩、白地黄彩、黄地紫彩、黄地矾红彩、黄地绿彩、矾红地绿彩、洒蓝地孔雀绿釉、素三彩、珐花等至少29个品种。其中以青花瓷器和斗彩瓷器最受世人称道。

科学测试表明，成化御窑青花瓷釉中氧化铁（Fe_2O_3）、氧化钙（CaO）含量不仅比元代至明代宣德青花瓷器低，而且比后来嘉靖青花瓷器低，致使胎质更显洁白细腻。[①]其釉色大致可分为白中微闪灰青和白里微闪牙黄两类，白度都比宣德御窑青花瓷器高，特别是光泽度比宣德御窑青花瓷器柔润温和、玉质感极强。[②]因此，成化御窑瓷器质量堪称明代御窑瓷器之冠。

从文献记载来看，典型成化御窑青花瓷器所用青料是产于今江西省乐平市的"平等青"，亦称"陂塘青"。由于这种青料中氧化铁（Fe_2O_3）含量较低，氧化锰（MnO_2）含量较高，致使图案纹饰中基本不再呈现明初永乐、宣德御窑典型青花瓷器因使用进口"苏麻离青料"（高铁低锰）描绘纹饰所呈现的氧化铁结晶斑，而是呈现柔和、淡雅、清爽的蓝色，形成此朝青花瓷器的典型风格（图25）。

成化御窑斗彩瓷器声誉极高。其胎体轻薄、胎质洁白细腻，釉色青白或乳白、釉质温润如凝脂。彩料纯正，画技高超，彩

图25　明成化款青花怪石茶花图碗，故宫博物院藏

[①] 参见李国桢、郭演仪：《中国名瓷工艺基础》，上海科学技术出版社1988年版。
[②] 参见刘新园：《景德镇出土明成化官窑遗迹与遗物之研究》，载景德镇市陶瓷考古研究所、香港徐氏艺术馆编：《成窑遗珍——景德镇珠山出土成化官窑瓷器》，1993年。

色润而不燥、柔和悦目（图26）。制作工艺精湛，器物表里处理精致如一。总体风格是轻盈秀丽、恬淡雅致、精巧可人，尽显阴柔之美，玩赏性大于实用性，摩挲把玩，使人爱不释手（图27）。

图26　明成化斗彩团莲纹高足杯，故宫博物院藏　图27　明成化斗彩团莲纹盖罐，故宫博物院藏

清朝统治者入关定鼎北京后，励精图治，迎来了17世纪下半叶延及整个18世纪的"康乾盛世"，中国的瓷业生产也随着盛世的到来，步入黄金时代。

清代景德镇御窑厂在顺治时已恢复，但时烧时停，直到康熙十九年（1680）才走上正轨。在历朝皇帝的关注下，经刘源（图28）、臧应选、安尚义、郎廷极（1663—1715）（图29）、年希尧（？—1738年）、唐英（1682—1756）（图30）、催总老格等人的苦心经营，取得了巨大成就。

关于清代御窑厂的烧造数量和耗费，确切数字虽无法统计，但

图28　清康熙四年（1665）张远绘刘源像，浙江省博物馆藏

图29 清吕学绘《郎廷极行乐图卷》(局部),青岛市博物馆藏

图30 清乾隆十五年(1750)安徽人汪南桥以湖北京山石雕刻唐英课子像,唐英时年69岁

从有关文献记载中可略窥一斑。乾隆四年(1739)督陶官唐英撰写的《瓷务事宜示谕稿·序》曰:"余于雍正六年奉差督陶江右……迄雍正十三年,计费帑金数万两,制进圆、琢等器不下三四十万件。"雍正十三年(1735)唐英在所撰《陶成纪事》中对这方面的记载更为详细,当时每年秋冬两季向宫廷解送圆、琢器皿六百余箱。其中盘、碗、钟、碟等上色圆器一万六七千件,其落选之次色尚有六七万件不等。瓶、罍、罇、尊、彝等上色琢器二千余件,尚有落选次色二三千件不等。至于每月初二、二十六两期解送淮关总管年(即年希尧)处呈样,或十数件、或六七件不等。所有次色器皿一并装桶解京,以备赏用。这些产品大约由三百人(包括辅助工和办事人员)完成。御窑厂每年的总支出是八千两银子,由淮安板闸关支付。

与明代相比,清代景德镇的民营瓷业也获得较大发展。乾隆八年(1743)督陶官唐英在所撰《陶冶图说》中记载了当时的实况:"景德一镇,僻处浮梁邑境,周袤十余里,山环水绕。中央一洲,缘瓷产其地,商贩毕集,民窑二三百

图 31-1 《陶冶图说》之"祀神酬愿"图　　图 31-2 《陶冶图说》之"祀神酬愿"说明文字

区,终岁烟火相望,工匠人夫不下数十余万,靡不藉瓷资生。"(图31)

康熙、雍正、乾隆三朝皇帝均深谙汉族文化,对当时御用瓷器烧造亦都表现出很大兴趣。

经康熙皇帝倡导,宫廷内务府造办处珐琅作将当时从欧洲进口的铜胎画珐琅的绘画技法成功移植到瓷胎和紫砂胎上,创烧出瓷胎画珐琅(俗称"珐琅彩""古月轩")、宜兴紫砂胎画珐琅。此绘画技法对随后洋彩、粉彩瓷器的创烧产生直接影响。

雍正皇帝对御用瓷器烧造曾表现出浓厚兴趣。从《养心殿造办处各作成做活计清档》(以下简称《清档》)来看,雍正皇帝曾频频降旨指导景德镇御窑厂和清宫造办处的瓷器制作,内容涉及瓷器制作的工艺、造型、釉色、纹饰、色彩、款识等各方面。如在瓷器制作工艺方面,雍正皇帝得知瓷器在胎体成型后若放置几年再入窑烧造质量会更好这一情况后,曾立即传旨命手下人通知负责御窑瓷器制作的内务府总管年希尧知晓。后来在年希尧的奏折上,雍正又亲自朱批使其知晓。

乾隆皇帝热衷于各类艺术品制作,对瓷器烧造更是情有独钟,这从其所作199首咏瓷诗中即可略见一斑。乾隆皇帝对瓷器的关心有时具体到一件瓷器的造型、纹饰、颜色甚至款识。

清代景德镇御窑厂与明代御器厂一样亦设23个作坊，但其中的仿古作和创新作是明代所没有的作坊，这就决定了清代瓷器烧造总的特点是仿古加创新。特别是康熙、雍正、乾隆三朝，不仅恢复了明代御窑瓷器中所有的花色品种，而且还创烧出大量新品种。

雍正十三年（1735）督陶官唐英在所撰《陶成纪事》中，归纳当时景德镇御窑厂烧造瓷器的花色品种已达57种之多。康熙、雍正、乾隆三朝模仿古代彩瓷和颜色釉瓷品种主要有仿明代永、宣、成、嘉窑青花瓷，仿成化斗彩瓷，仿宋代汝、官、哥、定、钧、龙泉釉瓷等。传统品种有青花、釉里红、青花釉里红、青花加矾红彩、五彩、斗彩、各种杂彩、霁红釉、霁蓝釉、紫金釉、洒蓝釉、浇黄釉、浇绿釉、浇紫釉、孔雀绿釉、矾红釉瓷等。新创烧的彩瓷和颜色釉瓷品种主要有珐琅彩、洋彩、郎窑红釉、豇豆红釉、天蓝釉、釉里三色、窑变釉、仿古玉釉、仿木纹釉、仿斑花石釉、炉钧釉、蛋黄釉、米黄釉、秋葵绿釉、虎皮三彩、珊瑚红釉、金红釉、金釉、银釉、仿古铜彩、仿雕漆、仿朱漆、像生瓷等。

从传世品看，康熙时典型的青花瓷是以国产上等浙料或珠明料以分水画法描绘纹饰，浓淡相宜，图案呈色鲜丽明艳，富有立体感，将青花这门艺术推向一个新的境界（图32）。

康熙五彩瓷器的重大突破是发明了釉上蓝彩，促成了纯釉上五彩瓷器的盛行，改变了明代及清初五彩瓷器以青花五彩占主导地位的局面（图33）。

康熙珐琅彩瓷器使用的是从欧洲进

图32 清康熙青花铜雀台比武图棒槌瓶

口的珐琅料，以蓝、红、黄等色料作地，以工笔技法描绘各种花卉，物像逼真，其效果与当时的铜胎画珐琅相似（图34）。其宜兴紫砂胎珐琅彩更是独具一格（图35）。

雍正、乾隆时的珐琅彩瓷器，多在白色釉地上直接彩绘，所绘题材多为山水、花卉，画面布局讲究，空白处常题写诗句并钤以朱文或白文闲章，俨然一幅作在宣纸上的文人画（图36）。

雍正、乾隆时的斗彩瓷器，不同于以往的釉下青花与釉上五彩相结合，而是将当时的珐琅彩引入画面，遂呈现柔润富丽的艺术效果。

雍正时的青釉瓷器，呈色稳定，烧造技术达到历史上最成熟阶段。

乾隆朝开始盛行的洋彩（俗称"粉彩"）瓷器，使用珐琅料，采用西洋绘画技法描绘图案纹饰，使所绘物像更加逼真，开创了瓷器釉上彩装饰的新局面（图37）。

图33 清康熙五彩花鸟图笔筒

图34 清康熙蓝地珐琅彩花卉纹福山寿海碗，沈阳故宫博物院藏

图35 清康熙紫砂胎珐琅彩花卉纹执壶，台北"故宫博物院"藏

图36 清雍正款珐琅彩锦鸡牡丹图碗，故宫博物院藏

乾隆时期还发展了特种制瓷工艺，各种转心瓶、转颈瓶、交泰瓶、套瓶等，技艺精湛，构思巧妙，令人叹为观止。而仿核桃、樱桃、柑橘、桑葚、花生、瓜子等各种水果、干果，以及仿螃蟹、海螺等的像生瓷（图38），还有仿漆釉、斑花石釉、木纹釉、古铜彩等，均惟妙惟肖，足以乱真。

清代自乾隆朝以后，社会经济状况日渐衰微。尤其是清代晚期，内忧外患接踵而来，瓷器生产亦每况愈下，只是延续康、雍、乾时的一少部分品种，已无创新可言。

总之，在景德镇一千多年的制瓷历史进程中，仿古（或者说"继承"）和创新是永恒的主题。这一发展历程又与帝王的艺术修养、国力的强弱和对外经济、文化交流的程度等有密切关系。深入研究景德镇瓷器生产的历史进程和影响，对于如何搞好当今景德镇瓷器产业和制定未来发展规划，都将大有裨益。

图37 清乾隆胭脂红地洋彩开光八仙庆寿图灯笼尊

图38 清乾隆洋彩像生螃蟹果品盘，故宫博物院藏

三、景德镇明代御器厂遗址考古发掘的重要意义

由于瓷器易碎,在日常使用和朝代更替过程中,有不少瓷器被损耗。至清代末年,虽说仍有大量明清御窑瓷器被保存下来,现主要收藏在故宫博物院、台北"故宫博物院",还有一部分暂存南京博物院及国内外其他博物馆,私人手中亦有不少收藏,但毕竟无法反映当时御器(窑)厂生产的真实情况。因此,古陶瓷研究者把希望寄托在对景德镇御器(窑)厂遗址进行考古发掘上。

自20世纪70年代以来,景德镇市陶瓷考古研究所配合以珠山为中心的景德镇市政府大院基本建设工程,先后发现了明代洪武、永乐、宣德、正统、成化、正德等朝御用瓷器落选品的遗迹、相关遗物和部分窑炉遗址,经抢救发掘,获得数十吨御用瓷器落选后被打碎丢弃的残片,黏合复原出数以千计的御窑瓷器,这对于深入研究明代御窑产品和御窑制度具有非常重要的意义。笔者认为,对景德镇明代御器厂遗址进行考古发掘的重要意义主要体现在以下几个方面。

(一)极大地推进了明代御窑瓷器的研究

景德镇御器厂遗址出土的数以吨计的瓷片和窑具标本(其中已修复成整器的多达上千件)对于深入研究明代御窑具有非常重要的意义,使过去仅凭文献和传世品进行研究的局限性得以突破,以往一些在学术上因谨慎而不敢下的结论可以理直气壮地做出了。以下仅举两例。

1. 解决了学界长期争论不休的明代御器厂最早设立于何时的问题

关于明代御器厂设置的年代,文献记载有洪武二年(1369)和洪武三十五年(1402)两种说法,长期以来没有定论。

清嘉庆二十年(1815)蓝浦撰《景德镇陶录》卷一"图说"之"景德镇图"曰:"明洪武二年(蓝氏自注:《江西省大志》作三十五年)就镇之珠山设御窑厂,置官监督烧造解京。国朝因之,沿旧名。"

该书卷五"景德镇历代窑考"之"明洪窑"条曰:"洪武二年设厂于镇之珠山麓,制陶供上方,称官瓷,以别民窑。"

清乾隆七年《浮梁县志》"建置"之"景德镇厂署"条曰:"御器厂建于里仁都珠山之南,明洪武二年设厂制陶,以供尚方之用。"

明嘉靖年间王宗沐撰《江西省大志·陶书》曰:"洪武三十五年始开窑烧造,解京供用,有御厂一所,官窑二十座。"

刘新园先生利用景德镇珠山出土的大量洪武时期御用瓷器遗物结合文献记载进行深入研究,认为明代御器厂设置于洪武二年说可信。[①] 刘新园先生在文献方面的主要依据是《明实录·太祖实录》、《明史》中有关洪武元年至洪武十三年朱元璋曾将大量瓷器用作祭祀用器、与外国交换良马用器和赏赐外国国王、贡使的礼品等。在实物方面的主要依据是明代御器厂东院遗址第七文化层出土了一块有"监工浮梁县丞赵万初"题记的黑釉板瓦。清康熙《浮梁县志》卷五"官制"载:"(洪武)二年复为县为丞。赵万初,咸阳人;陈登,有传。"因此,洪武二年,赵万初成为浮梁历史上第一任县丞。

2. 解决了明代御窑瓷器款识研究中的一些问题

对于明代御窑瓷器上何时开始署正规年款,以往只是推论洪武时期尚未开始,最早可能从永乐朝开始。景德镇明代御器厂遗址出土的大量实物资料证明了这一推论的正确。即部分永乐御窑瓷器上署篆体"永乐年制"四字年款的做法,首次将明清时期御用瓷器打上了类似皇家商标性质的"烙印",开启了明清两代御窑瓷器署正规帝王年号款之先河。

永乐时期景德镇御器厂所烧造的瓷器大都不署年款,少部分所署年款可分为青花料书写款、锥拱款和模印款三种。款识字体均为篆体,不见楷体。内容仅见"永乐年制"四字,不见"大明永乐年制"六字,目前所见署六字年款者,不论字体是楷体还是篆体,皆为伪款。

景德镇珠山明代御器厂遗址出土物还证明明代御窑瓷器上所署"大明××

---

① 参见刘新园:《景德镇珠山出土明初与永乐官窑瓷器之研究》,载《景德镇出土明初官窑瓷器》,台北鸿禧艺术文教基金会1996年版。

年制"六字双行外围双圈款这一明清御窑瓷器上使用最多且久的款式，始自宣德时期。明代正统、景泰、天顺三朝御窑瓷器上均不署正规年款，故凡署"大明正统年制"、"正统年制"、"大明景泰年制"、"景泰年制"、"大明天顺年制"、"天顺年制"款者皆为后仿品。成化御窑瓷器上所署楷体"大明成化年制"六字双行外围双方框款开启了明清御窑瓷器上署此种款式年款之先河。成化御窑瓷器上的年款均为"大明成化年制"楷体六字款，不见署"成化年制"四字年款者。

（二）印证了大量传世明代御窑瓷器

景德镇珠山出土的明代洪武、永乐、宣德、成化、正德等朝御用瓷器中有很多可与传世品相互印证。如洪武青花花卉纹瓜棱石榴尊、永乐青花海水江崖图大香炉、永乐青花缠枝莲纹盖罐（图39）、永乐青花缠枝莲纹双系小罐、永乐青花海水刻白龙纹扁壶（图40）、永乐青花开光折枝花果图执壶、永乐青花菊

图39 明永乐青花缠枝莲纹盖罐，故宫博物院藏

图40 明永乐青花海水白龙纹扁壶，故宫博物院藏

图41 明永乐青花折枝莲纹折沿盘，故宫博物院藏

图42 明宣德青花团花绶带耳葫芦扁壶，1982年出土于景德镇珠山，景德镇市陶瓷考古研究所藏

图43 明宣德青花缠枝花纹花浇，故宫博物院藏

图44 明宣德青花缠枝萱草纹香宝子，故宫博物院藏

瓣缠枝花纹碗、永乐青花折枝莲纹折沿盘（图41）、永乐青花松树野景图盘、永乐青花香瓜图折沿盘、宣德青花网格纹钵、宣德青花缠枝莲托八吉祥纹藏文僧帽壶、宣德青花龙穿缠枝莲纹藏文僧帽壶、宣德青花团花绶带耳葫芦扁壶（图42）、宣德青花缠枝花纹花浇（图43）、宣德青花云龙纹钵、宣德青花团龙纹葵花式洗、宣德青花缠枝萱草纹香宝子（图44）、宣德青花龙穿缠枝莲纹高足碗、宣德青花海水异兽图高足杯、宣德青花把莲图菱花式折沿盘、宣德鲜红釉碗（图45）、宣德霁蓝釉白花鱼藻纹盘、宣德霁蓝釉白花折枝石榴花纹盘、宣德洒蓝釉暗划海水云龙纹钵（图46）、宣德洒蓝釉暗划鱼莲图碗、宣德孔雀绿釉盘（图47）、宣德釉里红宝烧三果纹高足杯（图48）等。

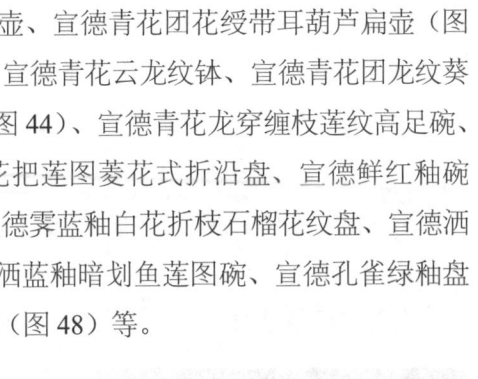

图45　明宣德鲜红釉碗，台北"故宫博物院"藏

图46　明宣德洒蓝釉暗划海水云龙纹钵，天津博物馆藏

图47　明宣德孔雀绿釉盘，台北"故宫博物院"藏

图48　明宣德釉里红宝烧三果纹高足杯，台北"故宫博物院"藏

人们往往会认为所谓相同的作品其造型和纹饰应完全一致，但事实却与人们的想象不一样。仔细比对可以发现，所谓造型、纹饰相同的作品，其实纹饰并不是百分之百完全一致，只能说是大致相同，其细部总会有变化。这或许是当时有意为之，反映了明代御用瓷器在图案纹饰方面追求大体则有、细部变化的时代风貌，也反映了当时人们的审美趣味。

（三）弥补了传世明代御窑瓷器中的欠缺

在景德镇珠山明代御器厂遗址发掘出土的御用瓷器中，除了大量可与传世品相互印证的以外，也有不少不见于传世品中，这类器物对于全面了解当时景德镇御器厂的烧造品种具有非常重要的意义。如永乐甜白釉镂空三壶连通器、高达78厘米的永乐甜白釉铺首耳长颈盘口瓶（图49）、永乐甜白釉浮雕莲瓣纹束腰三足器座、永乐鲜红釉印折枝花果纹盖盒（图50）、永乐釉里红暗刻海水云龙纹梅瓶（图51）、永乐黑釉小方盒、永乐二十一年黑釉双耳香炉（图52）、永乐白地绿彩灵芝竹叶纹器座（图53）、永乐鲜红釉暗花海水云龙纹梅瓶（图54）、宣德鲜红釉椭圆水仙盆（图55）、宣德鲜红釉桃形执壶、宣德

图49　明永乐甜白釉铺首耳长颈盘口瓶，1983年出土于景德镇珠山

图50　明永乐鲜红釉印折枝花果纹盖盒，2003年出土于景德镇珠山，景德镇市陶瓷考古研究所藏

| 寻源 | 略谈景德镇瓷业历程暨明代御器厂遗址考古发掘的重要意义

图51 明永乐釉里红暗刻海水云龙纹梅瓶，2003年出土于景德镇珠山，景德镇市陶瓷考古研究所藏

图52 明永乐二十一年黑釉双耳香炉，1999年出土于景德镇珠山，景德镇市陶瓷考古研究所藏

图53 明永乐白地绿彩灵芝竹叶纹器座，1994年出土于景德镇珠山，景德镇市陶瓷考古研究所藏

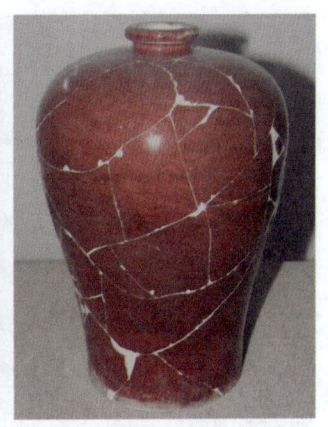

图54 明永乐鲜红釉暗花海水云龙纹梅瓶，2003年出土于景德镇珠山，景德镇市陶瓷考古研究所藏

图55 明宣德鲜红釉椭圆水仙盆，1993年出土于景德镇珠山，景德镇市陶瓷考古研究所藏

图56 明成化素三彩鸭式香薰，1987年出土于景德镇珠山，景德镇市陶瓷考古研究所藏

酱釉椭圆水仙盆、宣德霁蓝釉僧帽壶、成化青花龙穿缠枝莲纹直颈瓶、成化红地绿彩缠枝灵芝纹双耳三足香炉、成化白地绿彩缠枝灵芝纹双耳三足香炉、成化素三彩鸭式香薰（图56）等。

对传世和出土的永乐、宣德御窑瓷器进行综合研究可以发现，永乐时期景德镇御器厂除了继续烧造此前已有的青花、釉里红、鲜红釉、霁蓝（青）釉、紫金釉、黑釉瓷等传统品种外，还成功地创烧出青花釉里红、青花加金彩、黄地绿彩、红地绿彩、白地绿彩、白地矾红彩、白地金彩、绿地酱彩瓷、甜白釉、仿龙泉釉、翠青釉瓷等十多个新品种。特别是永乐时期的青花瓷、鲜红釉、甜白釉瓷，质量精美，备受后人推崇，对后来景德镇制瓷业产生过极其重要的影响。在器物造型方面，新的器形层出不穷，尤其是模仿伊斯兰国家黄铜、玉器、陶器造型和纹饰大量烧造的甜白釉或青花无当尊、双系活环背壶、绶带耳葫芦扁壶、如意耳扁壶、方流执壶、绶带耳蒜头口扁壶、花浇、折沿盆（洋帽洗）、委角方瓶、八方烛台、笔盒等，显示出永乐时期景德镇御器厂擅于吸收优秀外来文化创造崭新陶瓷艺术品的能力，为中国传统陶瓷造型增添了活力。

上述说明，如果未对明代景德镇御器厂遗址进行考古发掘，仅凭文献记载和传世品根本无法做出这样的统计。

（四）印证了文献中的一些明代叙事

长期以来，学者们在研究明代景德镇御窑瓷器时，有些问题由于没有实物资料印证，只能根据文献记载来说明，致使所得结论缺乏说服力。景德镇珠山明代御器厂遗址发掘出土的瓷器使文献记载中的不少问题得到印证。以下仅举两例。

1. 印证了关于明代宣德皇帝喜爱斗蟋蟀一事

沈德符（1578—1642）撰《万历野获编》卷二十四"技艺"条曰："我朝宣宗最娴此戏，曾密诏苏州知府况钟进千个。"[①]蒲松龄（1640—1715）撰《促织》曰："宣德间，宫中尚促织之戏，岁征民间。"[②]既然明代宣德皇帝喜欢斗蟋蟀，那么按常理说，应该有大量实物印证此事，但传世宣德时期御窑蟋蟀罐极少，尤其是故宫博物院所藏清宫遗留瓷器中更无一件。虽然有学者根据文献记载，认为这很可能是因为宣德皇帝死后其母亲张太后"命将宫中一切玩好之物、不急之务悉皆罢去"[③]所致，但毕竟缺乏物证。1993 年景德镇珠山出土一大批宣德御窑蟋蟀罐（图 57），品种有青花、仿哥釉、仿汝釉、仿龙泉釉等[④]，其中青花蟋蟀罐的纹饰很丰富，计有海怪、瑞兽、螭龙、云龙、云凤、鹰、雁、汀州鸳鸯、汀州白鹭、汀州竹鸡、鸳鸯莲池、黄鹂白鹭、果树小鸟、缠枝牡丹、松竹梅、香瓜、癞瓜

图 57　明宣德御窑青花蟋蟀罐，1993 年出土于景德镇珠山，2011 年 10 月 21 日吕成龙摄于景德镇珠山龙珠阁

---

① （明）沈德符：《万历野获编》卷二十四"技艺"条，中华书局 1997 年版。
② （清）蒲松龄：《聊斋志异》，中华书局 2010 年版。
③ （明）李贤：《古穰集》卷二十八"杂录"条，载《景印文渊阁四库全书》第 1244 册，台湾商务印书馆 1987 年版。
④ 参见刘新园：《明宣德官窑蟋蟀罐》，台北艺术家出版社 1995 年版。

图 58　明宣德御窑青花松竹梅图蟋蟀罐，1993 年出土于景德镇珠山，2011 年 10 月 21 日吕成龙摄于景德镇珠山龙珠阁

等，均画意清新、画面优美，且绝大多数蟋蟀罐的盖内和罐外底均署有青花楷体"大明宣德年制"款（图 58）。这批蟋蟀罐的出土，印证了文献关于宣德皇帝喜欢斗蟋蟀的记载。

2. 印证了正统年间烧造青花白地龙缸一事

据《明史·食货志》记载，正统年间，"宫殿告竣，命造九龙九凤膳案诸器，既又造青龙白地花缸。王振以为堊，遣锦衣卫指挥提督官、敕中官往都更造"。

这是说永乐十九年（1421）春天，永乐皇帝刚刚完成迁都北京的浩大工程不久，一场大雨引发雷火，顷刻间将刚刚建好的紫禁城内奉天、谨身、华盖三大殿化为灰烬。三大殿是皇宫内的主体建筑，可想而知这一事件对朱棣的打击相当大。当时有大臣借题发挥攻击迁都之事，朱棣大开杀戒才将事件平息。然而，朱棣感觉当时已没力量将造价昂贵的三大殿修复起来，所以从迁都北京的第二年春天开始，他只好到太和门上朝、办公，直到去世。

1988 年 1 月，景德镇市陶瓷考古研究所在珠山以西明御器厂西墙外的东司岭发现一巷道，巷道中堆满了瓷片，在成化与宣德堆积层之间发现了正统堆积层，出土大量青花云龙纹缸残片（图 59），这些残片有的可以复原，复原后发

图59　明正统青花云龙纹缸残片，1988年出土于景德镇珠山，2007年9月14日吕成龙摄于景德镇祥集上弄景德镇市陶瓷考古研究所

图60　明正统青花云龙纹缸，1988年出土于景德镇珠山，北京大学塞克勒考古与艺术博物馆藏

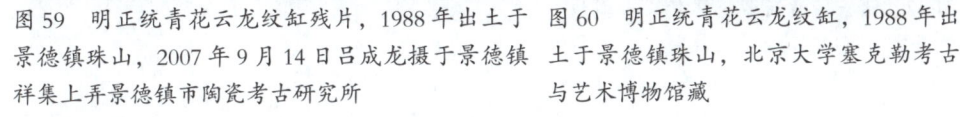

现这种大缸（图60）高75厘米、腹径88厘米。形体之大，绝无仅有，这种大缸即为上述文献记载的"青龙白地花缸"。出土如此多的龙缸残片，说明当时龙缸烧成难度非常之大。

（五）期待景德镇珠山明清御窑厂遗址有更多考古发现

迄今为止，景德镇珠山明代御器厂遗址虽经过几次考古发掘，但都是为配合基本建设工程而进行的局部考古发掘，因此，尚不能全面反映明清时期景德镇御器（窑）厂所烧造瓷器的详细情况。例如，在传世和出土的明代永乐、宣德、成化御窑瓷器中，就有在御器厂遗址已发掘出土品中所不见者，像永乐青花缠枝莲纹压手杯（图61）、宣德青花蓝查体梵文出戟法轮

图61　明永乐青花缠枝莲纹压手杯（狮球心），故宫博物院藏

盖罐（图62）、成化斗彩蔓草纹瓶等。这可能是因为当时根本就没有废品，但更大的可能是考古发掘的局限性所造成。

笔者认为，鉴于景德镇珠山明清御器（窑）厂遗址在中国乃至世界陶瓷文化中所占据的独一无二的重要地位，一定要加大保护力度，而且完全有资格申报世界文化遗产加以保护和宣传，以使其荫及子孙后代。

图62 明宣德青花蓝查体梵文出戟法轮盖罐（形），故宫博物院藏

浅析景德镇御窑厂遗址申报世界文化遗产的价值与意义

余乐明[*]

中国是世界著名的陶瓷古国，两万年前，江西万年仙人洞的先民生产出了世界上最早的陶器，成为人类历史上一项最伟大的发明之一。从原始捏塑制作

图1　东汉灵帝熹平五年（176）纪年墓出土青瓷罐，景德镇东流出土

图2　中华第一陶，江西万年出土

---

[*] 余乐明，现任景德镇市申报世界文化遗产领导小组办公室主任。

粗陶，到精炼胎土拉坯成型，陶瓷相继经历了红陶、黑陶、印纹陶、原始瓷器和早期青瓷的发展阶段。陶器的发明对推动人类文明进程做出了卓越贡献，特别是东汉时期创烧的青釉瓷器问世后，其精湛的制作技艺和附着在陶瓷载体上的釉面装饰艺术及文化是人类物质文化史上一个重要的研究对象。

由于我国幅员辽阔，陶瓷生产历史十分悠久，从北到南历史上涌现出不少著名的窑口。但纵观景德镇外的各个窑口，都是代表一定历史区间内的兴盛，没有形成历史的延续性。也正是由于历史的延续和发展，尤其是明代御窑的设立，造就了景德镇窑口与其他窑口的不同点和特殊的文化意义。下面就景德镇御窑厂遗址结合申报世界文化遗产的价值和意义做一个专题性的浅析。

一、景德镇陶瓷发展的脉络

据志书记载，东晋成帝咸和五年（330），景德镇史称"新平镇"。唐武德四年（621），因新平镇在昌江之南，改称为"昌南镇"。北宋时期，昌南镇生产的瓷器得到了宋真宗皇帝的赏识，便将昌南镇改名为"景德镇"。据《宋会要辑稿》记载："江东东路饶州浮梁县景德镇，景德元年置。"故景德镇名称始于宋景德元年（1004）。1949年，新中国成立后，景德镇单独建市，1953年，国家政务院批准景德镇市为江西省的直辖市。

经目前的窑址发掘和考古资料佐证，景德镇的制瓷历史创始时间为公元9世纪前半叶。2011—2012年对景德镇南窑进行的全面调查和重点勘探表明，南窑窑厂始烧于中唐，兴盛于中晚唐，衰落于晚唐，烧造时间集中在公元800—900年，距今有1200多年的烧造历史，是目前已发现景德镇辖区内最早的瓷业遗存。这对研究探索景德镇早期窑业的技术源流、传播与影响，意义十分重大。

20世纪50年代先后发现的景德镇兰田窑、杨梅亭、白虎湾、黄泥头等五代窑址主要烧造青瓷和白瓷。北宋时期，景德镇湖田、湘湖、南市街、柳家湾等窑口创烧了一种独特风格的青白瓷，其中优质瓷又称为"影青瓷"。青白瓷在原料选择、制瓷工艺以及装饰纹样等各个方面都达到了相当的高度，可以说它比

图 3　元卵白釉狮耳罐，景德镇中国陶瓷博物馆藏

图 4　元青花缠枝牡丹纹瓶，景德镇中国陶瓷博物馆藏

较集中地代表了宋代的烧瓷水平。

　　清代蓝浦在《景德镇陶录》卷五"历代窑考"一节中记有景德镇的两处唐初窑——"陶窑"和"霍窑"，但由于目前还没有发现的窑址可佐证，故只能存疑，有待后人去证明。

　　进入元代后，元代政权在景德镇设立"浮梁瓷局"。《元史》记载："浮梁瓷局，秩正九品，至元十五年（1278）立。"创烧出卵白色的"枢府"釉瓷，青花和釉里红，红、蓝釉瓷，在工艺和装饰方面都达到了相当成熟的水平，是中国制瓷史上划时代的事件，也使景德镇迎来了瓷业发展的空前繁荣。

　　明清两代是景德镇日趋繁荣，由"业陶都会"向"瓷业中心"发展的兴旺时期。明代宋应星在《天工开物》中记载："若夫中华四裔驰名猎取

图 5　明宣德青花葡萄纹菱口盘，景德镇中国陶瓷博物馆藏

者,皆饶郡浮梁景德镇之产也。"由于所产瓷器数量大、品种多、质量高、销路广,在器型、釉色、装饰等方面都达到了很高境界,所以景德镇不仅担负宫廷御器和朝廷对内、对外赐赏的全部官窑器制作,而且还满足国内外市场的需求。美国历史学家罗伯特·芬雷(Robert Finlay)在他的《青花瓷的故事》中描述道:"运瓷日夜忙,御器尽出此;官府如云来,商贾无闲暇","景德镇掌控了全球瓷器市场,不仅仅因为产品精良,也因为生产规模与组织先进。它代表了在蒸汽带动的机器年代来到之前,手工艺产业的最高峰,大规模集中制造生产最壮盛的成就",说明景德镇当时在全国乃至世界都占据着制瓷中心的地位。

图6 明宣德青花折枝花纹葵口斗笠碗,景德镇中国陶瓷博物馆藏

图7 清代青花山水外销瓷盘,景德镇中国陶瓷博物馆藏

二、御窑厂遗址的特征

据清乾隆二年(1737)《浮梁县志·建置·景德镇厂署》记载,明洪武二年(1369),朝廷在景德镇设"御窑厂",它是明清两代御用瓷器的专门制造场所,持续为明清两朝宫廷供奉瓷器542年,直至清宣统三年(1911),辛亥革命推翻帝制后,御窑制度废除,御窑厂随之解体。

景德镇御窑厂被誉为瓷国皇冠上的明珠,在中国乃至世界范围内,御窑厂的规模之大、持续时间之长、体制之特殊、影响之大,都是独一无二的。景德镇御窑厂所产瓷器原料上乘、工艺精湛、烧造考究,创制了青花五彩、祭红釉、

粉彩等品种。其原料之精细、分工之明确、烧造之讲究、产品之精美,是其他窑口无法比拟的,它是中国唯一一处定位明确且保存完好的御窑遗址,也是中国古代手工业文明的重要代表。

图 8 御窑厂

图 9 清乾隆仿木纹碗,景德镇中国陶瓷博物馆藏

图 10 清乾隆釉里红云龙纹瓶,景德镇中国陶瓷博物馆藏

图 11 清乾隆窑变釉双耳瓶,景德镇中国陶瓷博物馆藏

图12 清乾隆青花缠枝莲纹六方贯耳瓶，景德镇中国陶瓷博物馆藏

明清时期，景德镇城市格局是以御窑厂为中心，环绕御窑厂"沿河建窑，因窑成市"。御窑厂窑址坐落在现珠山路以北，斗富弄以南，中华路以西，东司岭、毕家弄以东的范围内，距昌江约300米。御窑厂遗址分布范围整体大致呈南宽北窄的梯形分布，遗址总面积约为54000平方米。遗产范围内分布有烧制瓷器的作坊和窑炉遗址，其地下丰富的文化堆积存留着不同年代的瓷器标本。景德镇御窑厂遗址广义上还包含反映官搭民烧制度的民窑遗址，以及体现御窑厂技术渊源的景德镇相关窑址。与御窑厂生产及运输密切相关的原材料开采加工遗址、行帮会馆、水运码头等文化遗存都是遗产价值的重要组成部分。这些遗产要素以御窑厂为核心，分散在景德镇城区至景德镇东北与东南的南河、小南河、东河等流域，呈现出景德镇御窑厂在工坊布局、窑炉结构、工艺技术、管理体系等方面完整的发展脉络，真实再现了明清御窑厂精湛的制瓷工艺和严密的管理制度，是中国乃至世界烧瓷技术最高水平的实物见

图13 清康熙五彩人物纹盘，景德镇中国陶瓷博物馆藏

图14 清雍正墨彩人物图瓶，景德镇中国陶瓷博物馆藏

图15 御窑厂遗址——明代宣德至万历马蹄窑遗迹   图16 明代景德镇御窑厂葫芦窑遗址

证。御窑厂遗址与景德镇其他重要窑址所保留的珍贵遗迹能够完整勾勒出中国制瓷技术由成熟期到鼎盛期的发展演变序列，真实地体现了明代设立御窑厂的物质和技术基础，以及御窑厂成立后对中国瓷业发展的巨大影响。

景德镇御窑厂遗址作为陶瓷窑业遗存具有如下特征：

1. 呈现中国制瓷业由成熟期到鼎盛期延续发展的线索

景德镇陶瓷产业历经千年，自唐代开始烧制青瓷，瓷业发展一直延绵不绝，并在元明清时期逐渐成为中国制瓷水平的最高代表，而这一时期正是中国制瓷生产由成熟发展到鼎盛期的关键阶段。从已发掘的遗迹来看，景德镇制瓷业发展脉络清晰，体系完整，没有明显的缺环，完整地展现了中国瓷业史这个重要阶段的发展面貌和线索。景德镇御窑厂遗址不仅是对中国制瓷业发展史的真实见证，其历史沿革也充分体现了不同历史时期社会政治、经济、文化对瓷业发展的影响。

景德镇御窑厂遗址以明清御窑厂遗址为核心，也涵盖由唐至清代相关的重要窑址。这些遗址在时间序列上没有缺环，在分布格局、文化堆积、作坊遗址、窑炉窑具、瓷器标本等方面不仅包含不同历史年代的特征，而且系统地体现了瓷业发展重要阶段的演变痕迹。

各窑址的作坊遗址作为遗产构成要素，说明了景德镇制瓷工艺趋于流程更复杂、分工更细化的演变过程。这些不同历史时期的窑业堆积保存着大量类型丰富的瓷器标本，构成各年代延续的器物发展序列，充分展现了在唐宋元明清不同朝代中国瓷器种类、样式、色彩、纹饰的发展规律。

2. 体现景德镇最高的制瓷水平

景德镇御窑厂遗址体现了明清时期景德镇最高水平的制瓷技术。明清御窑厂在瓷器生产的各个环节，从选料加工、拉坯修胎、装烧上釉以及工艺流程和组织管理等各个方面都展现出最高水平。

瓷石和釉料加工的水碓遗址保存了原料经粉碎、淘洗、沉淀以至成型为"不子"等主要过程的设施遗迹，御窑厂窑址、湖田窑址、落马桥窑址的作坊遗址分别保留了瓷土加工作料、做坯成器以及上釉、装烧等生产遗迹。这些遗产要素不仅体现了先进的制瓷手工业，也与蓝浦的《景德镇陶录》、唐英的《陶冶图说》等重要历史文献相吻合，提供了珍贵的实物例证。

御窑遗址无论在窑炉的形制规模、窑砖质量，还是在作坊分布范围、生产设施配套方面，均体现了当时的最高水平。如御窑厂遗址内的辘轳车坑、澄泥池和料缸等遗存相对其他窑址做工讲究。此外，2014年首次发现的明代釉上彩作坊遗址亦充分证实了御窑厂复杂的生产程序和严格的专业分工制度。

3. 反映多元的文化面貌

景德镇御窑厂遗址现存大量瓷器标本，产品类型十分丰富，其造型和用途不仅反映不同年代的社会审美取向和文化追求，也体现从皇家贵族到平民百姓不同社会阶层的生活面貌。此外，景德镇御窑厂生产的各类外销瓷产品，既有中国文化特色的传统纹饰，也有将中国文化和输出地文化兼蓄的纹案，还有完全体现输出地文化的订烧瓷器，这些都反映了景德镇与世界不同地区之间的文化交流。

景德镇御窑厂遗址所有瓷器标本均出自遗址范围内丰富的窑业堆积，重要窑址都延续了较长的烧造时间。御窑厂遗址的窑业堆积年代是由元代到清末，湖田窑址的文化堆积年代是从五代至明晚期，落马桥窑址文化堆积的年代则是从南宋晚期到民国初年。这些窑业遗址提供了时间序列连续完整的瓷业文化堆积层，其中包含丰富的瓷片样品和瓷器标本，这些瓷器有皇家御用、民间生活

用品、外销的各类器皿，器型包括生活用品、装饰品、宗教用品等各个方面，呈现出丰富多彩的文化面貌。

4. 体现完整的手工业制瓷体系

明清御窑厂与景德镇众多民窑形成庞大的瓷器制作规模，在管理制度方面则结合行帮制度，有力地推动了景德镇制瓷行业体系的形成和发展。其遗产构成要素能够体现完整的传统制瓷产业结构。它既有传统瓷业必需的原料资源和水运条件，还包含运输贸易、组织管理等各方面要素，比较全面真实地反映了瓷器制作的高度专业化分工，再现了以制瓷业为核心的社会经济形态。可以说，其高密集的分工合作、完善的组织管理、高效的生产规模、完整的行业架构是历代其他窑口不能企及的。

三、景德镇遗产构成的分析

2010 年，时任国家文物局局长（现故宫博物院院长）单霁翔在景德镇考察时，就支持景德镇御窑厂遗址申遗，他曾表示："景德镇御窑是中国瓷业发展到巅峰时期的产物，体现了当时世界制瓷业的最高水平，在中国及世界手工业史上具有特殊的地位，应该将御窑厂遗址申报世界文化遗产加以保护。"单霁翔比较明确地提示景德镇要申报世界文化遗产，必须紧扣御窑厂遗址为核心主线，联系历史线索，组成遗产要素的构成。明确了以景德镇御窑厂遗址为核心以及将能够反映景德镇千年制瓷历史的重要阶段、发展脉络清晰、产业体系完备、代表一定时期核心价值、现存保护良好的矿山开采、成型工艺、生产形态、窑炉烧制、水运码头、民俗建筑等 18 个要点作为遗产构成要素主体进行整体申报。

这主要是基于完整性表达的要求，以历史为线索，把不同朝代的窑口纳入遗产构成；说明景德镇瓷业烧造的延续性，主要有南窑、兰田、湖田、落马桥、丽阳、观音阁等窑址；反映官搭民烧的窑址，主要有刘家窑和黄老大窑；反映管理制度和建筑风貌方面的，主要有湖北会馆、奉新会馆和丰城会馆；反映当

时运输和贸易方面的，主要有三间庙码头；反映当时文化交流的遗迹堆积层，主要有落马桥、御窑和观音阁窑址；反映矿产原料的，主要有进坑和瑶里。

附：遗产要素表

遗产要素类型	性质	名称	遗产特征
核心遗产要素	御窑厂遗址	御窑厂窑址	保存明清御器生产和管理等各方面的遗迹，存留大量类型极为丰富的御用瓷器标本，体现明清皇家制瓷工艺和管理制度。御窑厂周边现存的民窑（黄老大镇窑址、刘家窑窑址、徐家窑窑址）反映官搭民烧制度，体现御窑厂高效的分工组织。
其他遗址	景德镇重要古瓷窑址——体现御窑厂烧造技术的渊源	唐代南窑古瓷窑址	迄今为止发现的最长唐代龙窑遗址，填补了景德镇唐代瓷窑文化遗存的空白。
其他遗址	景德镇重要古瓷窑址——体现御窑厂烧造技术的渊源	兰田古瓷窑址	迄今为止景德镇发现最为完整的早期砖砌龙窑。
其他遗址	景德镇重要古瓷窑址——体现御窑厂烧造技术的渊源	湖田古瓷窑址	中国五代至明代的著名窑场，反映景德镇制瓷工艺由低级向高级发展的过程。
其他遗址	景德镇重要古瓷窑址——体现御窑厂烧造技术的渊源	落马桥古瓷窑址	元代浮梁瓷局管辖下的窑场之一，明代重要民窑，反映御窑厂与民窑在技术上的相互影响。
其他遗址	景德镇重要古瓷窑址——体现御窑厂烧造技术的渊源	丽阳古瓷窑址	发现有龙窑向葫芦窑型过渡的雏形，完善葫芦窑炉的演变序列。
其他遗址	景德镇重要古瓷窑址——体现御窑厂烧造技术的渊源	观音阁古瓷窑址	明清专烧克拉克瓷的窑场遗址，反映御窑厂对明清景德镇窑业重大影响和推动作用。
其他遗址	制瓷原料开采及加工遗址	高岭瓷土矿遗址	高岭土是二元配方的主要原料，高岭瓷土矿遗址是景德镇走向我国古代瓷业巅峰的核心原料产地，也是国际通用的瓷业黏土"kaolin"（高岭土）学术名称的命名地。
其他遗址	制瓷原料开采及加工遗址	进坑瓷石矿洞遗址	宋代瓷石的最佳出产地，揭示了从原料开采、加工、运输的瓷石生产过程，为景德镇青白瓷的生产奠定了基础。
其他遗址	制瓷原料开采及加工遗址	瑶里釉果矿遗址	宋代沿用至明清的釉果矿遗址，体现景德镇得天独厚的资源优势。
历史建筑（设施）、码头及相关遗迹	原料和瓷器的运输——水运码头遗迹	三间庙码头及古街	三间庙码头是清代景德镇瓷器由陆路运往九江、鄱阳方向的门户。
历史建筑（设施）、码头及相关遗迹	原料和瓷器的运输——水运码头遗迹	东埠码头及古街	是景德镇陶瓷生产原料运输的重要遗址，是明清高岭土的集散地。
历史建筑（设施）、码头及相关遗迹	行帮会馆旧址——体现明清时期景德镇的瓷业组织管理	湖北会馆	为目前保存较好的行帮会馆旧址，是自明末至民国景德镇瓷业经济高度发展、依托行帮进行社会管理和行业控制的重要见证。
历史建筑（设施）、码头及相关遗迹	行帮会馆旧址——体现明清时期景德镇的瓷业组织管理	奉新会馆	为目前保存较好的行帮会馆旧址，是自明末至民国景德镇瓷业经济高度发展、依托行帮进行社会管理和行业控制的重要见证。
历史建筑（设施）、码头及相关遗迹	行帮会馆旧址——体现明清时期景德镇的瓷业组织管理	丰城会馆	为目前保存较好的行帮会馆旧址，是自明末至民国景德镇瓷业经济高度发展、依托行帮进行社会管理和行业控制的重要见证。

1. 御窑厂遗址

御窑厂是中国乃至世界陶瓷烧造技术最高水平的实物见证,反映了景德镇作为世界制瓷中心的特点与核心内容,展现了中国制瓷产业的完整模式。

御窑厂遗址与景德镇其他重要窑址能够完整勾勒出中国陶瓷烧造历史的演进过程,不同年代窑业堆积所蕴藏的遗物再现了中国人内在的精神追求和审美品味,成为中华文明的特殊见证。

御窑厂精湛的制瓷工艺和产品是体现景德镇制瓷业具有世界性影响的最重要的文化遗存,也是中国陶瓷文化传播和中华民族对人类文明发展的重要贡献。

2. 黄老大镇窑址

黄老大镇窑址位于景德镇市珠山区珠山街道龙珠阁社区彭家上弄南侧,是第三次全国文物普查登记确定的不可移动文物。黄老大镇窑建于清代,且处于御窑厂附近,是官搭民烧制度的重要见证,对研究景德镇城区镇窑的发展历史及窑炉形制的演变等有重要价值。

图17 御窑厂遗址　　图18 黄老大镇窑遗址

图19　彭家上弄与昌阳书院遗址　　图20　刘家窑考古场景

3. 刘家窑

刘家窑窑址对研究景德镇老城区内古代民窑制瓷业有很高的价值，也是清代官搭民烧制度的重要见证。窑炉结构及部分作坊遗迹较完整，与御窑厂构成了明清时期御用瓷器的烧造体系，对研究景德镇城区镇窑的发展历史及窑炉形制的演变等有重要价值。

4. 徐家窑

徐家窑窑址位于景德镇市迎祥弄，现已全面修复，与刘家窑等一起成为研究景德镇城区镇窑发展历史及窑炉形制演变的重要遗存。

图21　徐家窑考古场景

5. 唐代南窑窑址

唐代南窑窑址位于江西省乐平市接渡镇南窑村，窑址分布面积近三万平方米。其始烧于中唐，衰落于晚唐，是迄今为止发现的最长的唐代龙窑遗址，填补了景德镇唐代瓷窑文化遗存的空白。目前，反映唐代南窑窑址价值的主要遗存包括

窑业堆积、窑炉遗迹以及周边分布的与制瓷和运输相关的遗址遗迹。这些遗迹保存较好，布局有序，无论从整体规模还是制瓷工艺流程等方面都能够再现当时制瓷手工业的真实面貌。

6. 兰田窑址

兰田窑址位于湘湖镇兰田村金星自然村，距南河约一公里。以万窑坞窑址为中心，包括柏树下、大金坞、金星村南侧竹林等早期窑业遗存。兰田窑址是景德镇晚唐五代窑业遗址的典型代表，是目前景德镇发现最为完整的早期砖砌龙窑遗址，为研究南方地区白瓷起源和早期窑业的生产面貌提供了珍贵资料。目前，反映兰田窑址价值的主要遗存包括窑业堆积与窑炉遗迹。

7. 湖田窑址

湖田窑创烧于五代，至明隆庆、万历之际衰落停烧，延烧历史长达 700 余年，是我国青白瓷窑系的代表性窑场。湖田窑址是景德镇目前已知规模最大、烧瓷历史最长、揭示文化内涵最丰富的一处窑址，反映了景德镇制瓷工艺逐渐向高级发展的历史过程。目前，反映湖田窑址重要价值的主要遗存包括窑业堆积、窑炉遗迹、作坊遗迹、生活遗迹与元代码头遗迹等。

图 22　兰田古窑遗址考古场景 　　图 23　元代景德镇湖田龙窑遗址

8. 落马桥窑址

落马桥窑址是一处元代浮梁磁局辖下的重要窑场，对于探索元官窑——浮梁磁局的管理制度及生产状况具有重要意义。烧造时代从南宋延续至民国初年。落马桥窑址对元代青花瓷外销历史的研究有重要意义。

9. 丽阳窑址

丽阳窑址位于景德镇市丽阳乡彭家村和丽阳村之间的瓷器山西坡和碓白山南坡，南临昌江，窑场烧制年代从元代延续至明代。丽阳窑址范围内发现有龙窑向葫芦窑过渡的雏形，其完善了葫芦窑的演变序列，对于研究景德镇窑业技术的发展具有重要意义。目前，反映丽阳窑址重要价值的遗迹包括窑业堆积与窑炉遗迹。

10. 观音阁窑址

观音阁窑址是景德镇迄今保存最好的明清时期窑址之一。窑址出土的克拉克瓷、日本订烧瓷器对于研究景德镇明代中晚期外销瓷的生产、销售、订烧制度等具有重要的学术意义。目前，能反映观音阁窑址重要价值的遗迹包括窑业堆积与作坊遗迹。

11. 高岭瓷土矿遗址

高岭土从元代开始应用到制瓷业中，改善了瓷器的物理性能。高岭土的开发运用推动和支撑了景德镇明清制瓷业的鼎盛辉煌，使之成为国内乃至世界上重

图 24　元代景德镇丽阳龙窑遗址

要的制瓷业中心，奠定了景德镇在世界上的瓷都地位。

12. 进坑瓷石矿洞

进坑处于五代北宋窑业烧造中心——小南河流域的核心地区，是宋代瓷石的最佳出产地。南宋蒋祈《陶记》记载："进坑石泥，制之精巧，湖坑、岭背、界田所产已为次矣。"目前所见瓷石矿坑五处、千年瓷石古道、沿途十六处瓷石水碓，一千年来其山形地貌未经改变，依然保持宋代的原始格局，再现了当时从挖采瓷石到粉碎加工的瓷石加工体系。

图 25　高岭瓷土矿遗址

13. 瑶里釉果矿遗址

瑶里釉果矿遗址位于浮梁县瑶里镇白石塔村，是一处由宋代沿用至明清的陶瓷釉原料矿冶遗址。目前，二、三矿区釉果矿仍在开采过程中。已发现矿洞遗址主要分布于历史上山道路两侧，以便于开采与运输，现存四组矿坑道，露天明洞四十多处，暗洞八处，矿道深数十米到数百米不等，是体现原材料开采与加工的相关重要遗迹。

14. 码头及古街

景德镇瓷器生产的原料和成品输出均靠水运。故而码头是景德镇与外界交流的重要节点，也是景德镇

图 26　三间庙

图 27　东埠码头遗址

整个制瓷产业环节中的重要组成部分。三间庙、东埠码头是景德镇码头遗存的代表，由码头发展为重要的商埠集镇，是景德镇瓷业发展和社会发展的重要见证。

15. 行帮会馆

景德镇行帮是以地域、乡族关系为纽带结社或组织同乡会、同业会等，为景德镇陶瓷产业的重要社会组织形式。会馆则是行帮制度在管理上的具体体现。

景德镇曾建有会馆近四十处，有史料可查的为二十四处，多数在清代设立。其中，湖北会馆、奉新会馆、丰城会馆为目前保存较好的行帮会馆旧址，是自明末至民国景德镇瓷业经济高度发展、依托行帮进行社会管理和行业控制的重要见证。

四、御窑厂遗产价值的比较

世界遗产是指被联合国教科文组织和世界遗产委员会确认的、人类罕见的、目前无法替代的财富，是全人类公认的具有突出意义和普遍价值的文物古迹、自然景观、精神遗产。

申报世界文化遗产，必须吻合"全球突出普遍价值"（OUV）的要求。全球突出普遍价值包含三大要素,即一是价值标准,二是真实性与完整性,三是保护管理(水平)。其中价值标准又按照人类的杰出创造,不同文明之间的相互交流与促进,人类社会不同发展历程的见证,不同文明体系或科技成就的典范,人与自然和谐共存的成功范例,人类社会的重大信仰、传统事件等方面,界定了世界文化遗产选配的六种价值标准。除第六条标准不能单独作为列入条件外,其他标准只要符合其中一条,即能吻合列入"世界遗产名录"的条件,那么,把景德镇的御窑厂遗址为核心及其遗产构成要素进行比较,就能更加明确我们申报世界文化遗产的列入条件。

(一)遗产价值的综述

景德镇御窑厂遗址是明清专为宫廷烧造和供奉瓷器的皇家瓷厂遗址,遗产范围内分布有烧制瓷器的作坊和窑炉遗址,其地下丰富的文化堆积存留着明清不同朝代的瓷器标本。

明清御窑厂历经五百余年,其生产技术和产品在传播中国瓷文化方面对人类文明发展做出了重要贡献。因此御窑厂遗址是体现景德镇制瓷业具有世界性影响的最重要的文化遗存。同时,景德镇御窑厂遗址是上千年来中国瓷文化发展的独特证据。不同年代窑业堆积所蕴藏的瓷片遗物再现了中国人内在的精神追求和不同时代的审美品味,成为中华文明的特殊见证。景德镇御窑厂遗址及其相关历史遗迹反映了景德镇作为世界制瓷中心的手工业复合体的特点与核心内容,展现了中国制瓷产业的最高水平和完整的产业模式,阐释了中国在大航海时代因瓷器生产及贸易做出的突出贡献。

(二)突出普遍价值的综述

景德镇御窑厂遗址体现出景德镇制瓷业所具有的世界性影响,与其他文化之间的交流与互动,以及在传播中国瓷文化方面对人类文明发展做出的重要贡献。按照申报世界文化遗产的价值标准,景德镇御窑厂遗址符合《实施保护世界文化与自然遗产公约的业务指南》世界遗产标准的第二、三、四条标准。

(三)符合标准的阐述

世界遗产标准第二条:

某一时间跨度或世界某一文化区域内,在建筑、技术、纪念物艺术、城镇规划和景观设计方面展示了人类文化之间的重要交流。

——《实施保护世界文化与自然遗产公约的业务指南》

景德镇御窑厂遗址反映出中外文化在陶瓷艺术方面的交流。窑业堆积以及窑炉作坊遗迹再现了五百多年间御窑厂制瓷技术和产品的创新及演变过程,以此带动明清景德镇成为世界制瓷中心。景德镇御窑厂遗址各窑址瓷片堆积的规模、瓷器标本与传世外销瓷的比较,充分证实了这些窑址是明清中国外销瓷的主要产地,这些窑址生产的瓷器成为世界性商品,将中国文化传播到全世界,在一定程度上改变了其他民族的生活方式、审美品味,促进了文化间对话。御窑厂制瓷技术的传播,对世界文明发展做出贡献。它的产品也受到外来文化的影响,并得到进一步创新,体现出文化交流及文明互动。

世界遗产标准第三条:

独特地或至少杰出地见证了一种文化传统、一种已经消失或依然存在的文明。

——《实施保护世界文化与自然遗产公约的业务指南》

景德镇御窑厂遗址反映了中国社会文化、艺术的独特品味。它的作坊和窑炉遗迹所承载的制瓷技艺是中华瓷文化具有代表性的组成部分。景德镇御窑厂遗址文化堆积中蕴含的瓷器标本体现了中国人特有的性格和品质、文化理想、潇洒风度以及对生活艺术化的追求,尤其是明清皇家瓷文化的审美取向,展示了宫廷生活的面貌和情趣。不同年代的窑业堆积体现出中华文化的艺术底蕴和产品的不断创新,作品风格的变化反映出不同时代的特征。因此御窑厂及相关窑址是中国自晚唐至明清上千年瓷文化的连续发展过程的独特见证。

世界遗产标准第四条：

　　某种建筑类型、建筑群或技术整体或景观方面的，人类历史上某一个或几个重要阶段的杰出范例。

——《实施保护世界文化与自然遗产公约的业务指南》

　　景德镇御窑厂及相关遗址代表了中国制瓷行业全盛时期的最高水平，见证了景德镇制瓷行业快速发展并成为中国乃至世界制瓷中心的历史阶段。相关窑炉与作坊遗迹的发展演变体现了御窑厂集历代之大成的制瓷技艺与先进的生产管理水平。御窑及周边民窑的遗址分布状况印证了典籍记载的督陶制度、官搭民烧制度等严格而高效的生产管理方式。瓷土矿、瓷石矿、釉果矿、码头、会馆等原料加工、生产运输和管理设施遗址，展示了以御窑厂为核心的完整产业构成及生产规模。这些要素共同阐释了景德镇御窑厂遗址在世界手工业制瓷领域的杰出地位。

（四）体现文化遗产核心价值的载体特征要素

　　目前，体现景德镇御窑厂遗址文化遗产核心价值的载体特征包括以下几个方面。

　　一是重要窑址窑业堆积的范围和丰富性反映了各窑口的烧造年代与规模、产品类型与质量及其反映的落选瓷器埋藏制度、外销瓷等重要信息；此外，窑业堆积的包含物充分反映了中国人独特的审美取向。

　　二是窑址窑炉的分布、形式和结构体现了不同时代窑口的装烧工艺及其反映的瓷业技术的进步，反映了其发展至制瓷技术顶峰的过程。

　　三是窑址内其他重要遗址的分布、形式和功能反映了景德镇制瓷工艺流程和景德镇严密的瓷业组织架构的重要构成信息。

　　四是其他系列历史遗存的空间布局及功能反映与制瓷相关的手工业复合体的相关信息，以及景德镇城市与瓷业的重要关系。

　　综上所述，景德镇御窑厂是中国和世界制瓷技术最高水平的实物见证。它代表了中国制瓷技术由成熟期到鼎盛期的发展演变序列，全面体现了完整的手工业制瓷体系，反映了景德镇与世界各国之间的文化交流与互动，传播了中国文化，影响了世界陶瓷生产的兴起和发展。其中申遗项目具有成为世界遗产的潜在价值，反映了中国瓷文化发展的完整过程和所达到的最高水准，将有助于填补世界遗产名录这一类型的空白。

五、申报世界文化遗产的意义

2014年3月国家主席习近平在联合国教科文组织总部发表的重要演讲中指出："实现中国梦，是物质文明和精神文明均衡发展，相互促进的结果。没有文明的继承和发展，没有文化的弘扬和繁荣，就没有中国梦的实现。"同时还指出："把跨越时空、超越国度、富有永恒魅力、具有当代价值的文化精神弘扬起来，把继承传统优秀文化又弘扬时代精神、立足本国又面向世界的当代中国文化创新成果传播出去。"

领悟习近平主席的讲话精神，结合景德镇申报世界文化遗产的意义，就会使我们对这座城市的未来发展的思路更加清晰。

从20世纪80年代起，景德镇市历届政府陆续启动了对市内所有国家级文物保护单位和省级文物保护单位的保护规划编制，留住历史赋予的丰富遗产成为景德镇城市建设鲜明的指导思想。同时，根据真实性和完整性的原则，景德镇对各类文物保护单位环境进行了整治，加大了保护力度，优化了基础设施。城市环境和面貌在规划的指引下得到极大改善，文化遗产也在这一过程中得到了充分的展示与凸显。

2015年年初，在我国构建文化大发展、大繁荣的背景下，为增进景德镇与世界文化的交流互动，景德镇市政府适时启动了以御窑厂遗址为核心及其构成要素整体申报世界文化遗产工作，从保护入手，对御窑遗址进行了前所未有的全面环境整治，通过以点带面的整治，带动了整个城市环境的改善。经过一年多的努力，目前国家文物局经过专家评审已批准将"景德镇御窑厂遗址"列入中国世界文化遗产预备名录。毋庸置疑，这是景德镇申报世界文化遗产取得的

阶段性重要成果。它将极大地促进我们城市格局的调整和升华，进一步提升城市品位，激发全市人民继承和弘扬景德镇城市精神，带动市民素质的提高，推动城市转型升级，恢复建成让世界仰慕的著名瓷都。

申报世界文化遗产对景德镇的意义主要体现在以下四个方面。

（一）有助于推动城市格局的调整与历史文脉的传承

优美的居住环境和精致的生活是现代文明生活的标志。借助申报世界文化遗产环境整治的契机，推动景德镇城市格局的调整与升华，是居住在这个城市的市民翘首以盼的事。景德镇是国务院1982年公布的首批二十四个历史文化名城之一，是举世闻名的瓷都，历经千年的发展依然窑火不熄，文脉承传，祖宗留下的光辉如何在我们这代人手上发扬光大，是必须面对的一个现实问题。要走出这个困扰，就必须抓住当前江西省政府提出的建设"美丽富饶新江西"的机遇，结合自身城市的特点，着力推进城市建设与管理水平，把景德镇恢复建成名副其实的中国历史文化名城。毫无疑问，推动城市格局的调整与升华，应该放在作为历史文化名城建设的框架下进行总体设计，放在突出景德镇城市特色和厚重文化的背景下来通盘考虑。

以御窑厂遗址为中心，重点是将景德镇老城区按照全域保护规划的要求，进行恢复性整治和建设，希望通过在对大遗址保护的同时，将选择经典的明清时期历史记载和实物遗存、反映景德镇城市演变发展的重要节点和标志作为恢复性建设的依据，力求把景德镇历史上的生产形态、生活方式、文化情感、宗教信仰、民俗风情和建筑风貌与当代城市的发展进步有机融合，展现新的历史时期下社会祥和、文化丰富、生活精致、生态宜人、环境优雅的特色城市风貌，让景德镇成为一个融历史文化与现代文明为一体的文化名城建设新样板，让这座城市的魅力影响中国、感染世界。应该说，这是景德镇城市建设历史以来最为恢宏的创举，也是中国历史文化名城建设的新探索。

（二）有助于御窑遗址真实性和完整性的提升

世界遗产公约规定，世界遗产所在地国家必须保证遗产的真实性和完整性。保护世界遗产，就是要保证和维护遗产的真实性和完整性。长期以来在遗产保护和古建筑维护中有两种思想：保护现状或者恢复原貌。人们对应该采取哪一种方式，一直争议不止。日本《奈良真实性文件》认为："真实性的衡量基础来自于对文化遗产原始与后来特性和意义的了解，即真实性已不仅是针对文化资产的原始价值，还包括了它之后的使用以及所被赋予的意义。"目前，遗产界学者大多认为这种界定是比较客观的。

目前，御窑遗址的保护范围经国家文物局批准，已从5.1公顷扩展到13.1公顷，但当前御窑遗址所展示的内容远远不够支撑500多年的御窑内涵，不足以表达明清二朝的陶瓷文化的核心价值，也无法体现御窑遗址的完整性。因此，笔者认为，一是实现御窑遗址范围上的完整性（有形的），即恢复遗产的"历史真实性"。按上所述，将选择经典的明清时期历史记载和实物遗存、反映景德镇城市演变发展的重要节点和标志作为恢复性建设的依据，尽可能恢复明清鼎盛时期的历史风貌；二是实现文化概念上的真实性（无形的），即实现遗产"价值的真实性"。恢复"完整"的御窑遗址作为明清二代御窑和它承载的价值内涵，突出文化遗产伴随实物而来的概念上的真实性；三是按照景德镇市规划局制订的全域保护规划（2017年初稿），将景德镇历史城区80公顷的范围纳入历史文化名城恢复性整治和建设，力求把景德镇历史上的生产形态、民俗风情、生活方式、经典故事完整地呈现在世人面前。笔者认为，这将有助于御窑遗址真实性和完整性的提升。

（三）有助于构建具有核心竞争力的景区

就文化遗产而言，不同国家、地区的文化根基、价值观念、经济基础、制度背景不同，对自然与文化遗产的开发、保护与管理就不同。

陈耀华、赵星烁合著的《中国世界遗产保护与利用研究》中认为："以长远眼光来看，从整体利益出发，遗产保护与利用之间不存在矛盾，双方实际上存在一致性。遗产保护工作进行得好，遗产对旅游者的吸引力才会持久，旅游

事业才能得以持续发展，旅游业的繁荣也能促进遗产的保护和新生。"如何借助推进御窑遗址申报世界文化遗产的契机，着力构建具有核心竞争力的景区建设，实际上是本届景德镇市委、市政府提出的"十三五"奋斗目标。景德镇市委书记钟志生说："要做旺旅游产业，促进文化、生态与旅游的深度融合，高品质建设国家全域旅游示范区。"这实际上就是明确布置了景德镇旅游产业发展方向，就是要构建具有核心竞争力的景区建设。景德镇的旅游资源，除了自然资源以外，御窑厂遗址融历史、陶瓷技艺、文化为一身的复合体就是最好的选择对象。它能够把景德镇这座城市的生态延续和文化特色彰显出来。特别是近几年，御窑周边进行了卓有成效的环境整治，使得其体量规模为构建具有核心竞争力的景区建设奠定了良好的基础。

（四）有助于中国陶瓷文化的传承与弘扬

著名遗产专家郭旃先生说："一个国家世界遗产工作开展的深度和广度，拥有世界遗产的多寡，代表着这个国家和人民历史的辉煌与贡献，也标志着当代社会的综合实力与文明水平。"

景德镇御窑厂遗址，是中国文化遗产的重要组成部分，构成了中华文明五千年的史迹主体。我们可以说，一部中国陶瓷史就是中国文明史发展的缩影，而景德镇的陶瓷发展史在中国陶瓷史上占据重要的位置。所以保护好御窑遗址就是对中国陶瓷文化的传承与弘扬。

文化是指人类在社会历史发展过程中所创造的物质财富和精神财富的总和，精神财富包含文学、艺术、教育、科学等。那么对于御窑遗址的文化传承，我们应该抓住哪些精髓，在传承的基础上又应如何去弘扬，这就要求我们要深度地挖掘，要把文化遗产的教育功能、经济功能、社会功能以及政治功能梳理好，运用在促进社会经济发展的过程中。

景德镇市市长梅亦说："以申遗为抓手，通过申报世界文化遗产，推动老城保护，以文化之魂去推动产业发展，从而提升城市文化价值、增强城市影响力、提升城市文化竞争力、巩固和提高景德镇作为世界瓷都的地位和知名度。"显然，在增进融入国际文化交流的背景下提出申报世界文化遗产，这既是用最高的标准，系统、科学地在联合国教科文组织的监督下，保护我们的遗产。同时，我们也应该充分利用好联合国教科文组织的渠道和资源进一步提升景德镇在国际上的影响力和知名度。更多地吸引和集聚全球资源研究景德镇，研究御窑文化，从而传播景德镇陶瓷文化，这既有利于景德镇悠久历史陶瓷手工艺体系的传承和保护，又能在传承的基础上激发创新，为景德镇陶瓷文化产业、创意产业注入新的活力，带来新的发展机遇。

社会的进步必然伴随着文化的振兴，文化的振兴又必然推动着社会经济的发展。我们"打造一座与世界对话的城市"，就是要充分利用好景德镇的历史价值、文化价值、品牌价值，向世界展示景德镇的独特魅力，使景德镇的文化与世界相融、理念与世界接轨、经济与世界对接，为实现"富裕美丽幸福江西"的景德镇样本而不懈努力。

参考文献：

① 江西省文物考古研究所、乐平市博物馆编著：《景德镇南窑考古发掘与研究》，科学出版社 2015 年版。

② "景德镇"编写组编著：《中国历史文化名城 —— 景德镇》，中国建筑工业出版社 1989 年版。

③ 南京大学文化与自然遗产研究所编著：《世界遗产论坛（三）》，科学出版社 2009 年版。

④ 方李莉：《中国陶瓷史》，齐鲁书社 2013 年版。

⑤ 叶喆民：《中国陶瓷史》，生活·读书·新知三联书店 2011 年版。

⑥ 〔美〕罗伯特·芬雷：《青花瓷的故事》，郑明萱译，海南出版社 2015 年版。

⑦ 陈耀华、赵星烁：《中国世界遗产保护与利用研究》，《北京大学学报》（自然科学版）2003 年第 4 期。

⑧ 清华大学建筑设计研究院有限公司、建筑与文化遗产保护研究所：《景德镇御窑厂遗址遗产地管理规划》，2016 年。

⑨ 景德镇市文化和广播电影电视（文物）局主编：《景德镇第三次全国文物普查成果图文选集》，2011 年。

清朝十帝与其对应朝代的瓷器

陈树威[*]

瓷器是中国先民的伟大发明之一，是中国历史文化艺术的积淀和结晶，也是曾经与世界对话的高雅艺术品。明清两代是中国瓷器空前发展的重要时期，把中国瓷器的品种、质量以及影响力推向了顶峰。但其发展有起有落，这与当时的社会稳定和经济状况有着直接关系。特别是清代，经历了鼎盛繁荣的康、雍、乾三朝之后，逐渐走向衰退积弱的中晚期。清朝260多年的历史过程中，每个皇帝对应朝代的瓷器都有不同的风格和特点，这既反映了景德镇瓷业生产走过的轨迹，也给我们留下了许多可汲取的经验。下面分别介绍清朝十位皇帝与其相对应朝代的瓷器。

一、顺治

顺治皇帝（1638—1661）是皇太极的第九子，名"福临"，庙号"世祖"，谥号"章皇帝"，崇德八年（1643），6岁时继帝位，由叔父睿亲王多尔衮摄政，

---

[*] 陈树威，现为中国古瓷器鉴定研究会会员，河南民办博物馆协会副秘书长。

14岁亲政。次年改元顺治。顺治在位期间，清人实现了入主中原的愿望。顺治朝结束时，清廷击败多种抗清势力，除东南沿海之外，全国基本得到统一。

顺治朝新政权是在明末战乱的废墟上建立起来的，因而社会动荡，百废待兴。虽曾令御窑厂生产，但也是时产时停，无法全面恢复，传世品中官窑款的瓷器较为少见。民窑开始逐渐恢复大规模生产，以日常用器和供器等为常见。

顺治朝的瓷器无论是官窑还是民窑，都具有明显的明末清初过渡特征，造型和图案也较多地保留了明末风格。青花的绘画技巧有新的突破和发展，纹饰多能分出阴阳面和层次，表现效果明显提高，已显现出清代的风格面貌。

图1 顺治皇帝

图2 清顺治青花花鸟纹盖罐，故宫博物院藏

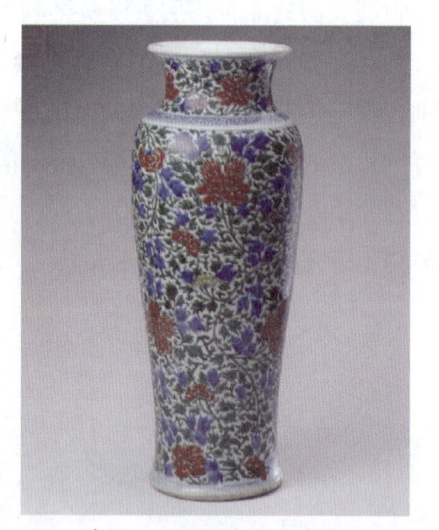

图3 清顺治五彩缠枝牡丹纹尊，故宫博物院藏

二、康熙

清圣祖康熙皇帝 —— 爱新觉罗·玄烨（1654—1722），顺治十八年（1661）即位，次年改元康熙。康熙朝长达61年，其间平定了三藩叛乱，收复了台湾，驱逐了沙俄势力，又平息蒙藏地区动乱，加强了多民族国家的稳定和统一，社会经济进入繁荣时期，制瓷业获得新生并长足发展。

康熙十九年（1680），御窑厂恢复生产，官窑瓷器在品种和质量上都大为提高，尤其青花瓷器成就突出。康熙青花瓷器以胎釉精细、发色翠艳、造型古朴、纹饰优美而盛名。康熙五彩瓷器彩饰华贵，线条豪劲，绘画技巧精妙，艺术造诣极高，在中国陶瓷艺术史上占有重要地位。另外，粉彩、珐琅彩、釉里红、颜色釉等也都有不俗表现。

图4　康熙皇帝

图5　清康熙青花"红拂传"图棒槌瓶，故宫博物院藏

图6　清康熙黄地开光珐琅彩花卉纹碗，故宫博物院藏

图7　清康熙郎窑红釉穿带直口瓶，故宫博物院藏

三、雍正

雍正皇帝——爱新觉罗·胤禛（1678—1735）是康熙帝四子，清朝入关后的第三位皇帝。雍正在位13年间，改善吏治、增加国库收入，为乾隆朝的繁荣奠定了雄厚基础。雍正皇帝喜欢瓷器，也重视瓷器制作，从而推动了瓷器工艺质量的空前发展。

这一时期，瓷器造型一改康熙朝的古拙浑厚之风，代之以轻巧俊秀之貌，看上去格调高雅，工艺精湛，有鲜明的时代特色。雍正朝瓷器品种以青花、粉彩为两大烧造主流。其青花瓷器以精细著称，制作规整，胎骨细白，釉面莹润，青花呈色纯正；而粉彩瓷器色彩丰富多变，色泽明亮柔丽，彩料浓淡自然，粉质感强，清雅秀美，并讲究彩料的层次变化，画面粉润柔和，突出画面的阴

图8　雍正皇帝

图9　清雍正粉彩牡丹纹盘口瓶，故宫博物院藏

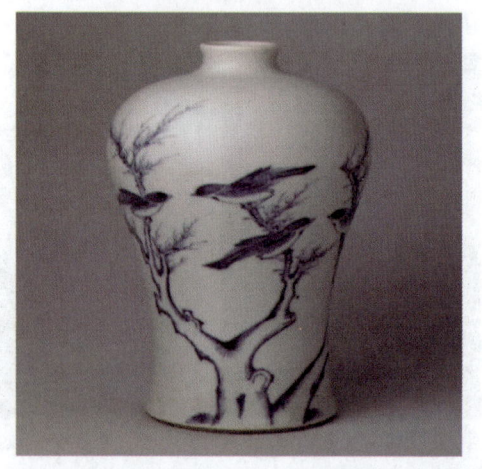

图10　清雍正青花枯树栖鸟图梅瓶，故宫博物院藏

阳浓淡，富有立体感，质量达到了前所未有的水平。雍正瓷器的其他品种，如珐琅彩、墨彩、广彩和霁红釉、洒蓝釉、冬青釉、炉钧釉、窑变釉、茶叶末釉、茄皮紫釉等，也都有许多佳作。

四、乾隆

乾隆皇帝——爱新觉罗·弘历（1711—1799）。他25岁登基，在位60年，是中国历史上最长寿的皇帝。乾隆皇帝进一步完成了多民族国家的统一，将清朝的康乾盛世推向顶峰。这一时期社会稳定，经济繁荣，制瓷业在数量、质量、品种上都达到了鼎盛。

乾隆朝瓷器造型以新奇著称，转心瓶、转颈瓶及各种仿生瓷盛行，创造出许多奇特的品种。工艺上极为考究，雕瓷、镂空、镂雕、玲珑等技法繁杂，刻花、划花、剔花等工艺繁杂，甚至各种釉色、各种色彩在一件

图11 乾隆皇帝

图12 清乾隆釉彩大瓶，故宫博物院藏

图13 清乾隆青花釉里红云龙纹天球瓶，故宫博物院藏

图14 清乾隆粉彩描金书函式金钟，故宫博物院藏

器物上综合运用,体现出制瓷工匠们卓越的智慧和丰富的创造力。纹饰装饰上以繁缛、华丽、细致为特色,图案多为规矩的格式化,改变了雍正时期的秀气、雅致风格。

五、嘉庆

嘉庆皇帝——爱新觉罗·颙琰(1760—1820)是乾隆皇帝第十五子。乾隆六十年(1795)九月立为皇太子,次年元旦受弘历内禅即位,改为嘉庆元年。嘉庆亲政后,铲除了贪赃枉法、蠹国肥私的权臣和珅,采取措施力图保持康乾之盛世,但社会弊端积重难返,治国之举成效甚微。加上腐败势力甚强,又缺乏新生机制,终难摆脱江河日下的趋势。

嘉庆时期是瓷器生产由鼎盛走向衰落的转折期。早期的官窑瓷器继承了乾隆瓷器遗风,有不少精美之作,胎釉比较细腻,纹饰装饰考究。晚

图15 嘉庆皇帝

图16 清嘉庆油红地五彩描金婴戏图碗,故宫博物院藏

图17 清嘉庆斗彩花卉酒杯,故宫博物院藏

期，政府无力为瓷器生产支付巨额资金，使景德镇御窑厂的规模、瓷器品种和数量大为缩减，许多前朝流行的器型停烧，瓷器质量也逐渐下降。嘉庆时期瓷器少有创新，除主流品种青花、粉彩外，单色釉瓷器主要有珊瑚红釉、茶叶末釉、豆青釉、霁蓝釉、霁红釉、钧红釉、胭脂红釉、仿哥釉、仿官釉等。

六、道光

道光皇帝——清宣宗爱新觉罗·旻宁（1782—1850），是嘉庆皇帝第二子，执政 30 年，在位期间清朝日益衰弱，虽为挽救清朝衰落做了一些努力，如整顿吏治、整理盐政、通海运、平定张格尔叛乱、严禁鸦片等，也起到了一定的积极作用，但终未能挽救清政府进一步衰落的局面。

道光朝，景德镇瓷业经历不少波折，总体质量下滑，特别是鸦片战争后，政局动荡、市场缩小，瓷器生产受到严重摧残，品种极少有创新。青花、粉彩等主流品种生产量较大，颜色釉瓷器生产也占一定数量，彩瓷质量高于颜色釉瓷器。就造型来说，早期仍能保持嘉庆风格，之后日趋笨拙，线条生硬，棱角过于分明，缺乏细巧圆润的美感。官窑以"慎德堂制"款瓷器制作质量较高，民窑的"无双谱"瓷器较为流行。

图 18　道光皇帝

图19 清道光"慎德堂制"款粉彩梅花纹盖碗，故宫博物院藏

图20 清道光粉彩无双谱折腰盘，洛阳树威古瓷鉴藏博物馆藏

七、咸丰

咸丰皇帝 ——清文宗爱新觉罗·奕詝（1831—1861），是道光皇帝四子（嫡子）。在位期间勤于政事，对朝政进行大刀阔斧的改革。但此时的大清帝国内忧外患不断，先后爆发太平天国运动及第二次鸦片战争，国力衰退，国内经济日渐耗竭，制瓷业愈加衰落。咸丰五年（1855），景德镇御窑厂在兵火中被毁。因此，咸丰一朝的官窑制瓷数量极其有限，传世品极少，至今见到的多为祭祀用瓷，常见的有盘、碗、罐、尊及赏瓶、撇口瓶、玉壶春瓶等。总体来说，这一时期小件瓷器胎体轻薄，大件瓷器胎体厚重，修胎不精细，口沿较厚，有的地方厚薄不均，釉面有不少出现"波浪釉"现象。

图21 咸丰皇帝

图22 清咸丰青花竹石芭蕉纹玉壶春瓶，故宫博物院藏 　　图23 清咸丰斗彩描金缠枝花纹碗，故宫博物院藏 　　图24 清咸丰绿地粉彩开光花鸟纹方瓶，故宫博物院藏

八、同治

同治皇帝——清穆宗爱新觉罗·载淳（1856—1875）。同治五年（1866），景德镇御窑厂恢复烧造，制瓷业有短暂好转，但仅能勉强维持朝廷需要。同治时期生产的"囍"字瓷器是同治皇帝的大婚用器，质量相对较高，以海碗、大碗、中碗、酒杯、羹匙等餐具为主。这批大婚用瓷是同治七年（1868）江西巡抚景福在景德镇为宫廷烧造的，共计7294件。至于民窑瓷器，这一时期烧造质量比较粗糙，主要以大盘、大缸、大胆瓶为主，造型笨拙，施彩厚重，时代特征明显。

图25 同治皇帝

图26 清同治青花云龙纹赏瓶，　图27 清同治红底"囍"字碗，故宫博物院藏
故宫博物院藏

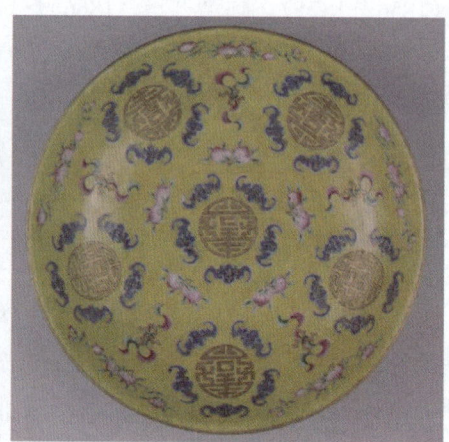

图28 清同治红釉开光金"囍"字碗，故宫博物院藏　图29 清同治粉彩描金寿字盘，故宫博物院藏

九、光绪

光绪皇帝——清德宗爱新觉罗·载湉（1871—1908），清朝入关后第九位皇帝，年号光绪。光，光大；绪，未竟之功业。"光绪"即"光大未竟之功业"。"光绪"这个年号反映了清廷重振国力的愿望，这一朝共34年。

瓷器生产自道光、咸丰、同治衰落之后，开始有复兴之势。光绪初年，官窑瓷生产数量增多，朝廷曾三次为慈禧太后的五十、六十、七十大寿烧制庆典贺寿官窑瓷，同时又大量烧造赏赐用瓷。除上述品种外，还烧制仿明清各朝不同种类的瓷器，其中也有不少精品之作，书"大雅斋"、"长春同庆"、"永庆长春"等款识的为这一时期的官窑精品器。由于光绪朝距今较近，传世瓷器的品种、数量均十分丰富，可与历代官窑瓷器传世量相比。光绪朝瓷器生产崇古，仿古之风盛行，出现了很多仿明朝和清康熙、雍正、乾隆以至嘉庆、道光时期的瓷器，有的仿品达到了乱真的程度。

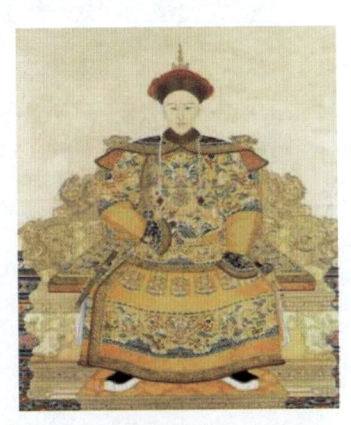

图 30　光绪皇帝

图 31　清光绪粉彩江山万代纹碗，故宫博物院藏　图 32　清光绪青花松鼠葡萄纹碗，故宫博物院藏

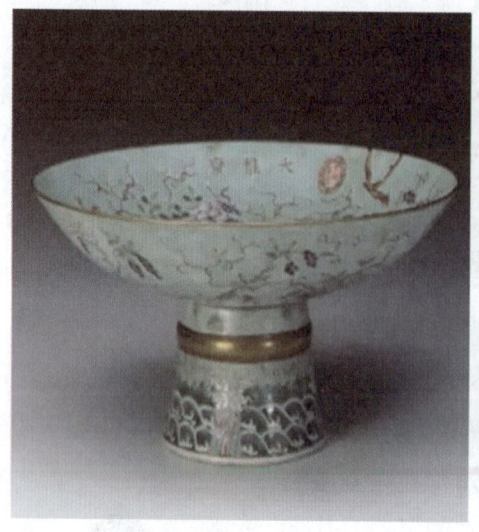

图 33　清光绪"大雅斋"款绿地粉彩花鸟纹高足盘，故宫博物院藏

图 34　清光绪粉彩云蝠纹赏瓶，洛阳博物馆藏

十、宣统

宣统皇帝——爱新觉罗·溥仪（1906—1967），清朝末代皇帝，也是中国历史上最后一个皇帝，在位3年。

宣统朝由于年限较短，官窑瓷器传世非常稀少。据史料记载，宣统二年（1910）曾烧过一批官窑瓷器，制作风格大多继承前朝，烧造量很有限，品种也不多，主要有青花、五彩、粉彩及各种颜色釉等。从传世品看，宣统官窑瓷器烧造质量较高，同类作品制作比光绪时期精细。宣统民窑瓷器在传世中也出现较少，这并不是因为烧造少，而是因为该朝仅3年，许多瓷器又不落款识，所以很可能被划归光绪或民国年间。

图 35　宣统皇帝

图36 清宣统黄地绿彩花鸟纹碗，故宫博物院藏 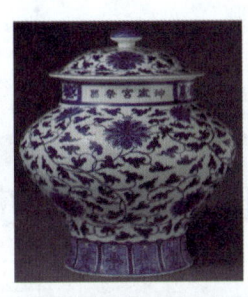　　图37 清宣统青花缠枝莲纹盖罐，故宫博物院藏 　　图38 清宣统粉彩夔凤纹碗，故宫博物院藏

参考文献：

① 中国硅酸盐学会主编：《中国陶瓷史》，文物出版社1982年版。
② 叶佩兰主编：《中国明清瓷器真伪鉴别》，大象出版社2005年版。
③ 李知宴主编：《中国陶瓷投资与鉴藏》，大象出版社2005年版。
④ 叶佩兰主编：《明清彩瓷鉴定》，印刷工业出版社2011年版。
⑤ 铁源主编：《清代青花瓷器》，华龄出版社1999年版。
⑥ 铁源主编：《明清五彩瓷器》，华龄出版社2001年版。
⑦ 铁源主编：《清代粉彩瓷器》，华龄出版社2001年版。

景德镇陶瓷及其历史文化生态

艾春龙[*]　白光华[**]

景德镇陶瓷文化生态，是指景德镇历代在生产陶瓷过程中，形成的物质文化与非物质文化，以及这些文化遗产所依赖的自然环境资源，即景德镇千百年围绕陶瓷业所形成的矿山、窑场、作坊、燃料、河道、码头、商贸、技艺、宗教、民居、民俗等融景德镇生产与生活、自然与人文为一体的独特文化生态。景德镇作为以单一陶瓷产业，延续烧造三千多年，且至今仍以陶瓷为主打产业的城市，其所形成的陶瓷文化生态，在人类文明史上具有鲜明的独特性。它们是景德镇陶瓷从业者的聚集地，也是景德镇陶瓷文化的发祥地和保存地。对于这一独特现象的梳理研究，具有历史、文化、社会、政治、经济及人类学研究等多方面的重要意义。

一、景德镇陶瓷文化生态的地理因素构成

景德镇陶瓷材料主要由瓷土与瓷石构成，即所谓"二元配方"。景德镇

---
[*] 艾春龙，现任景德镇市委宣传部副部长、景德镇市文化广播电影电视新闻传播（文物）局局长。
[**] 白光华，副研究员。现任景德镇市文物局文物科副科长，景德镇市民间艺术家协会副主席，中国古陶瓷研究会会员。

及周边地区盛产瓷石、高岭土、釉果、釉灰、耐火土等制瓷原料40余种。瓷石、高岭土采矿点达169处之多。这些原料产地离景德镇市区近者数里、数十里，远也不过百里。据1986年的资料显示，景德镇及周边瓷土蕴藏量有3434万吨，按1983年瓷土耗用量计算，能用四百年左右，其中瓷石在景德镇东流、柳家湾、瑶里等地储量550万吨，高岭土在景德镇大洲、高岭山等地储量200万吨。

景德镇地处典型的江南丘陵地带，有极其丰富的森林资源。自古以来，景德镇烧炼瓷器，主要用木柴和杂柴。特别是松木，油脂多、火焰长、耐久燃，是烧瓷的理想燃料。景德镇瓷器之所以品质好、产量高，与燃料松木密切相关。尤其是明代以前，多半只需就地取材，节省了运费，降低了成本，提高了与其他产瓷区的竞争力。

景德镇处于鄱阳湖水域的昌江之滨，河流纵横。以昌江为主流的东河、南河、西河等大小河流，给景德镇瓷业的发展带来了许多方便。其一是确保了瓷业泥釉的用水。清代督陶官唐英在《陶冶图说》中提出："造瓷首需泥土淘炼尤在精纯。"其二是提供了水上运输。由于陆路运瓷容易破损，景德镇瓷器主要靠水路运输。御瓷的运输自不必说，据《陶政》记载："查明初陶厂皆自水运达京。"至于民瓷，因木船载量大、安全、节省运费，在运输上更是靠水运。

图1-1　景德镇河东图，清程言绘

图1-2　景德镇河西图，清程言绘

景德镇的河流还为制瓷提供了一个特殊的便利。当地民众充分利用天然水流落差的动力，在一些支流上安装起水轮车和水碓，用以粉碎瓷石，制作瓷土、釉果。这些装置以前在浮梁的瑶里、三宝蓬、湖田、兰田、东流、寿溪坞等处

沿河均可见。据资料统计,景德镇原有水轮车约六百余部,共有水碓四千七百余支,最盛时超过六千支。每当春夏水发,车轮旋转,水碓翻腾,数里相接,响声隆隆,清代凌汝锦在《昌江杂咏》中描述:"重重水碓夹江开,未雨殷传数里雷。"这种粉碎制作瓷器原料的方式,省人、省事、省钱,可称为一大奇观。

图2 浮梁县瑶里镇绕南加工釉果的水碓

二、景德镇陶瓷文化生态的产业业态构成

据考古资料及文献显示:距今3000多年前的商代中期,景德镇就能烧制陶器。如景德镇乐平高岸岭、浮梁的燕窝里、天子畈等遗址发现有烧制陶器。延至汉代,景德镇制陶已有长足发展。到了南北朝时期,景德镇陶业开始崭露头角,陈至德元年(583)即制陶础进贡。

隋大业年间(605—618)制狮象大兽进贡。

唐高祖武德年间(618—626),陶瓷名匠"陶玉"将自己制作的瓷器带入关中,并向朝廷进贡,被称为"假玉器",受到皇室青睐,于是昌南瓷器名扬天下。唐代中晚期,乐平南窑烧制青瓷,浮梁兰田窑大量生产青瓷。

五代开始,景德镇生产出了具有划时代意义的白瓷,至此,景德镇瓷器品质有了巨大飞跃。在增加了极高的附加值的同时,也为景德镇彩瓷(釉下、釉上装饰)时代的到来,奠定了材质基础。

宋代,景德镇以其烧造胎质洁白细腻、釉色"如冰似玉"的青白瓷而闻名于世,创造了经济辉煌,成为"纳税大户",赢得朝野瞩目,宋真宗景德年间"天下咸称景德镇"。

元代开始,朝廷在景德镇设置浮梁瓷局掌管瓷器烧造,瓷石加老岭土"二元配方"发明,进一步提升了景德镇瓷器的材质。青花瓷、釉里红、青花釉里

红、蓝釉、孔雀绿、蓝地白龙瓷等的产出，成为景德镇陶瓷发展历史中又一具有划时代意义的事件，即迎来了景德镇彩瓷的时代，其成就直接推动了景德镇瓷业在明清两代的鼎盛。

图3　御窑厂遗址

明清王朝设置御窑厂，奠定了景德镇世界瓷都的历史地位。明代嘉靖、万历年间，在景德镇瓷业生产空前发展的历史条件下，景德镇瓷业萌现资本主义因素；明末清初海外对景德镇瓷器需求量的激增，更为景德镇瓷业的繁荣带来了极好的发展机遇，形成了"工匠八方来，器成天下走"的局面；清乾隆年间，景德镇甚至出现了"官民（御窑次色瓷器与民窑瓷器）竞市"的盛况；明清时期的"景德镇"也成为明清皇室宫廷用瓷的代名词，上到皇室、下至平民、远达海外，景德镇瓷器备受喜爱，"瓷都"名声影响至今。即使到民国时期，景德镇瓷业举步维艰，也有诸多可圈可点的制瓷成就。

三、景德镇陶瓷文化生态的物质文化遗产构成

（一）古窑址

目前，景德镇仍保存有古瓷窑址52处160多个分布点，总面积近20平方千米，主要分布在景德镇老城区和南河、小南河、东河、西河流域。这些窑炉作坊遗迹，以及窑具、瓷器堆积，蕴含了极其丰富的政治、经济、文化、工艺、审美等历史价值，是从唐、五代至今景德镇瓷业生产工艺、技术不断演进发展过程的重要、连续而完整的见证，对研究中国乃至世界瓷业工艺、技术的发展与相互影响具有不可替代的科学价值。尤其是御窑厂遗址和湖田窑遗址，影响最大。

（二）老城区街巷里弄及其建筑

景德镇老城区街巷里弄及其建筑，因多与景德镇陶瓷业有直接或间接关系，故其空间布局、形态、功能都有其特征。景德镇有"三洲四码头，四山八坞，九条半街，十八条巷，一百零八条弄"之说。现在仍有刘家弄、陈家弄、富强弄、葡萄架、彭家弄、三间庙等六个比较完整的历史文化街区。有百余处明清至民国时期的建筑、大片历史风貌建筑及工业遗产建筑。

图 4　清青花景德镇老城区图圆桌面

老城区地下布满 1—10 米深各个时期的窑业遗存。它们形成的背景，一是老城区原本为三面环水，地处昌江主河道与南河、西河交汇处，是一个"大洲地"，虽然地势低洼，十年九淹，但因有水运交通之便，故景德镇老城区一直是业瓷者的聚集地。他们生产的窑业废弃物，正好派上填坑补洼的用场，既抬高了地势，又把本来需要花钱出力运走的窑业垃圾派上了用场，一举多得。

主街与昌江河道平行，弄巷则多与昌江河道垂直相连，这与城区依靠昌江水运有关，目的是保持交通的通畅性。

景德镇老城区无城墙，但几乎每条街巷里弄进出口都有栅门，这既方便通行，又方便城市安全管理。

为挑坯运瓷方便，建筑与建筑之间多是勾连互通的，甚至可以通过有些建筑，穿行到另一个街区。

建筑外墙、路面、护坡、下水道等都用废弃的窑砖头、窑渣、破匣钵等砌筑，也是景德镇一道特色建筑景观。

景德镇老城区特有的作坊、窑房，形制"因势利导、因陋就简、因地制宜、

因材施用"，是历代陶瓷业者在追求效益（省工、省时、省力、省钱）最大化进程中，不断改进优化的高水平建筑设计。

景德镇老城区特有的挛窑店、满窑店、瓷行（仍有40余处建筑遗存）、洲店（专营有严重缺陷的瓷器地摊）、茭草行（代瓷商包装、选瓷的专业户）、红店（前店后坊式的加工彩瓷的瓷器店）、坯刀店、瓷用毛笔店、模利店（专制印坯用的模具）、白土行（专营瓷土、高岭土）等服务于陶瓷业。

省、州府、县、乡、宗族的会馆（书院、同业公会）近40家，现仍存有湖北会馆、奉新会馆、丰城会馆、北乡公所等10余处，是"浮业制陶器，利济天下，四方远近，挟其技能以食其力者，莫不趋之若鹜"，"五方杂处"，"工匠八方来，器成天下走"，"五方藉陶以利者甚众"的佐证。

有观音阁、旸府寺、泗王庙、宴公庙、城隍庙、傩神庙等佛教寺庙、道教宫观，以及清真寺、天主教堂、圣节庵（圣母堂）。甚至有景德镇瓷业特有的瓷业神庙宇——陶王庙、师主（赵慨）庙、风火仙师（祭祀明万历年间的烧窑工匠童宾，御窑厂遗址复建）、祭师祠（洲店供奉的创始人——陶大相公、陶二相公，仍存）等。这些宗教场所反映了景德镇地域的多样性与开放性。

有旸府滩渡、里市渡（李施渡，与三间庙码头相望）、双溪渡（今人民公园段）、中秀渡（今中渡口段）、市埠渡（今珠山大桥段）、下市埠渡（今十八渡、戴家弄段）、许家码头、曹家码头、湖南码头、刘家码头等渡口码头。现保存有三间庙码头（是景德镇老城区通往九江、鄱阳、祁门等方向的门户）、旸府滩渡（现为简单的水泥坡道），反映了景德镇"舟帆日日蔽江来"的繁忙景象。

还有古井10余处，古桥（为花岗岩石质便桥）多处等。

（三）古镇、古村落

景德镇的许多乡镇、村落的历史与兴衰，与景德镇陶瓷业息息相关。如：瑶里镇、鹅湖镇、绕南村、东埠村、高岭村与制瓷用高岭土、釉果生产、销售、运输有关；湘湖镇、竟成镇、进坑村、三宝村与瓷土业有关；礼芳村、胡宅村与烧陶瓷的燃料有关；旧城村（浮梁县衙所在地）与封建时期衙署对景德镇的监管有关。

（四）现代陶瓷工业相关遗存

这主要是新中国成立后的现代陶瓷工业相关遗存，主要包括：陶瓷原料车间、成型车间、窑房、彩绘车间、红炉车间、选瓷车间、包装车间、办公楼、仓库、研究实验楼、教学楼、活动场所，以及交通运输工具、机器设备、档案资料等。如：建国瓷厂、宇宙瓷厂、为民瓷厂、光明瓷厂、景德镇陶瓷学院老教学楼、轻工业陶瓷研究所"7501主席用瓷"生产基地等。它们是景德镇千年制瓷历史文脉的延续，体现了20世纪下半叶景德镇的陶瓷生产方式，具有较高的社会、经济、科技及审美价值。

图5 陶溪川工业遗产保护利用项目实施后（原宇宙瓷厂）

（五）景德镇产历代陶瓷藏品

景德镇国有文物收藏单位收藏的19603件（套）藏品中，绝大多数为景德镇产历代陶瓷。御窑厂遗址考古发掘出土的几十吨瓷片，完整地反映了景德镇御窑厂的陶瓷历史风貌，不少填补了世界陶瓷收藏的空白，它们完整地印证了御窑厂的管理制度、工艺技术演变过程，等等。民间遗存历代景德镇瓷器更是无法计数。

四、景德镇陶瓷文化生态的非物质文化遗产构成

景德镇陶瓷文化遗产中以非遗形态存在的陶瓷手工技艺、民俗活动、口头传说和礼仪节庆，朴实而生动地体现了景德镇人千百年来的生产、生活和情感

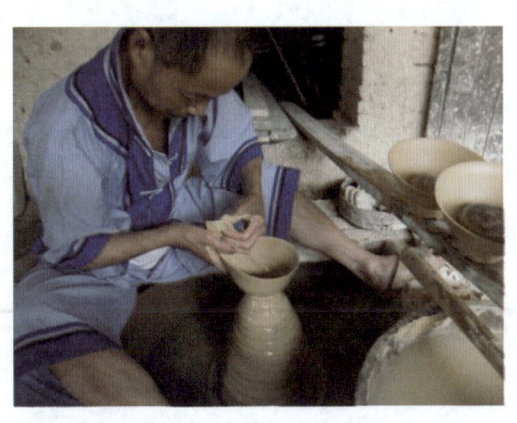

图 6　景德镇传统手工制瓷技艺拉坯

表达方式，维系着景德镇人的精神寄托和文化趋向。弥足珍贵的景德镇传统手工制瓷技艺，作为中华陶瓷文化的精髓，是中华陶瓷文明的重要象征。

陶瓷手工技艺精湛绝伦。景德镇手工制瓷技艺在发展历程中不断完善，最终成为全国乃至全世界手工制瓷技艺的集大成者。晚明宋应星《天工开物》谓"共计一坯工力，过手七十二，方克成器，其中微细节目尚不能尽也"，清雍正、乾隆年间唐英自撰的《陶成纪事碑记》所记录的各样装饰，有高温及低温颜色釉就达 57 种。主要技艺有：传统青花瓷制作技艺、传统颜色釉瓷烧制技艺、传统玲珑瓷制作技艺、传统雕塑瓷制作技艺、传统制瓷柴窑烧成技艺等。正是依靠这些独一无二的手工制瓷技艺，锻造了"瓷都"的金字品牌与历史地位。

陶瓷民间习俗个性鲜明。景德镇市因瓷而生、因瓷而兴、因瓷而盛，民间习俗也围绕瓷业而产生和形成。包括生产习俗、帮会习俗、崇拜习俗、节日习俗、语言习俗、工具习俗、服饰习俗、饮食习俗、建筑习俗、传统歌谣等内容。主要有祭拜瓷业神主、中秋烧太平窑、祭祀风火仙师等。并且因其陶民为"四方业者"，其民俗的地域性、多样性特点鲜明。

与陶瓷相关的民间故事内涵丰富。民间故事广泛流传于境内城乡各地。主要是反映窑工、瓷工、瓷器品种的传说。风火仙师、太平窑、美人祭等民间传说散落民间，口口相传。一是展现了景德镇窑工、瓷工与封建势力、剥削阶级斗争的智慧和勇气；二是反映了景德镇窑工、瓷工开发陶瓷新品种的探索精神；三是记录了景德镇生产习俗、帮会习俗、崇拜习俗、饮食习俗等民俗事象。

全市现已列入各级非遗保护名录 58 项。其中，国家级非遗保护项目 2 项、省级非遗保护项目 24 项。2009 年，"景德镇传统手工制瓷技艺"入围联合国人类非遗代表作名录评选，是江西省首个入围联合国名录评选的非遗保护名录。

五、景德镇陶瓷文化生态的保护、研究、传承

景德镇有如此独特完整的历史文化生态,研究、保护它,意义非凡。

(一)实施和完善保护规划

按照已经公布的《景德镇历史文化名城保护规划》、《景德镇御窑厂遗址保护规划》、《湖田古瓷窑遗址保护规划》、《景德镇瓷业文化遗产保护战略规划》,分轻重缓急逐步实施。应尽快编制和颁布《景德镇陶瓷文化生态保护规划》。进一步厘清景德镇陶瓷文化生态的概念,规划出一个或若干个景德镇陶瓷文化生态保护试验区,明确保护对象、保护原则、保护方式、保护措施、保护机制、实施步骤等。保护规划须围绕景德镇陶瓷文化生态的自然与人文、生产与生活之间的密切联系,重点是山态、水态、业态及居民业者的生活状态。

(二)重点保护修缮并再现历史原貌

将瓷行、会馆、书院、民居、官宅、寺庙、教堂、店铺、作坊、窑房、柴行、挛窑店、古井、古桥、近现代工业遗产等典型建筑加以修缮,进行陈列展览,其内容大致可分为:历史沿革、分布情况、建筑特征、历史作用、场景复原、文献资料、图片影像等。如:湖北会馆(公所、书院)可辟为"景德镇历代会馆史话陈列馆",展陈该建筑本体历史、建筑结构、布局之外,还要展陈景德镇历代分布在历史城区会馆(公所、书院)的相关信息资料;祥集弄3、11号明代民居可辟为"景德镇民居建筑陈列馆";中山南路27号查裕顺颜料店可辟为"景德镇店铺陈列馆"。其他建筑以此类推,规模大小按照实际情况处理。在符合国家相关法律法规的前提下,鼓励和支持国内外组织和个人按照国家有关规定参与古民居的维修和利用,并尽可能保护原住居民。

（三）加强历史文化生态学术研究

景德镇陶瓷文化生态的庞杂体系，以及其中隐含的未知信息尚待挖掘，决定了考古及学术研究工作永远在路上。要不断深入挖掘和研究中外文献资料、出土传世文物及非遗项目的内涵。为景德镇陶瓷文化生态的保护和利用，提供智力支持。如：海内外图书馆、教会图书馆等可能收藏的有关景德镇的照片、书信、诗文，唐英在九江关、淮安关等纵向与横向的研究。

（四）注重保护传统技艺的传承

对传统技艺类的项目，要注重代表性传承人的技艺传承，征集代表性传承人主要代表作品，鼓励探索生产性保护方式；对民俗类的项目，注重在相关社区的宣传和教育，促进群体传承。要为传承人开展传习活动提供更多必要的场所。还应完善传承人后备队伍，培养传承人梯队。

景德镇御窑厂遗址考古调查与发掘主要收获

江建新[*]

一、前言

  景德镇御窑厂遗址，位于景德镇市区珠山路之珠山南侧（原市政府所在地）。珠山原为城区中心，据《浮梁县志》载："珠山，在景德之中独起一峰，高数十仞，绵亘数里，峰峦遥列，俯视四境。相传秦时番君登此，谓立马山。至唐因地绕五龙，为珠山。元末于光据之为行台。号蟠龙山，明称矗山。后为御器厂镇山。"1950年以后随着城市建设和改造的推进，珠山几乎被夷平，唯龙珠阁旧址仍保留了十多米高的台地。

  关于御窑厂的规模与格局，明万历二十五年（1597）王宗沐《江西省大志·陶书》有详细记载：

    御器厂中为堂正厅三，后为轩穿堂一、为寝后堂三，寝后高埠为亭圖曰"兀然"，今改为"纪绩"。堂之旁为东西序各厢房三，东南有门三，堂之左为官署大门三，厅堂三，东西廊房六，堂之前为仪门三，为鼓楼三，为东西大库房各六，内外库八，为

---

[*] 江建新，现任江西景德镇市陶瓷考古研究所所长。

作二十三,曰大碗作房七间,小泥房七间,曰酒钟作房三间,曰碟作房八间,小泥房四间,曰盘作房七间,小泥房四间,曰钟作房七间,小泥房四间,曰印作房十间,小泥房四间,曰锥龙作房一间,曰画作房一间,曰写字作房一间,曰色作房七间,曰匣作房三十三间,曰泥水作房一间,曰大木作房五间,曰小木作房五间,曰舡木作房二间,曰铁作房四间,曰竹作房二间,曰漆作房三间,曰索作房一间,曰桶作房一间,曰染作房一间,曰东碓作四十六乘,曰西碓作一十六乘,为督工亭三改为缘舍,为狱房一。厂之西为公馆,东为九江道,为窑六,曰风火窑,曰色窑,曰大小熿窑连色窑共二十座,曰大龙缸窑十六座。曰匣窑,曰青窑四十四座。厂内神祠三曰玄帝,曰仙陶,曰五显,厂外神祠一曰师主,甃井二一在南门内,一在锥龙作,为厂二,曰船柴厂屋十间,曰水柴厂屋九间,放柴房八十七间,烧窑人役歇房八间。

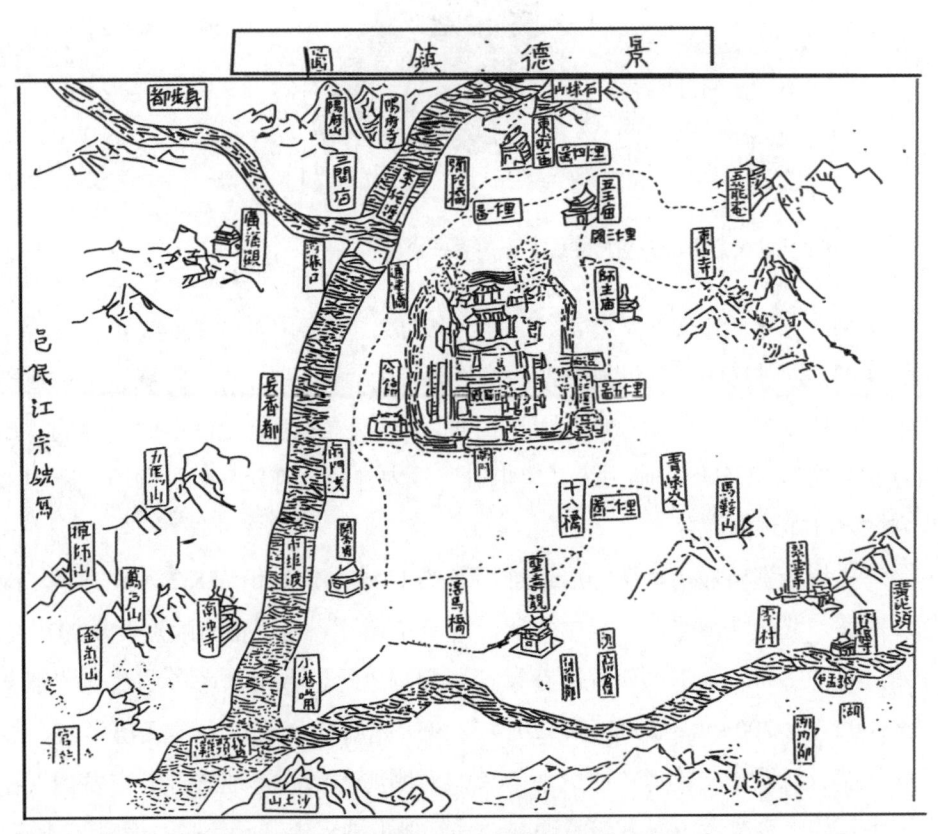

图1　清康熙二十一年(1682)《浮梁县志》中景德镇御窑厂版图

这是关于明御窑厂最翔实、最完备的记载。清代御窑厂的规模与明代御窑厂大致相同，从整个御窑厂布局来看，其生产功能全面，分布合理，规模宏大（图1、2）。

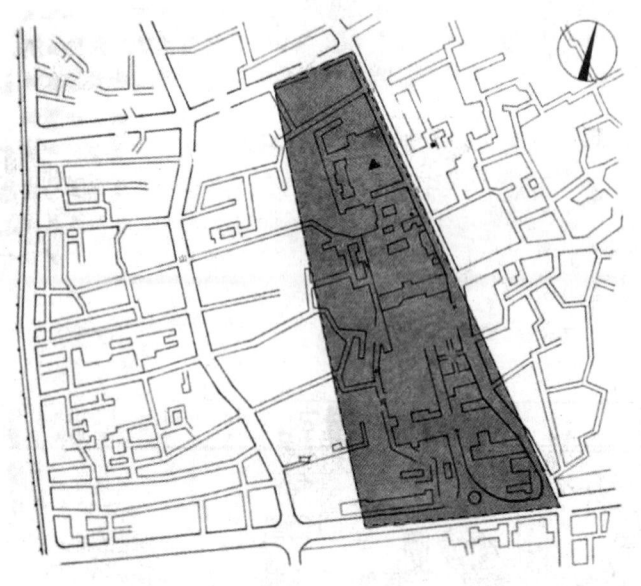

图例
—— 现代街道、建筑
--- 明御窑厂范围

图2　现代景德镇御窑厂遗址考古调查示意图

明洪武二年（1369）至清宣统三年（1911），御窑厂延续了542年。清代覆亡后，御窑厂被撤销，袁世凯称帝，将其改设为"陶务监督署"，烧造过一批瓷器。袁氏称帝幻灭，该署撤销。民国时期，御窑厂之西北侧设官助民办的"江西瓷业公司"，部分厂舍随后为军警屯驻，厂内许多建筑任其断瓦颓垣。新中国成立后，唯龙珠阁尚存。

考古调查资料显示，御窑厂遗址周长约1145米，面积约5.2万平方米，南临珠山路，北接斗富弄，东至中华路，西至东司岭。为配合市政建设，1979年开始，景德镇市陶瓷考古研究所在御窑厂周围进行过数十次考古调查与清理发掘。2002年、2003年、2004年、2014年该所先后联合北京大学文博学院、故宫博物院、江西省文物考古研究所等单位对明清御窑厂遗址进行考古发掘。在近三十年的十余次考古发掘与清理中，陆续发现并出土了元、明、清官窑遗存。现将考古发掘主要收获介绍如下。

二、元官窑的发现

1988年,景德镇市陶瓷考古研究所在珠山北麓一条深约1.5米的沟道中发现一元代窑业堆积,清理出土一批形制特异的瓷器残片。种类有卵白瓷、青花、蓝地白花、蓝地金彩、孔雀绿地青花、孔雀绿地金彩等;器型有围棋罐(图3)、大盖盒(砚)(图4)、直口或桶式盖罐(图5)、小底鼓腹盖罐、靶盏等。这批出土遗物与传世的卵白釉印五爪、四爪龙纹、八大码、八宝纹和印"枢府"、"太禧"铭瓷器非常相似,带有明显的元官窑瓷器特征。从《元典章》中禁止民间使用描金、贴金,《元史》中禁止民间使用双角五爪龙纹的记载可推测,其中的孔雀绿金彩大盖盒(图6)、青花五爪龙纹器等瓷器出自元代官窑 —— 浮梁磁局。

浮梁磁局设置于至元十五年(1278),结束于元末战乱,在景德镇存在74年。《元史·百官四·将作院》载:"浮梁磁局,秩正九品。至元十五年立。掌烧造磁器,并漆造马尾棕藤笠帽等事。大使、副使各一员。"上述出土遗物对研究元官窑 —— 浮梁磁局有重要价值,也是迄今发现的最珍贵的元官窑资料。

图3 青花龙纹围棋罐

图4 青花大盖盒

图5 青花直口盖罐

图6 孔雀绿金彩大盖盒

2003年，景德镇陶瓷考古研究所、北京大学考古文博学院等单位在明御器厂（今龙珠阁）北侧发掘中陆续发现元代青花、青白釉、卵白釉残片，均具官窑特征。同时，在地层中发现刻有"局用"铭的明初官窑残器，说明明初官匠们仍习惯沿用元代磁局称谓。综合以上考古资料信息，可判断明代御器厂是在元官窑——浮梁磁局基础上建立起来的。

陶瓷学界认为，传世品中有特异纹饰的瓷器属浮梁磁局产品，如缀珠、带火焰的马纹、云肩纹、芦雁纹、莲池鸳鸯纹、白鹭、角鹿、飞凤、双鲤、幽兰、灵芝、百合、牵牛、竹叶纹等。饰有此类纹样的元青花，若器型规整、绘制细腻、青花呈色蓝艳，当属浮梁磁局产品。20世纪50年代初，美国学者约翰·亚历山大·波普博士确定现藏于伊朗、土耳其的精美青花瓷为元代产品。而珠山北麓出土的元代瓷器，与波普介绍的青花瓷风格十分相似，可见二者与元官窑——浮梁磁局产品有相同特征。

根据珠山北麓出土的遗物得知，元早期的官窑烧造了大量的卵白釉瓷（又称"枢府瓷"）。结合相关文献推断，浮梁磁局的设置很可能与当时元廷需要质

"纯"的祭器有关。《元史·祭祀一·郊祀上》载:"元兴朔漠,代有拜天之礼。衣冠尚质,祭器尚纯,帝后亲之,宗戚助祭……世祖中统二年(1261),亲征北方。夏四月己亥,躬祀天于旧桓州之西北","至元十二年(1282)十二月,以受尊号,遣使豫告天地,下太常检讨唐、宋、金旧仪,于国阳丽正门东南七里建祭台,设昊天上帝、皇地祇位二,行一献礼。自后国有大典礼,皆即南郊告谢焉"。由此可知:元初世祖便十分重视祭祀之礼,并亲自参与祭祀活动,祭礼用器尚"纯"。由于元代"国俗尚白",那么,质地较"纯"的卵白釉瓷显然符合元代朝廷祭祀的需要。

景德镇地区目前考古发现,烧造这类具有官窑性质的卵白釉瓷的窑场有珠山北麓、湖田、落马桥等。联系明万历二十五年《江西省大志·陶书》"宋以奉御董造,元泰定本路总管监陶,皆有命则供,否则止",元代孔齐《静斋至正直记》卷二"每岁差官监造器皿以贡,谓之'御土窑'。烧罢即封,土不敢私也"的记载可知,磁局的烧造活动不是长年累月地进行,而是在朝廷"有命"的情况下才生产,烧造完毕即封窑,甚至"御土"(按:这里的御土当指高岭土)也要封存,不得私用。由此可见,磁局的窑场似乎不像后来的明清御厂那样有独立厂址。因为,如果有独立厂址,就用不着烧造完贡瓷之后即封存御土,怕别人私用了。当时的磁局有可能选择景德镇地区条件较好、有一定基础的优秀民窑作为定点窑场,官匠居此借助民窑场所进行皇家用瓷的烧造。当时的明御器厂珠山北麓一带很可能属浮梁磁局管辖的窑场之一。

三、关于洪武官窑

(一)关于洪武官窑及设置之年

1979年,景德镇市陶瓷考古研究所在明御器厂龙珠阁东墙基建工地发现绘折枝菊纹青花折沿大盘残片,与波普和日本学者提出的元末明初瓷器特征十分相似。1988年,在明御器厂东门边一条长9米、宽1.2米、深约1.9米的沟道中清理出一批明初瓷片，其中有釉里红缠枝花卉大盘、多棱大罐、红釉墩子碗残片，这些瓷片与传世的洪武或"元末明初"瓷器特征完全一致。1990年，御窑厂遗址珠山东麓修建台阶，景德镇考古研究所在距地表5米处发现了一批明早期遗物，有白瓷砖、琉璃瓦、白瓷水管等建筑构件，有青花及釉里红大盘、罐以及白瓷印花小盘、碗和印有"官匣"字样的匣钵（图7）等残片。其中的砖、瓦曾见于安徽凤阳明中都遗址，青花与釉里红残片与传世的洪武瓷器相同。其中一块用铁料书写题记的瓦片特别重要，这片瓦（图8）长38厘米、宽27.5厘米，上半部用铁料书写题记："寿字三号，人匠王士名，浇釉凡（樊）道名，风火方南，作头潘成，甲首吴昌秀，监工浮梁县丞赵万初，监造提举周成、下连都。"其中"浮梁县丞赵万初"题记可与文献相印证。康熙二十一年（1682）《浮梁县志》卷五"官制"之"洪武县丞"条下刊有"赵万初、陈登"。赵万初仅有小字注为咸阳人；陈登有传，谓其为洪武后期县丞。那么，名列陈登之前的赵万初当为洪武早期的县丞了。根据瓦上题记，可印证该地层出土的遗物为洪武早期官窑遗物。由此也可推断，洪武官窑设置于洪武早期。

文献中有关于洪武二年（1369）、洪武三十五年（1402）设置官窑之说。与上述出土的洪武早期遗物相印证，关于洪武二年设置官窑之说是可能的，因洪武三十五年实为建文四年，此时建文帝刚被推翻，永乐政权刚刚建立，要设置官窑当是永乐朝的事了。因此，文献中的洪武二年设置官窑之说较为可靠，明洪武二年朱元璋延续元官窑制度在景德镇珠山设立御厂当有可能。

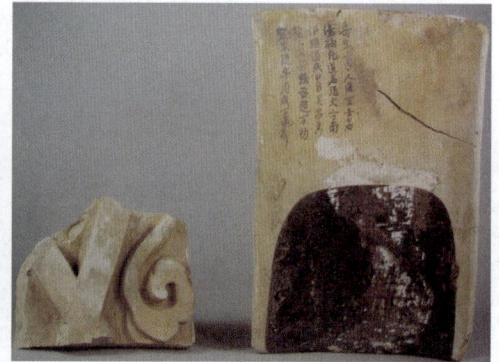

图7　印"官匣"铭匣钵　　　　　　图8　有"赵万初铭文"的瓷瓦

（二）关于出土的洪武官窑瓷器

1994 年，明御器厂东侧出土一批洪武青花大盘、罐、壶、碗等大件瓷器，其形制与彩饰风格具有元青花特征，这从一个侧面说明生产这类青花瓷的匠人，很可能就是原浮梁磁局的工匠。在这批遗物中，有同一地层出土的"浮梁县丞赵万初"题记瓷瓦，与传世的洪武瓷器一致，故知其为洪武官窑瓷器。2003 年，由北京大学、江西省考古研究所、景德镇陶瓷考古研究所在御窑厂珠山北侧进行考古发掘，清理出洪武时代的葫芦窑遗址 6 座（图 9），同时出土大量洪武官窑瓷片，这些瓷片与 1994 年出土的洪武瓷器特征相同。

1995 年出土的两式洪武碗极为罕见：一种为窝形小足青花碗，浅斜壁，器壁较薄，足底刷白釉，内绘摘枝花纹，外饰缠枝四季花卉，口径有 28 厘米和 22 厘米两种，其造型源于元代，永乐年间继续烧造；一种为敞口釉里红大碗（图 10），深腹小足，涩底洁白，胎壁较厚，口径有 38 厘米和 32 厘米两种。出土的盘有两式：一为菱口折沿青花大盘（图 11），浅弧壁做成花瓣状起棱；一为板沿圆口青花大盘（图 12），此类盘比元代大盘底厚，足底无釉呈"火石红"。出土的执壶，壶身为玉壶春瓶形（图 13），弯流细长与壶口平高，有趣的是壶柄

图 9　洪武时代葫芦窑遗址（局部）

下端接头有三个仿金属器皿的铆钉，此为洪武执壶所独有的装饰，该器造型显然仿自 14 世纪伊斯兰金属器。出土的青花珠顶荷叶形大盖罐，器型与元代的相比，腹厚、罐身长（高 66 厘米），但由于器身做成瓜棱和采用竖向条形花纹装饰，因此虽然形体巨大，却也有挺拔秀丽感。同期出土的盏与盏托，为洪武年间的罕见之物。

图 10　洪武釉里红大碗

图 11　洪武菱口折沿青花大盘

图 12　洪武板沿圆口青花大盘

图 13　洪武青花执壶

对洪武瓷器的认识与研究，始于20世纪50年代。1956年，美国学者约翰·亚历山大·波普根据伦敦大维德基金会收藏的一对有"至正十一年铭"的青花象耳长颈瓶，在伊朗阿德比尔清真寺与土耳其伊斯坦布尔托普卡帕博物馆确定了一批"至正型"元末成熟期的青花瓷，同时又认定了一组既有元青花元素又有永乐、宣德青花特点的洪武瓷器。1964年，南京明故宫玉带河发现一批洪武瓷片。1984年，北京第四中学基建工地也出土了数千片洪武瓷片。尤其是1995年御窑厂遗址出土的大量洪武官窑瓷器，使人们对洪武瓷器的认识愈加清晰。过去，学术界多数人偏向洪武三十五年设官窑之说，日本学界则较为谨慎，将一批有元代风格，但又不完全与元代瓷器相同的遗物定为"元末明初"瓷器。以上御窑厂遗址考古发掘的这批明早期遗物，以及根据瓦上题记与文献印证得出洪武官窑设置于洪武二年的结论，获得了学术界的普遍认可。

据《明太祖实录》（"洪武十八年十一月己未朔甲子"条）载："朕思微时兵荒饥馑，日食藜藿，今日贵为天子，富有天下，未尝一日忘于怀，故宫室器用一从朴素。"朱元璋既然规定"宫室用器一从朴素"，那么其时的官窑瓷器自然亦不能例外，而这种所谓"朴素"的时代要求似乎构成了洪武瓷器的时代特征。从出土资料看，洪武青花与釉里红纹饰大体相同，其纹饰有元青花意味，但比元青花构图简单，层次亦显疏朗，纹饰题材亦大量减少，如元代流行的人物故事、鱼藻、瑞兽、鸳鸯莲池等纹饰元素均已不见，变成以花卉为主，常见的主体纹饰有菊、牡丹、灵芝、石榴、宝相、荷花；其次有湖石栏杆、芭蕉、竹石、竹叶灵芝、湖石竹、松竹梅等；边饰有卷草纹、回纹、潮水纹、蕉叶纹、缠枝灵芝、莲瓣纹等。这与洪武时代的朴素风格相吻合。

四、关于永乐官窑

（一）历年来永乐官窑遗存的清理与发掘

1982年，景德镇市陶瓷考古研究所在御窑厂南院东侧一道沟中发现永乐刻

款白瓷靶盏等。1983—1984年，珠山中路翻修，在沟南清理发掘，清理面积180平方米，出土了大量可以复原的永乐瓷器。该处文化堆积层分为6层，其中第3层的白色沙土层中出土了17块侧面施有甜白釉的折角瓷砖（图14）。根据相关文献推断，这些瓷砖为永乐十七年（1419）以前南京修建大报恩寺白塔所用之塔砖；第4层为厚约5—45厘米的淡红土夹沙层，其中杂有少量白瓷残片和青花盘残片，几个高足杯底心印有"永乐年制"四字篆文款；第5层为厚5—55厘米的白瓷残片层，从该层出土了白釉高足杯残足110件，刻或印有"永乐年制"四字篆文款的71件，同时出土了大量的僧帽壶、碗、折沿盘、白釉盘口长颈瓶、梅瓶、鸡心扁瓶、方流鸡心扁壶、折肩深腹执壶、四系矮壶等以及仿伊斯兰金属器形之白釉单把水罐、方流直颈长壶、扁壶、珠顶双环耳盖皿、八方烛台等。

1984年，景德镇市陶瓷考古研究所在御窑厂南院西侧，即原市政府南大门以西约16—36米的珠山路人行横道上（该地为明御器厂之公馆岭遗址）配合基建，抢救性发掘了约290平方米遗址。出土物仍以永乐甜白釉瓷为主，但品种已较前期大为丰富，除甜白釉之外，还有红釉、红地白花、青花釉里红、甜白矾红彩、孔雀绿彩、红绿彩、高温黄褐彩、绿地褐彩及黄地绿彩等品种。器形以碗、盘、高足杯及梨形壶等实用器为多。陈设瓷有青花龙纹玉壶春瓶，特异造型的有白釉三壶连通器、釉里红笔盒、青花梵文大勺等。并首次出现海兽纹、三鱼纹等，祭红地白龙纹靶盏、碗、盘也为这个时期的独创之物。

1987年，在御窑厂西墙东司岭下的明初填土中发现两块釉里红盘口长颈瓶残片，一口沿釉里红书"永乐元……供养"，另一书"永乐四年……供养"（图15），这是迄今所见的最早的永乐官窑釉里红瓷器纪年标本。1988年4月至5月，为配合在中华路铺设煤气管道工程，景德镇市陶瓷考古研究所在御窑厂遗址东门边一段长约9米、宽约1.2米、深约1.9米的沟道中发现永乐和明初瓷器残片。沟道中的土色地层可分4层，其中第3层出土了青花折枝牡丹纹折沿盘、青花缠枝莲纹折沿菱口盘、青花折枝花卉纹盖罐等。这层下面紧贴着出土了存有洪武釉里红大盘、罐的洪武地层，因而确定此层为永乐早期堆积。

1994年6月至8月，景德镇市陶瓷考古研究所配合景德镇市政府在中华路修建7层高楼工程，在御窑厂东院进行发掘，发掘面积360平方米。该地文化

堆积分为9层，第4层和第6层之间有两片较为集中的瓷片堆积，其中90%以上的瓷片均能对合复原。这些瓷器可分两类：一类胎体厚重、器形硕大、料色灰淡、画笔劲健，为明初官窑瓷器（即洪武瓷器），有釉里红缠枝花卉大碗等；另一类胎釉细腻、器形丰富、胎壁较薄、青料深蓝并微有晕散、画风潇洒飘逸，为永乐中期以前器物，品种有青花、白釉金彩、白釉绿彩等。其中罕见的器物有影青刻海浪青花龙纹罐、青花花卉纹盖皿、青花海浪仙山双耳三足炉（图16）、青花缠枝牡丹纹大窝盘、松竹梅纹大窝盘和湖石鸡冠纹大窝盘等。

1999年7月，在御窑厂遗址西南侧基建时发现明永乐瓷片堆积，景德镇市陶瓷考古研究所对此进行清理，在长约4.6米、宽约2.3米的发掘探坑中发现4层地层，其中第3层为永乐瓷片堆积层，厚约20厘米。出土的永乐瓷片有青花、釉里红、白釉、黑釉等品种，其中有青花龙纹海水歇爵山盘、青花海水刻白龙纹梅瓶、红釉梨形壶、白釉瓷铸、黑釉"永乐二十一年"铭双耳三足炉等。

2003年，景德镇市陶瓷考古研究所、北京大学考古文博学院等单位对景德镇明清御窑遗址进行考古发掘。发掘地点在珠山北麓，发掘面积788平方米。此次发掘出土明洪武中期到永乐时期的葫芦形窑6座、落选御品埋藏坑16个、落选御品5大片。其中，永乐时期的埋藏坑14个，瓷器多为红釉（图17）和釉里红。经过拼对，修复青花釉里红云龙纹梅瓶、釉里红云龙纹梅瓶、红釉刻划云龙纹梅瓶、里红釉外釉里红赶珠龙纹大碗、红釉僧帽壶、红釉梨形壶、红釉高足杯、红釉印花盖盒、釉里红花卉小碗、釉里红云龙纹高足杯、紫金釉高足杯、黑釉划花鼎式香炉等，种类非常丰富。

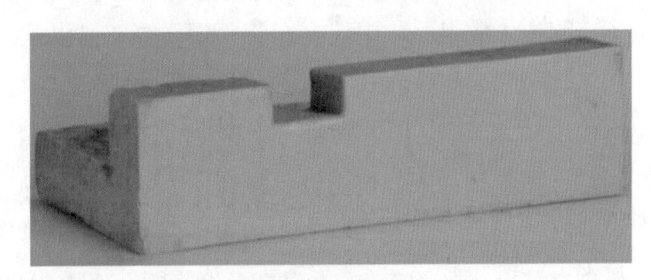

图 14　永乐甜白釉的折角瓷砖

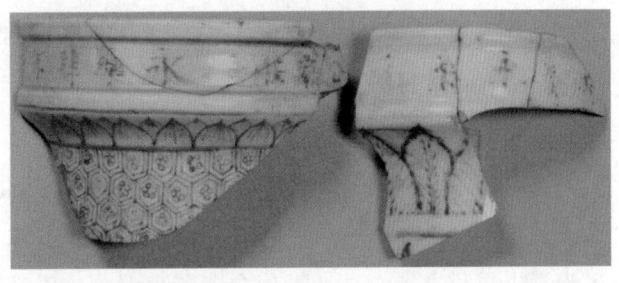

图 15　永乐釉里红书"永乐元……供养"，另一书"永乐四年……供养"铭残片

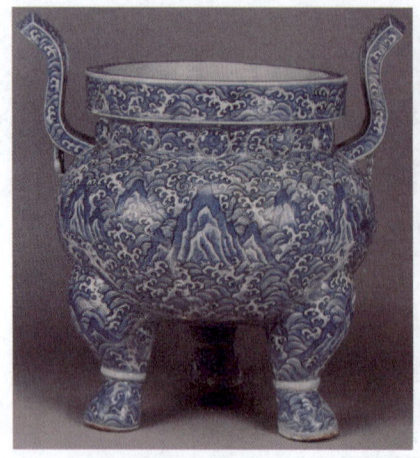

图 16　永乐青花海浪仙山双耳三足炉　　图 17　永乐红釉瓷器埋藏坑

（二）关于出土的永乐官窑瓷器

1987年出土的两块永乐釉里红"元年……"、"四年……"铭标本，印证了《明史·成祖一》中建文四年"诏：今年以洪武三十五年为纪，明年为永乐元年"与明人王宗沐《江西省大志·陶政志》："洪武三十五年始开窑烧造，解京供用，有御厂一所，官窑二十座"的记载，说明洪武三十五年（即永乐元年）明御厂便开始为朱棣烧造宫廷用瓷了。从这两块标本看，釉里红的色调保留了洪武时代釉里红泛灰的特点，与永乐后期色调较纯正的釉里红不同，这说明永乐官窑釉里红有早晚之分，早期色调泛灰，后期色调十分纯正。

出土的永乐官窑瓷器中以白瓷最多，如：白釉荷叶盖罐、甜白釉盘口长颈瓶、白釉三壶连通器（图18）、白釉浮雕莲瓣纹束腰三足座（图19）、白釉带盖豆、白釉单把罐、白釉双耳扁壶、白釉八方烛台、白釉军持、白釉鸡心扁瓶（图20）、白釉方流鸡心壶、白釉方流直颈执壶、甜白釉折肩深腹执壶、甜白釉四系矮壶、甜白釉锥花僧帽壶、甜白釉花口洗、甜白釉梅瓶、甜白釉素面双环珠顶盖皿（图21）、甜白釉爵（图22）、甜白瓷砖、甜白釉锥花龙纹梨形壶等，多为举世罕见之器。从这批甜白瓷器来看，永乐帝似乎对甜白瓷尤为青睐，《明太宗实录》"永乐四年十月丁未"条也有记："回回结牙思进玉碗，上不受，命

礼部赐钞遣还，谓尚书郑赐曰：朕朝夕所用中国瓷器，洁素莹然，甚适于心，不必此也，况此物今库亦有之。"

出土了一批与郑和下西洋有关的瓷器（图23），如：环底双耳扁壶、三足雕花器座、八方烛台、直颈短流把壶、单把小罐、环底钵、筒状器座（又叫无

图 18　永乐白釉三壶连通器

图 19　永乐白釉浮雕莲瓣纹束腰三足座

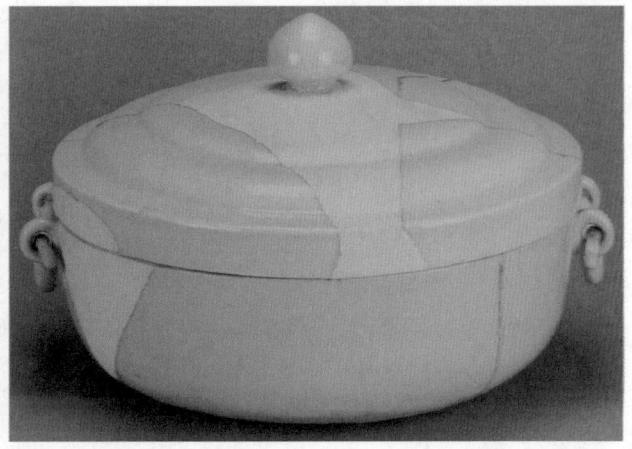

图 20　永乐白釉鸡心扁瓶

图 21　甜白釉素面双环珠顶盖皿

挡尊）、青花龙纹扁瓶、青花花卉纹扁瓶、青花花卉纹执壶、釉里红花卉笔盒等，这些瓷器的部分造型与14世纪伊斯兰金属器十分相似，充满异域风情。

不少品种属首次发现，对研究永乐官窑瓷器有重要意义。如：绿彩灵枝竹叶纹器托、黄彩靶盏、矾红彩云凤纹碗、绿地酱彩龙纹小碗、锥花红地绿龙纹小盘、金彩钵等。这些釉上彩瓷在工艺技术上有创新，为宣德斗彩的出现准备了工艺条件。如：出土的永乐海水仙山纹香炉、永乐三壶连通器、永乐白瓷铸，这些器物综合运用了镶、镂空、异形粘接等技术。这种娴熟的成型技术，似用模范浇铸金属器皿一样，显示了永乐官窑高超的成型技术和造型能力。

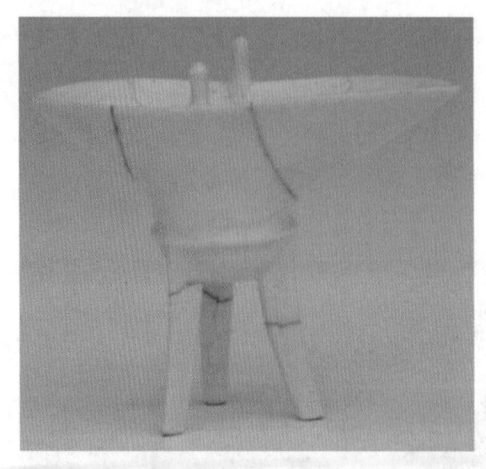

图22　永乐甜白釉爵

图23　与郑和下西洋有关的永乐瓷器

五、关于宣德官窑

1982年，景德镇市陶瓷考古研究所在今珠山路北侧御窑厂大门前清理出明代残瓷窑一座、官窑废品堆积七处，出土了一批书有宣德年款以及一批无款的明初官窑残器。1983年、1984年、1988年又陆续在御窑厂东墙以及东南侧与西南侧发现大量宣德瓷器。1993年，景德镇陶瓷考古研究所为配合基建，在御窑厂东侧中华路一带清理发掘大量宣德遗物。

从历年出土资料看，宣德官窑不仅烧造量大，其品种之多也是空前的。根据考古修复瓷器统计，器型有碗、盘、杯、碟、靶盏、壶、盆、洗、罐、漏斗、

渣斗、钵、瓶、炉、缸、笔盒、砚滴、水盂、灯、镂空香薰、花盆、盆托、水仙盆、花插、蟋蟀罐、鸟食罐等；仿伊斯兰金属器造型有八方烛台、方流执壶、双耳扁壶、网格纹盖皿和单把罐（花浇）。祭祀及佛教礼器有坛盏、豆、三足香炉、军持及僧帽壶等。瓷器品种有甜白、影青、天青、宝石蓝、鲜（祭）红、紫金釉及仿宋名窑的仿建窑天目、仿紫定、仿汝、仿龙泉、仿哥、茶叶末釉等；浇黄、洒蓝（雪花蓝）、孔雀绿、瓜皮绿等；青花、釉里红、酱彩、铁红彩、青花斗彩釉里红、宝石蓝地白花彩；青花斗彩、青花填黄、青花填矾红及青花孔雀绿彩等；单纯矾红彩、釉上绿彩及黄地填绿釉彩等。印证《大明会典》记载，宣德八年（1433），一次"往饶州烧造各样瓷器四十四万三千五百件"，根据出土资料来看，这一记载似乎可信。

1993年，明御器厂宣德地层出土了青花书"乐一号"、"乐三号"铭青花试料盘（图24），该盘青花色调淡雅，所谓"乐一号"、"乐三号"可能就是乐平青料（即文献记载的所谓陂塘青或平等青）。关于宣德青花料学界历来有两种说法：一是宣德青花使用的青料是国外的"苏麻离青"；二是"苏麻离青"和国产料掺和使用。根据这一说法，景德镇陶瓷考古研究所提供了御窑厂出土的8块典型宣德青花瓷片给中科院上海硅酸盐研究所进行测试。经测试分析，宣德青花所用的青花料是一种低铁高锰的国产料，这对我们认识宣德青花料有重要参考价值。由于宣德青花料中减少了钴铁着色而增加了钴锰着色，故形成纯正蓝色中"略带紫色调"，这就是宣德青花与前朝相似又胜于前朝的原因。

从出土的宣德瓷器来看，其时的制品绝大多数都有年款，并有固定的形式。书体有楷书和篆书二种。从工艺与装饰形式上看，有刻款、青花

图24 宣德青花书"乐一号"、"乐三号"铭青花试料盘

图25 宣德青花龙纹蟋蟀罐　　图26 宣德青花凤纹蟋蟀罐

款、铁绘款与釉上矾红款；字数有四字、六字；排列形式有单行（横排、竖排）、双行、三行排列；有加双圈、单圈或长方单框等。宣德碗盘底多施盘，款识流行书于器底，大盘则书于外壁口沿处，瓶罐类则多书于器物之肩部，还有在同一器物上书写两个年款的（如蟋蟀罐和笔盒），故前人有"宣德款识满器身"之说。

1993年出土了大量精美宣德青花蟋蟀罐，相同造型而不同纹饰的有10余种，如行龙、凤穿花、花卉、瓜果、天马、莲池珍禽、樱桃画眉、白鹭黄鹂、猎犬飞鹰、洲渚水禽及芦洲鸳鸯纹等（图25、26）。其中有些纹样是过去未闻未见过的，尤其是其后三种纹样在构图状物方面极富绘画趣味。宣德青花有"殿中画院人遣画也"的记载，故其"粉本"可能出自宣德时供职于仁智殿的宫廷画家。这批遗物不仅证实宣德宫中尚蟋蟀之戏，且宣宗本人也有斗虫之好。

官窑遗址还出土了大量宣德仿宋名窑单色釉瓷，有仿紫定釉、建窑黑釉和汝（淡青）釉、哥釉碗及一批仿龙泉青釉碟、钵、花盆和带座梅瓶等，这批实物充分说明，宋代名窑的工艺技术与艺术风格已在宣德官窑中得到运用并产生影响。

图27 宣德斗彩鸳鸯莲池纹盘

出土的宣德斗彩鸳鸯莲池纹盘与收藏在西藏萨迦寺的传世宣德斗彩鸳鸯莲池纹碗、靶盏相印证，说明宣德官窑已有斗彩制作，这标志中国釉上彩技术开始成熟（图27）。

六、关于正统、景泰、天顺官窑

1988年，景德镇市陶瓷考古研究所为配合基建，在御窑厂西南侧一带清理发掘出大批明正统官窑瓷器残片，同时清理出明正统时期窑炉（图28）5座，2004年又清理出正统至万历窑炉14座，均为馒头窑。出土的瓷器有青花缠枝宝相花纹葫芦瓶、青花海水纹靶盏与碗盘、青花八宝纹碗、青花海浪海怪纹缸、青花莲池纹盘、青花海水白龙纹碗和青花刻白龙纹盘、青花龙纹填红直壁碗、青花斗彩莲池鸳鸯纹碗等。其中青花云龙纹大缸，腹径达88厘米，器型硕大，似为明朝最大的一件瓷器。青花海兽仙山海潮纹器座，内外两面彩，器足底亦饰有青花卷草纹，十分罕见。青花双耳球花纹瓶，其颈部之小双耳，似为"空白期"富有特色且流行的样式，如景德镇陶瓷馆藏景泰四年墓出土民窑青花折枝牡丹纹双耳瓶，具有与该器相似的特征。

以上出土瓷器的青花色调与宣德青花相似，色调深沉浓丽。器型与同类的宣德器型（如靶盏、碗、盘）相似，而龙纹大缸、海怪缸、器座、双耳瓶则既不见早于它的宣德，也不见晚于它的成化官窑，属该时期特有的器型。其中的青花龙纹大缸可与

图28　正统官窑窑炉发掘遗址

《明史》中关于太监王振令景德镇为三大殿（奉天、谨身、华盖）烧造青龙白地花缸的记载相印证。纹饰方面，龙纹、缠枝花卉、边饰纹样与宣德相近，其汹涌海潮、海兽、云气、福海仙山和球花纹等为正统独特纹样。八宝纹中的"鱼"纹画成"单鱼"，八宝排序"轮、螺、伞、盖、罐、花、鱼、肠"，与宣德和成化八宝排序"轮、螺、伞、盖、花、鱼、罐、肠"稍有不同。斗彩莲池鸳鸯纹中的小鸟般鸳鸯和花大而叶小的莲荷纹样均为正统特色。成化官窑有仿正统斗彩莲池鸳鸯纹作品，而这类制品源自宣德斗彩莲池鸳鸯纹盘。

关于景泰、天顺官窑遗存，有以下说法：

（1）1990年，御窑厂成化地层之下出土的无款青花印红鱼莲蓬形大碗，推断为正统初至成化末制品。该器敞口敛腹，圈足矮小，底与壁下部较厚，碗心绘青花云龙，云龙纹周围以一圈海水为边饰，外壁下部饰以仙山海水，上部饰三红鳜鱼。青花印红鱼莲蓬形大碗装饰奇特，红鱼纹处的碗壁内凹外凸，当用鱼形模具印压而成，此装饰方式目前仅此一例，其制品极为罕见，其风格与正统、成化器既相似又相异，极可能是天顺官窑遗物。

（2）1993年，在御窑厂遗址西侧（原市政府大楼西侧前食堂）基建工地发现一批宣德、成化纪年官款与无款青花瓷片，这批遗物无叠压关系，猜测是明早中期的扰土和填土。无款青花瓷片上的缠枝宝相花与正统风格相似，但色泽灰暗，胎、釉亦不如正统精细，盘的圈足比正统圈足大，且低矮微内敛。与正统、成化风格有异，疑为景泰或天顺官窑遗物。景德镇陶瓷馆藏景泰四年墓出土的青花宝杵纹盘与这类出土遗物相似。

（3）1995年，珠山龙珠阁成化早期地层夹杂着一些无款青花靶盏和碗、盘残片，其造型、纹样与宣德器相近，但胎釉较粗，青花色调略显灰暗，与同时出土的成化青花清幽淡雅色调区别较大，疑是正统之后、成化之前的景泰或天顺官窑制品。

由以上遗物推断，正统、景泰、天顺有官窑烧造，但其时烧造量不大，品种亦不如前代丰富，主要是日用器的生产，亦有极少量罐、梅瓶的烧造。宣德官窑瓷器盛行书写年款，而在它之后的正统、景泰、天顺三朝官窑不书写年款，这一现象颇使人费解，引起古陶瓷研究者的广泛关注。明代正统、景泰、天顺这二帝三朝的29年时间里，可谓多事之秋，由于不书年款，其官窑面貌模糊不

清，所以陶瓷史上称其为"空白期"或"黑暗期"。不过，综合以上出土资料，并联系相关文献，可知所谓"空白期"，并非完全空白。

七、关于成化官窑

1987—1988年，御窑厂遗址内珠山之顶修建龙珠阁，在珠山东北侧，清理发掘明成化官窑堆积三处。第1处（87H1）出土的成化瓷器有青花、青花填红、青花斗彩、底温黄绿彩、孔雀绿釉瓷片等，其中以青花为主。器型有长方形花盆、香炉、靶盏和长腹盖罐等。多数器物都作"大明成化年制"六字款，器型和花纹与宣德相近。第2处（87H2）北距第1处堆积6.8米，出土瓷器以青花为主，另有红釉、黄地青花、黑第孔雀绿、底温黄釉、黄地紫龙、黄地绿龙、瓜皮绿以及宝石蓝地白凤纹碗，以上遗物以碗盘为主。第3处（88H3）堆积在珠山东北角，南距第2处堆积2.6米，出土了大量斗彩瓷，同时出土有青花、青花釉里红、祭兰、黄釉、孔雀绿、瓜皮绿、仿官、仿哥等品种，其中的素三彩鸭薰（图29）、红绿彩灵芝纹炉等为罕见之物。

研究以上出土成化官窑遗物，可获得以下认识：

（1）成化瓷器造型多俊秀端庄，体多小巧轻薄，以小件居多，小杯、盅、碟、碗和盘常见，而大件罕见。斗彩人物纹杯、鸡缸杯、葡萄纹小碟等均为成化官窑代表作（图30、32、34）。成化青花鹤颈瓶

图29　成化素三彩鸭薰

(图33)、长方花盆、三彩鸭形香薰等则为成化官窑罕见精品。

（2）成化胎质与宣德器相比更为洁白致密。测试发现，这是因为其瓷胎中的氧化铁含量比宣德器少，三氧化二铝又比宣德器高的缘故。瓷釉比宣德器白度更高，光泽度亦显柔润温和，玉质感极强。成化青花瓷釉中铁钙含量不仅比元至明宣德低，而且比明嘉靖官窑瓷器也低。所以说，成化官窑瓷质为明官窑之冠。

（3）关于成化官窑瓷器分期。根据考古发掘资料分析，可将成化官窑瓷分为三期：一期（即87H1）为成化四年以前，二期（即87H2）为成化四年至成化十七年之间，三期（即88H3）为成化十七年至成化二十三年。

成化青花瓷也可分为两类：前一类青花为成化早中期（成化元年至十六年）制品，其风格受宣德影响；后一类青花则为成化后期（成化十七年至二十三年）制品，所谓成化风格便是指该期烧造的别具一格的瓷器。成化早期多沿用宣德纹样或简化前代纹样，后期使用画意清新的纹样，如高士、三秋、子母鸡、湖石山茶、十六子、池塘莲荷等。其青花纹饰画法上用双线勾勒再填色，线条细硬流畅；釉上彩纹饰填色则采用平涂法，有花无阴阳、叶无反侧的特点。中国硅酸盐学会编的《中国陶瓷史》曾根据传世品将成化青花瓷分为两类，即"沿用苏泥麻青而带有黑斑"一类和"青色淡雅而称著"一类。似可与考古资料分期相对应。

（4）成化斗彩瓷空前增多，工艺上有以下创新：宣德斗彩花纹均先在胎上刻划出极细轮廓线，再按其釉下刻线填色；而成化斗彩则一律改用青花描画纹样，釉上填色均在青花线条之内（图34）。宣德斗彩色料只有红、绿、紫、黄四种，而成化斗彩除红、黄二色与宣德相同外，绿色有大绿（深绿）、苦绿（草绿）、水绿（淡绿）三种；紫有茄花紫、丁香紫二色，因而其色域比宣德丰富，使斗彩在

图30　成化斗彩人物纹杯

| 寻源 | 景德镇御窑厂遗址考古调查与发掘主要收获

图31 成化青花莲荷纹碗

图32 成化斗彩小碟

图33 成化青花鹤颈瓶

图34 成化斗彩鸳鸯莲池纹盘

工艺上有新突破。

（5）成化前期产品款式方面多模仿宣德，甚至出现成化官窑瓷器直接书写宣德年款的制品。成化官窑后期首次使用"大明成化年制"六字方款，为以后的官窑瓷器款式创造了一个新样本。

八、关于弘治、正德官窑

1987 年，景德镇市陶瓷考古研究所在御窑厂珠山东北侧建国瓷厂食堂地下清理出一批弘治官窑黄釉瓷片和少量青花瓷片，主要是碗、盘残器。同年，景德镇市陶瓷考古研究所又在御窑厂珠山东麓，清理出一批正德官窑遗物，数量虽然不多，但基本都能复原，有绿地淡描团龙碗、黄地青花草龙纹碗，有黄地绿龙纹盘，该盘黄地上填以矾红，即所谓的"黄上红"器，属罕见之器。2000 年，在御窑厂东门清理出一批弘治青花碗瓷片，这些青花碗大小各异，可修复（图 35）。

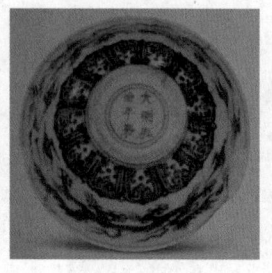

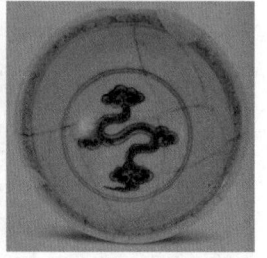

图 35　弘治青花龙纹碗

2014 年，景德镇市陶瓷考古研究所、故宫博物院、北京大学考古文博学院等单位在御窑厂龙珠阁西南侧东司岭一带进行考古发掘，发掘面积为 330 平方米，出土了一批弘治、正德官窑遗迹与遗物。

遗迹主要有作坊、灰坑、辘轳坑、墙基、天井、排水沟、澄泥池和掩埋落选御用瓷器坑的遗迹等，分别为明晚期、中期、清早期遗迹。其中房基 11 座，墙基 10 道，灰坑 30 个，水沟 2 条，天井和路面各一，分别为明代晚期和清代

早期遗迹；辘轳坑 3 个，时代为清初到清末；澄泥池 2 个，大缸 2 个，时代分别为明代中期至清代早期。遗物有瓷器、彩绘颜料、窑具、制瓷工具、瓷砖、建筑构件等。瓷器品种按时代划分主要有元代青花瓷、卵白釉（枢府瓷）、青白粗瓷。器型有高足杯、碗、盘、小杯等明代青花、斗彩、五彩及各种高低温釉彩器。器形有碗、盘、罐、杯、研钵、研杵、豆、花盆、笔洗、香炉、渣斗等。纹饰主要有龙纹、凤纹、海怪、鱼藻及花卉花鸟、人物山水纹等。以出土的正德官窑瓷器最为丰富，如完整的正德刻龙纹盘（半成品）（图36）、斗彩花盆和托钵（图37）等。

此次发掘出土的遗迹中，最重要的一处是一座明中晚期作坊遗迹（图38）。根据遗迹及相关遗物推断，该作坊遗迹很可能是明正德至嘉、万时期的釉上彩作坊遗址，这类遗址在御器厂历次发掘中均未见，目前已揭露出遗址面积为300多平方米，且有向四周扩展的迹象。其釉上彩作坊遗址相对完整，这对研究明代御器厂整个作坊群分布、规模、制瓷工

图36　正德刻龙纹盘（半成品）

图37　正德斗彩托钵

艺、作坊内部分工形式具有较高的科学价值，填补了这一方面的陶瓷工艺考古空白。此次发掘的遗迹与遗物对于研究御器厂作坊的建筑构造、布局，作坊内制瓷过程的分工形式，提供了科学的实物资料和地层学证据。尤为罕见的是，此次发掘的明代正德地层出土的部分釉上彩颜料、配制釉上彩的原料以及大量较为完整的正德官窑釉上彩半成品，对研究明代官窑釉上彩制作工艺提供了十分珍贵的实物资料。

图 38　明中晚期作坊遗迹

九、关于嘉靖、万历官窑

1983 年，为配合重建龙珠阁，江西省文物考古研究所在龙珠阁原址发掘出一批明清官窑瓷片，以嘉靖、万历时期青花瓷片为多，均无法修复。

1987 年，景德镇市陶瓷考古研究所在珠山龙珠阁遗址进行抢救性发掘，清理面积约 400 平方米，出土大批明成化、嘉靖等官窑残器，其中嘉靖瓷片不能复原，产品略显粗糙。这种情况可能与嘉靖出现的"官搭民烧"制度有关，明御器厂的生产疑似开始衰落。2007 年，考古人员曾在明代窑址观音阁发掘出刻有"大明嘉靖年制"款和绘有黄彩五爪龙纹的官窑瓷片（图 39），质量似不比明御器厂出土的差，说明此时的御器厂已不是官窑产品的唯一烧造地了。2014 年，为配合修建御窑厂东围墙，在御窑厂东门深约 1 米的沟道里出土了几件可以复原的万历款斗彩花卉纹碗，其彩饰不如弘治、正德精致，可见嘉靖、万历以后官窑已没有过去那样管理严格和兴盛了。

关于明御器厂的停烧年份，有万历、天启、崇祯之说。传世官窑遗物中万

历款较多，而天启、崇祯款瓷器稀少。中国硅酸盐学会编的《中国陶瓷史》认为天启、崇祯有官窑烧造。不过，根据从明御器厂考古发掘的资料看，天启、崇祯似乎没有了官窑烧造，因为至今未发现一片这一时期的官窑产品，可与景德镇陶瓷馆藏《关中王老公祖鼎建贻休堂记》碑文印证，似可得出结论。碑文谓："我太祖高皇帝三十五年改陶厂为御器厂，钦命中官一员，特董烧造，肃皇帝（按：嘉靖帝）革中官，而任复归于捕臣，显皇帝（按：万历

图 39　嘉靖紫地黄彩龙纹碗

帝）二十七年复命中官为政，三十六年辍烧造而撤中官，因革不常。"该碑结尾署"崇祯十年岁次丁丑孟夏日之吉"。从碑文中看出，万历三十六年至崇祯十年，御厂停烧。崇祯十年之后，李自成农民军揭竿而起，女真人入侵，天下大乱，崇祯帝惶惶不可终日，无暇顾及官窑烧造。明官窑在万历三十六年便停烧了，而传世的几件天启、崇祯款瓷器当为伪托款。

十、关于清代官窑与出土遗物

20 世纪 80 年代后，明清御窑厂遗址地面建筑已荡然无存。从历年来考古清理发掘情况看，清代官窑堆积较少。而从陆续发现的一些清代官窑遗物来看，清官窑瓷器保存完好，被摧毁的情况几乎不见，出土的瓷片都比较零散细碎，目前还没发现像明初官窑那样集中摧毁掩埋的堆积，但也发现一些很重要的标本。1982 年，在御窑厂一清初地层发现一批书有"大清顺治年制"款的青花碗

图40 "大清顺治年制"青花款器

盘残片，有康熙、雍正、乾隆年款的青花、豆青釉等瓷片和清初官窑试釉照子标本。2002年的发掘中，在清代地层出土有清中晚期的官窑瓷片及"江西瓷业公司"款的瓷片。2014年发掘出土一批清代各时期的官窑瓷片，品种有青花、粉彩、郎红、霁蓝和紫金釉等；器形有碗、盘、杯、大罐、瓶、香炉及笔洗等；纹饰有龙凤、山水人物、竹石飞禽、杏林春燕、荷花牡丹纹等；款式有官窑年款、名堂款和寄托款等。遗物都较为细碎，不能复原。

上述遗物中一批书有"大清顺治年制"款的青花器较为重要，这是有确凿纪年的顺治款官窑标本，据康熙二十一年《浮梁县志》载"国朝顺治间奉旨烧造龙缸、栏板等件未成，巡抚张具疏停止。康熙十年烧造祭器等项"。乾隆刊《浮梁县志》载"国朝顺治十一年奉旨烧造龙缸"，由此推测上述制品可能是顺治十一年（1654）以后开窑烧造的产品（图40）。

参考文献：

① （清）康熙二十一年《浮梁县志》、乾隆七年《浮梁县志》、乾隆四十八年《浮梁县志》。

② （清）蓝浦：《景德镇陶录》，载《中国陶瓷名著汇编》，中国书店1991年版。

③《沈刻元典章》，中国书店 2011 年版。

④（元）孔齐：《静斋至正直记》，台北世界书局 1972 年版。

⑤（清）张廷玉：《明史》，中华书局 2015 年版。

⑥（明）宋濂等：《元史》，中华书局 2016 年版。

⑦ 台湾"中央研究院"历史语言研究所编：《明实录·太宗实录》，1962 年。

⑧ 台湾"中央研究院"历史语言研究所编：《明实录·宣宗实录》，1962 年。

⑨（明）李东阳等：《大明会典·工部十四·陶器》卷一百九十四，广陵书社 2007 年版。

⑩（元）陶宗仪：《南村辍耕录》，中华书局 1969 年版。

⑪（元）俞希鲁编纂：《至顺镇江志》，江苏古籍出版社 1990 年版。

⑫（明）王士性：《广志译》卷四，中华书局 1981 年版。

⑬（明）王宗沐：《江西省大志·陶书》，日本内阁文库藏万历二十五年刻本。

⑭（清）唐英著，张发颖、刁云展整理：《唐英集》，辽沈书社 1991 年版。

⑮〔美〕约翰·亚历山大·波普：《伊朗阿德比尔清真寺收藏的中国瓷器》（英文），华盛顿，1956 年。

⑯ 刘新园：《元青花特异纹饰和将作院所属浮梁磁局与画局》，（日本）《贸易陶瓷研究》1983 年第 3 期。

⑰ 南京博物院：《南京明故宫出土洪武时期瓷器》，《文物》1976 年第 8 期。

⑱〔日〕长谷川祥子：《关于中国青花釉里红瓷器（洪武样式）的考察》，（日本）《成城文艺》1991 年第 137 号。

⑲ 刘新园：《景德镇珠山出土明初与永乐官窑瓷器之研究》，载《景德镇出土明初官窑瓷器》，台北鸿禧艺术文教基金会，1996 年。

⑳ 李家治等：《景德镇元代及明初官窑青花瓷器的工艺研究》，载《景德镇出土明初官窑瓷器》，台北鸿禧艺术文教基金会，1996 年。

㉑ 中国硅酸盐学会编：《中国陶瓷史》，文物出版社 1982 年版。

㉒ 汪庆正主编：《青花釉里红》，香港两木出版社 1997 年版。

㉓《景德镇出土陶瓷》，香港大学冯平山博物馆，1992 年。

㉔〔英〕崔瑞德、〔美〕牟复礼编：《剑桥明代史》，中国社会科学出版社 1992 年版。

㉕ 冯先铭主编：《中国陶瓷》，上海古籍出版社 1994 年版。

㉖ 李家治等：《景德镇元代及明初官窑青花瓷器的工艺研究》，载《景德镇出土明初官窑瓷器》，台北鸿禧艺术文教基金会，1996 年。

㉗ 刘新园：《景德镇出土明成化官窑遗迹与遗物之研究》，载景德镇市陶瓷考古研究所、香港徐氏艺术馆编：《成窑遗珍——景德镇珠山出土成化官窑瓷器》，1993 年。

㉘ 江建新：《谈景德镇明御厂故址出土的宣德瓷器》，《文物》1995 年第 12 期。

㉙ 《景德镇珠山出土永乐宣德官窑瓷器展览》，香港市政局，1989 年。

㉚ 北京大学考古文博学院、江西省考古研究所、景德镇市考古研究所：《江西景德镇明清御窑遗址发掘简报》，《文物》2007 年第 5 期。

㉛ 余家栋：《江西景德镇龙珠阁遗址发掘简报》，《考古学报》1989 年第 4 期。

㉜ 《景德镇发现一批元代官窑瓷器》，《光明日报》1990 年 9 月 14 日第 1 版。

㉝ 《景德镇发现大量明正统官窑瓷器》，《光明日报》1988 年 12 月 25 日第 1 版。

㉞ 《景德镇出土明宣德官窑瓷器》，台北鸿禧美术馆，1998 年。

㉟ 《景德镇出土明初官窑瓷器》，台北鸿禧艺术文教基金会，1996 年。

欧洲第一名瓷是怎样炼成的？
——梅森品牌发展历程回顾

弗朗西斯科·阿丽贝蒂*

一、概述

陶瓷制作的秘密，是由南宋（1127—1279）景德镇的制陶工匠发现的。据《高岭何氏族谱》记载，南宋时期高岭村村民何召一首先发现了高岭土。高岭，是江西省景德镇市瑶里镇青山深处的一座村庄；高岭土，是国际黏土矿物学的专用术语、世界制瓷黏土的通用名称，也是唯一一个以中国地名命名的世界通用矿物。瓷石加高岭土这种配方瓷胎料的使用，使景德镇的陶瓷生产在质量和工艺上达到前所未有的高度。当工匠们在用于制作其他陶瓷器的瓷石当中加入高岭土，并将烧窑的温度提升到摄氏1300度以上，便制作出一种坚硬、亮泽而且呈现明亮白色的物质。它可以用于制作精美的容器，可以产生无与伦比的装饰效果，因此也带动了前所未有的需求。

瓷器是第一种全球性的产品，它被运送到世界各地，帮助推动了现代经济

---

* 弗朗西斯科·阿丽贝蒂（Francesco Aliberti），意大利著名当代艺术家，意大利皇室后裔。

和白银贸易。瓷器几乎在其所到之处都带来了巨大的影响。它超凡的美和惊人的硬度，曾经让一些人相信它具有各种魔力。印尼达雅族的巫师使用瓷器作为祭祀的工具和载体；加里曼丹的人会将瓷器磨成粉末来作为药物使用；在雅加达，高岭土依旧是一种止泻药的主要成分。

第一件瓷器在公元 1300 年之前就已经进入欧洲，但大规模的出口直到 16 世纪晚期才开始。先是葡萄牙人，然后是荷兰和英国的商人，开始将只是在装满茶叶和丝绸的商船上作为压舱品的瓷器运往欧洲，从而引发了"瓷器热"（Passion for Porcelain）。

"瓷器曾被称作白色黄金"，斯图尔特说，"但是没有人知道它是怎么制造出来的。花了很长时间，人们才搞清楚制作它所需要的矿物成分和混合比例"。

在欧洲，对于高品级瓷器的使用与收藏一直都是流行在皇室贵族之间永不厌倦的嗜好。那些精致作品的人文气息与文化内涵，不仅丰富而多彩，更使其比其他艺术载体更具亲和力。梅森（Meissen）就是这样一个走过了三百年的欧洲瓷器品牌。在长达三个世纪的坎坷艺术之路上，它经历了六种体制的动荡与十一场战争的破坏，经久不衰。尽管磨难重重，梅森却以其执着的艺术眼光，几乎保留了其历史上所有的器形模具和图纹样式，历史的精华得以传承。再加上德国人近乎刻板的严谨，便成就了它不可复制的上层地位。

三百多年来，梅森始终享有"欧洲第一名瓷"的美誉。精妙高雅的设计，出自皇家的优越气质和始终如一的手工制作是梅森至今闻名世界的保证。从材料选择到最终烧制成型，每一件瓷器的每一个制作流程都精益求精。无论是风格多变、精雕细琢的瓷塑，还是形制瑰丽、描绘细腻的瓷器，它们都拥有弧度优美的蓝色交叉双剑标识。这是一个在世界范围内的通行证，蓝色交叉双剑见证了梅森的历史，同时也是梅森开拓进取的利

图 1　梅森工厂全景，摄于 1980 年

图2 将模具压制成的部件拼合起来是制作瓷塑的重要环节之一

图3 20世纪50年代梅森的瓷工在进行拉胚作业

刃。而今,梅森将其一贯的艺术理念,运用于珠宝、家居等新领域。

古老的光芒照亮新的世界。

二、从奥古斯都强王的梦想到梅森瓷器的诞生 （1701—1709）

自新航路开辟以来,从东方进口的各种物品在西方都大受欢迎。瓷器甚至成为当时欧洲各国王公贵族垂涎欲滴的宝物。瓷器既是王朝权势的象征,同时也是艺术造诣颇深的明证。

于是,各国王侯不惜一切追逐这一堪比宝石的东方艺术品,并引以为傲。当时的瓷器商也获利甚丰,仅1602年在荷兰阿姆斯特丹（Amsterdam）的一次瓷器拍卖中,进口商的一船瓷器净盈利500万盾。由于攀比之风的盛行和极高利润的刺激,欧洲各国处心积虑地想要解开制造硬质瓷器的秘密。意大利人早在15世纪就试图仿制瓷器,17世纪法国国王路易十四（Louis-Dieudonne）也做过类似的尝试,但制造硬质瓷器一直是欧洲人遥不可及的梦想。

17世纪末18世纪初的萨克森选帝侯、波兰国王奥古斯都二世（Frederick Augustus Ⅱ）是个狂热的瓷器爱好者和收藏家。据说他曾用600个奥古斯都军的

士兵交换了151件中国瓷瓶。为了加强国力，奥古斯都原本希望炼金术士为其点石成金，但通过破译瓷器的密码，同样为其带来了巨大的收益。

除了收藏瓷器，奥古斯都强王也希望能够通过开挖瓷土矿，开设窑厂来增加收入。18世纪初，奥古斯都强王开始着手破解瓷器密码。他软禁了一位炼金术师约翰·弗里德里希·伯特格尔（Johann Friedrich Böttger），专门帮他进行瓷器制造技术的研究。这一看似疯狂而执拗的做法，却成为梅森最终创造奇迹的推动力。

通过不断地试验，伯特格尔在1708年制造出一种接近瓷器、介乎于瓷器与陶器之间、质地非常坚硬的器物，陶瓷史上称之为"伯特格尔炻器"（Böttger stoneware），其颜色质感和中国紫砂器非常接近。由于炻器原材料中含有铁元素，故其拥有浓厚的红色。梅森如今依旧会制造炻器雕塑，以体现与瓷塑截然不同的艺术风格。

图4　奥古斯都二世画像

图5　梅森瓷器的诞生地——阿尔布莱希特城堡内部

图6　阿尔布莱希特城堡的皇家瓷器化学实验室。1709年，伯特格尔在此处烧制出欧洲第一件白色硬质瓷器。摄于1860年

1709年，伯特格尔通过持续研究，终于成功地研究出了白釉瓷器的制作方法。这个德国小镇也因谜题的破解而声名大噪。次年，奥古斯都强王便在欧洲设立了第一个硬质瓷器窑，梅森瓷器从此诞生，这也就是整个欧洲瓷器发展的源头。

三、阿尔布莱希特城堡，欧洲瓷器典范的树立（1710—1733）

当伯特格尔在1709年完成了瓷器制作的工艺流程，位于阿尔布莱希特城堡（Albrechtsburg）的梅森工厂便应运而生。但这座新兴的瓷器作坊仅仅能制作白釉瓷器，在瓷器色彩和纹饰等方面与当时中国和日本的瓷器还相差很远，无法满足奥古斯都强王的愿望。于是伯特格尔又着力于寻找瓷器所能使用的彩色原料，但由于各种原因，这项工作没有太大的收获。

由于缺少可以运用的颜色，梅森最早的瓷器只有通过调入金粉的胶来绘制图案。虽然这种描金纹饰也十分好看，但这和奥古斯都追求的东方风韵还是存在较大差异。即使这样，梅森却还是受到欧洲其他陶瓷制作者的觊觎。

伯特格尔的助手塞缪尔·斯特茨埃尔（Samuel Stölzel）同样掌握了白釉瓷器的制造技术。他在"维也纳瓷器工房"创始人杜·帕基（Du Paquie）的高薪诱惑下逃离了梅森，将梅森独有的瓷器制作技术泄露。

但帕基并没有兑现他的承诺，所谓的高薪只是一个泡影。此时的斯特茨埃尔进退两难，显然维也纳已经不是一个理想的去处，自己的背叛又使他无颜回到梅森，所以他想方设法鼓动在工房中发现的天才画家约翰·格里奥·赫罗尔特（Johann Gregorius Höroldt）一起

图7　如今的阿尔布莱希特城堡全景

去梅森工作，以减轻自己叛逃的罪责，却意想不到地为梅森在瓷绘领域打开了一扇门。

1719年，由于长期遭到软禁以及酗酒，精神失常、疾病缠身的伯特格尔逝世。此后，研发瓷器颜料这个工作由赫罗尔特接任。在赫罗尔特的指导下，梅森工匠以高质量的东洋瓷器为蓝本，反复练习彩绘的描图，无论是瓷器胎体的塑造还是纹饰的绘画都得到了很大发展。到了1731年，梅森的瓷器已经颇为可观，可以媲美中国和日本出口的瓷器。从萌生想法到最终完成，奥古斯都等待了小半辈子才见到了自己国家生产的高质量瓷器。

图8 瓷质梅森阿尔布莱希特城堡纪念章

在梅森艺术部工作的12年间，赫罗尔特不负众望，创造出"彩虹七色"。几乎由他一人解决了瓷器用彩绘颜料的技术问题。他所开发的瓷绘色彩，梅森沿用至今。此外，他根据欧洲东方游者的铜版画，设计创作了很多具有东方风情的瓷器图案，为梅森瓷器在欧洲宫廷皇室间博得了极大的声誉。

1731年奥古斯都二世准备扩建茨温格宫，需要梅森制作大量的瓷塑装饰宫殿。为了加快瓷塑的生产，年轻雕塑家约翰·约阿希姆·坎得勒（Johann Joachim Kändler）受邀进入梅森工作。

虽然早期梅森瓷器受东方风格影响很深，但坎得勒并没有一味地沉湎于对东方瓷器的模仿。他熟练掌握着动物的自然姿态，采用瓷器为原料制作生动的造型。比起前任雕刻家基尔希纳（Kirchner）的雕塑更具有感人的生命力。因为坎得勒不仅理解了造型原理，更是掌握了瓷器的本质，能使用新素材成功地制作出栩栩如生的生物形态。

坎得勒和赫罗尔特二人，在梅森发展的早期为其雕塑及彩绘风格

图9 梅森的瓷绘艺术家正在讨论瓷器上的纹饰

奠定了基石。由于他们的努力和成就，欧洲瓷器史上的18世纪前半叶被称为"梅森时代"。而他们两位也是继伯特格尔之后梅森的灵魂人物，他们的成就使梅森成了欧洲瓷器发展的先驱。

四、洛可可艺术风格的全盛时期（1736—1864）

18世纪，洛可可艺术风吹遍欧洲，也冲击着梅森的设计理念。洛可可艺术风格较之于巴洛克风格，更注重精雕细琢，繁缛精致、奢丽纤秀、华贵妩媚的表现手法，呈现出阴柔之韵的气质。而且提倡以人、动物、植物来表现自然景物。顺应时代的潮流，梅森自然而然地从巴洛克风格转向洛可可风格。它参考了以华多（Jean Antoine Watteau）、布歇（Franwis Boucher）为主的洛可可时代的画家作品，创作出一件件活灵活现的艺术作品，成为梅森瓷器的一大财富。

梅森的瓷绘大师赫罗尔特后期也开始着手研究独属于梅森的洛可可样式作品。不久之后就研发出了"绿彩"（Watteau Service）这一系列作品，这是梅森

图10　洛可可风格烛台设计原稿

图11　洛可可艺术风格的大型瓷塑作品与穹顶上绘制的"翩翩起舞的恋人们"交相辉映

向洛可可艺术风格踏出的第一步。

梅森最受欢迎的洛可可艺术风瓷塑是以"翩翩起舞的恋人们"为主题的作品，这一主题也是当时梅森瓷器的主要题材。当这些瓷器受到普遍的欢迎后，很多瓷器厂和作坊也开始相继模仿这种风格的瓷器。所以从某种程度上来说，梅森是瓷器走向洛可可艺术风格的先驱。

这期间，梅森也经历了一次磨难。1756年发生的七年战役迫使梅森制瓷工房暂时关闭，大多数的技术人员也逃命前往各国开辟新的天地。流出的技工被各国的窑厂吸收，并使梅森独有的制窑秘方与风格大量流传至欧洲各地。而由于坚持对艺术家的不断培养以及先进的管理理念，梅森得以继续运营，并在1831年9月，成为国有品牌。

五、柴比茨谷的新起航（1865—1960）

在欧洲工业化的发展过程中，梅森瓷器也曾一度受到打击，传统的手工作业已经满足不了市场的要求，新技术的瓷厂又层出不穷。于是梅森决定择址另建更为现代化的瓷厂。

1865年，梅森整体搬迁至了柴比茨谷（Triebisch Valley），开始了新的航程。原址则被很好地保留下来成为现在的瓷器博物馆。在19世纪中期，梅森的主要对手——英国的炻器制造商韦奇伍德（Wedgwood）在1812年推出骨瓷（在瓷器原料中掺入动物骨灰的瓷器，又称"骨灰瓷"）餐具，色泽纯白，具有半透明的效果。这种瓷器美丽温润、质轻且极为耐用，为韦奇伍德品牌赢得极大声誉。

19世纪的梅森工房，致力于沿袭经典样式与各式复古风格的制作，

图12　1865年梅森工厂搬迁至柴比茨谷

例如新文艺复兴或新歌德的怀旧风格作品。其中许多以参展博览会为目的的杰作相当壮观豪华，重现了梅森的往日风华，令人叹为观止。

1851年梅森参加了首届世界博览会，参展品是一尊蛇柄花瓶。这给梅森带来了新的契机，也与世博会结下不解之缘。1862年梅森参加了伦敦的第三届世界博览会，并成功地在展览期间销售了瓷器。之后在巴黎世界博览会、维也纳世界博览会中屡获金奖。

由于不断发展壮大，梅森在1893年芝加哥世界博览会上展出了超过1000件作品，包括现今仍保存在梅森博物馆，由路德维希·斯特姆（Ludwig Sturm）精心设计的首饰箱。

1937年巴黎世界博览会中，雕塑家保罗·沙伊里希（Paul Scheurich）的"休息的人"、"拿扇子的妇人"、"诱拐"、"妇人与鹿"、"亚马逊女战士与天使"、"落马的女性"六个瓷塑作品获得最优秀奖，成为展览会上的耀眼明星。

1910年6月6日，梅森举行了盛大的两百年周年纪念活动。由于梅森在德国的地位，包括政府在内的各个机构都给予梅森很大的帮助。并且由梅森发行了记录详尽的纪念册，以至于今日我们还可以了解到当时的盛况。

当时的德累斯顿银行的董事长冯·克伦佩雷尔（Von Klemperer，1852—1926），是梅森瓷器的狂热收藏者。他在一生中共收集了834件梅森瓷器，被普遍认为是近代收集梅森瓷器最多的一个收藏家。然而这些珍贵瓷器在"二战"期间的1938年11月的一个晚上被纳粹洗劫一空。几年后，1945年2月13日晚，人们在一辆卡车上发现了这些原本属于冯·克伦佩雷尔家族的精美瓷器。但令人扼腕的是，由于轰炸，大部分的瓷器精品严重损坏，仅有数件得以保留。

和这些私人收藏瓷器

图13 在世界博览会上梅森展出了许多大型瓷器

图 14　新工厂的釉下彩绘工作室，摄于 1899 年

同样命运的还包括保存在梅森工厂的瓷器模具。这些瓷器模具几乎是当时梅森将近两百多年瓷器生产经验的全部积累和重要生产工具，却在战后被苏联军队没收。然而苏联人似乎对瓷器制作丝毫不感兴趣，也并不了解瓷器模具的使用方法，因此在得到这批珍贵财富后就将它们束之高阁。直到1949年德意志民主共和国的国家主权被承认后，苏联政府才将所有模具归还东德。这也为第二年梅森 VEB 州立瓷器制造厂的成立奠定了基础，使得梅森再次呈现完美瓷器作品成为可能。

"二战"后，即便在条件艰苦和粮食缺乏的状况下，梅森仍然致力于工艺师的选拔和培养，这一举措使梅森为之后的持续发展打下了扎实的基础。在工厂工作的每一位员工都以精益求精作为更高的目标，并全力以赴。

六、梅森瓷器的新挑战（1960年至今）

1960年，梅森成立250周年之际，秉承传统且具创造理念的工学博士卡尔·彼得曼（Carl Petermann）加入梅森，就任梅森总裁。当时德意志民主共和国政府首相出席了梅森成立250周年的纪念活动，他在演讲中提出"以创新挑战优良传统"，并以此作为梅森今后的目标。

自此，国立梅森瓷器工厂积极创新，同时正确评估自身能力，不断挑战传统，持续提高手工艺术。

1960年梅森还成立了"艺术设计小组"。小组在梅森近郊的奥古斯都强王狩猎城的莫里兹堡（Schloss Morizburg）建立工作室，并汇集了众多当时最顶尖

的艺术家。1975年，该小组因对梅森做出的巨大贡献而荣获国家功勋奖。但"艺术设计小组"不局限于自我实现，还不断培养和指导梅森团队中具有艺术才华的年轻人，使得梅森卓越的艺术及精湛的工艺得以延续和发扬光大。

图15　300多年来，梅森始终坚持纯手工绘制

1985年梅森工厂的从业人员超过1500人。1991年，德国统一，梅森成为萨克森州的国营企业。拥有"欧洲瓷器王者"之称的梅森仍然秉承三个世纪以来的传统，以其严谨的管理、精湛的工艺、对艺术的不懈追求以及深远的历史沉淀和严格的产品标准，使梅森始终占据着欧洲瓷器制造的领先地位。

现代艺术中可以看见许多抽象的作品，但梅森却不乐于此道。现代生活中总是充满了各种烦恼和问题，所以，瓷器艺术应该让人易懂、快乐。故现代梅森的主题则是"表现生活的喜悦"，给予人们平和的心境。

梅森瓷器的魅力，是超越餐具形式的综合性瓷器艺术，保持传统手工艺，并以持续发展为目标。瓷器与其说是商品，不如说是德国宝贵的文化财产。梅森也不仅是一家企业，同时也是一家文化艺术机构。2000年，瓷器厂又实现了当年奥古斯都二世的一个梦想——成功研制出瓷器管风琴发声管，搭起了瓷器与音乐的艺术桥梁。这架管风琴现在仍陈列在梅森博物馆。

三百年来，梅森拥有的近七十万件模具和三千多个图纹样式被完整保留。在梅森早期的伯特格尔时代，其原料配方只由伯特格尔、奥古斯都二世的私人医生以及宫廷内阁成员三人掌握。如今，作为商业机密的一万多种色彩配方也被严密保护，这也是梅森三个世纪以来核心竞争力的体现。

梅森秉持"尊重传统，大胆创新"的理念，坚持以手工制作每一件作品，让这个欧洲最古老的瓷器品牌，如明珠般始终闪耀着迷人的光彩。

博雅

陶瓷文化与中国梦

陈 平[*]

2016年年末,家兄来德国小住。因其喜收藏,偏爱瓷器,因此我带他一起去了曼海姆的两家著名的古董店。

大概十多年前,在曼海姆还存有大大小小二十几家古董店,但是近几年,古董店情形开始倒退,难以维持,大部分店铺纷纷关张倒闭,只剩下水塔附近的这两家还在坚持着。

与老板还算熟稔,见我进来,便问:"是不是又带人来寻找中国的古代瓷器?"

也不奇怪,近三十年来,每每有中国人到欧洲的古董店里去,必是去找寻古瓷器。一群又一群中国喜爱收藏瓷器或以瓷器为交易品之人,纷纷涌向德国乃至欧洲的古董店,淘完了几乎所有德国古玩商手中的中国瓷器及古玩。现在店里剩下的是德国自己生产的瓷器、家具、油画等。"中国客人买光了古董店里存有的中国瓷器和物件。"老板如是说。

"请问你们的中国文物又是如何得来的?"我问。

"祖上留下来的,到处收集而来的,还有中国人自己卖出来的。"他说。但

---

[*] 陈平,国际民间艺术组织(IOV)全球副主席、中国区主席,国际古迹遗址理事会(ICOMOS)专家,国务院侨办专家委员会委员,暨南大学文化遗产创意产业研究院院长、教授。

是，他避开了"掠夺"这两个字，还有一段不光彩的掠夺史。

每每在世界各国的博物馆里或私人藏家手中，看到那些来自中国祖先精心制作、倾情打造的巧夺天工、无可比拟的精美瓷器甚至任何一件文物、一种手工艺制品的时候，我的心情都是爱恨交加、难以形容：从心里为那些已经散落各个角落而无法回归的、中国人的智慧结晶而感到骄傲，又痛恨那些参与过打劫与掠夺行为的收藏家的前辈们的卑鄙与贪婪。试想，当年仅法国侵略军统帅佛尔雷一个人在圆明园抢劫的珍贵财物就有40箱。中国的皇室收藏，从英法联军火烧圆明园以后，直到1900年八国联军占领北京，国之瑰宝多被劫掠到了欧洲。

旅德著名收藏家朱奎先生曾从19世纪国外相关资料读到，某个拍卖行，一次就替联军的一个士兵鉴定了500件从中国掠夺的皇室收藏。八国联军中日本人最多，一共6000多人。痛心疾首之时，只能用侥幸一词来安抚自己：假如这些人间极品一直留在国内，是否能躲过一次又一次的劫难，完好无缺地流传至今呢？

朱奎先生说过：欧洲皇室贵族及百姓在清中叶以前，对中国瓷器的收藏是仰慕，是欣赏，是炫耀，认为其是财富的象征。而清末以后的很长一段时间，因为英法联军和八国联军对中国皇室收藏的掠夺，完成了中国大部分皇室收藏向欧洲的转移，也使欧洲对中国瓷器的收藏从质到量上升到了一个无以复加的高度，很多国之瑰宝流失不见。欧洲的这种收藏，建立在对中国的残酷掠夺的基础之上，以至于至今欧洲人难于启齿。

这话听得人处处是痛。

当年祖先生产制造的精美瓷器只能在海外的市场上寻得到，花高价再买回家来时，说不上这是令人欣喜的文化回流现象，是民众对传统文化的认可与觉悟，还是令人略带感伤的现实存在。假如时光可以倒流，中国人绝不会如此甘心。不会的。

离我家不远的小城洛尔施（Lorsch），是德国入选世界遗产名录的古迹遗址，那里有一个黑森州立博物馆（Außenstelle des Hessischen Landesmuseums）的分支——民俗和烟草博物馆（Volkskunde und dem Tabakmuseum Lorsch）。里面收藏和展示了很多陶器、瓷器。当然，不消说与英国皇家博物馆相比，就是

与德国东部古城德累斯顿博物馆里的陶器、瓷器相比较，这里的藏品也几乎是微不足道甚至是根本不入流的，但是在这座建筑精良、陈设讲究、设计时尚的博物馆里，却也详尽地展示了15世纪左右德国人日常生活中使用的陶器、或笨拙或粗糙的木器和金属器皿。在另一个展厅中，还有德国烟草工艺发展史的展览。从展馆可以看出，尽管彼时从中国流传过去的瓷器已经在欧洲出现，但仅限于在国王、贵族与宫廷中使用和享有。那时候，中国的瓷器，是整个欧洲宫廷与贵族拿来炫耀的高端奢侈品，普通的老百姓是看不到的，所以在这个普通的小型博物馆里，是不可能收集到来自中国的精美瓷器的。

然而，另外一间专门陈列德国人自己烧制的陶瓷——梅森（Meissen）瓷器的展馆，却在瞬间挽回了欧洲或者说德国的面子，绝对算是后来者居上。首先，无论是从做工还是图案、设计制作，无不显示着精良、高端与优质。其次，每一件作品中还流露着一种无可比拟的、高贵与实用并存的品质。

德国民间流行过一句谚语：Haben Sie Ming Vasen? 意为："您可有明代瓷器？"就好比今天我们问起身边熟人：您家里有宝马车吗？您用过路易·威登箱包吗？可见，在当时的德国，是否拥有中国明代的瓷器，代表了他们的财富、身份、见识，甚至是地位与尊贵。那不仅仅是欧洲人拥有中国瓷器之后，虚荣心得到满足的一种炫耀感，也是中国文明对于欧洲文化所产生的影响的一段真实写照。

18世纪以前的中国，各种技术遥遥领先，经济也远远发达于欧洲诸国。尤其是巧夺天工、技艺精湛的中国瓷器，一经流入欧洲，立刻令人惊艳叫绝，据说在海上丝绸之路的埃及和阿拉伯地区，甚至可以用一件瓷器换取几个奴隶。其制作工艺与冶炼材质，烧制工艺与过程，甚至浑然天成的各种色彩与绘画，几乎为难住了当时的西方世界，以至于葡萄牙代理商巴尔伯沙（Duarte Barbosa）认为中国瓷器是用贝壳制作的；而潘奇洛李（Guido Panciroli，1522—1599）也在其著作中认为瓷器的成分包括破碎的贝壳、蛋壳以及石膏，由此烧制黏合而成。

魔术化、神秘化的陶瓷故事也在欧洲盛传。16世纪的欧洲人甚至认为中国的瓷器有一种超自然的魔力：那些经过高温烧制的瓷器，有着自然裂纹而充满魔幻色彩的花鸟龙凤图，使得他们确信，倘若在中国的瓷器中盛放些毒药进去，瓷器会开裂，施展更加富有魔力的魔法。

那时候的中国，无疑是一个令人羡慕、向往的国度，并且是一个让西方人对于财富拥有各种猜测与渴望的地方，无论是来自中国的丝绸、瓷器、茶叶、漆器还是其他手工艺品，都让西方世界大开眼界。欧洲世界尚不知晓，世界上还可以有如此的物质享受与精湛技术存在。

作为丝绸之路的终点，靠着丝绸贸易便获得了空前繁华的水城威尼斯，真的需要好好感谢那些来自中国的丝绸锦缎。

传说中，恺撒大帝去看戏时，穿了中国丝绸做成的华贵艳丽的袍子，引起罗马一片哗然和轰动。可以想象，那宛若云霞，灿若锦绣，光滑而柔美的丝绸披在罗马皇帝的身上，他神采飞扬，满身豪气进入剧场的时候，罗马贵族乃至平民阶层是如何的欢腾与欣喜。

一、大船交汇在海上

陶瓷与航海的东出西进，终于在15世纪的时候交汇了。

1405年至1433年，中国发起了空前的海上运动。中国皇帝明成祖命三宝太监郑和率领200多艘海船、2.7万多人从江苏太仓的刘家港起锚至福州闽江口，远航西太平洋和印度洋，一路上拜访了30多个国家和地区，甚至到了东非、红海。

那是一种怎样的壮观？即便是放在今天，也堪称是极其壮观的场景：浩浩荡荡两万多人行驶在茫茫大海上，一路向东南向西方挺进，大船装备精良，声势浩大，队伍整齐，人才俱全，不可谓气势磅礴、雄壮河山。

此前，比郑和早1500年的休养生息的汉代，张骞已经用他的马匹与骆驼带着丝绸、茶叶、陶瓷等各种领先的文明与技术，踏出了闻名遐迩的丝绸之路。此番郑和出海之时，中国的经济实力已经达到了鼎盛时期，行动的能力与影响力更是不同。

张骞与郑和，一个在路上加强联谊，边走边学边交流，一个在水上宣扬国威，边行驶边传播，建立威望。异曲同工，都以此让世界认识并了解了中国。

此后的 28 年间，郑和七下西洋，平均每四年就走一次，每次出使往返要两年，大约有一半年月，郑和的船队，络绎不绝地行驶在中国至西洋之间。郑和是大航海时代的先驱者。

1492 年到 1502 年间，在西班牙国王的资助下四次横渡大西洋，最后到达了美洲大陆的航海家哥伦布发现美洲大陆，比郑和晚了 87 年。可是由于哥伦布发现了美洲新大陆，知名度超过了郑和，因此成为名垂青史的航海家。也由于西方人不断把他写进历史，使他成了人类历史上的伟大人物，出现在各种与航海有关的文献与史料中。西方人大量整理并搜集出版哥伦布的种种踪迹和文字史料，而我们甚至连《郑和出使水程》的记录以及包括了大量如皇帝敕书，郑和船队的编制、名单、航海日志、账目等珍贵的历史资料据说也被烧毁了。

由此，同样是在人类航海史上贡献卓越的中国航海家郑和，就这样失去了在世界航海史中赢得更多名分，得到更高国际知名度的机会。是我们自己忽略了将自己载入史册的机会。

没有了更多的史料记载，我们只能继续想象：当东南亚以及西方各国朝野见到郑和那庞大的百艘巨船，以及每次下西洋人数都在 2.7 万人以上，且浩浩荡荡、鼓乐喧天、迫临其海域之时，必会有被震慑之感，如何能不产生惊慌之感？中外学者共同认可的事实是：永乐皇帝派其下西洋的目的之一也是为了"耀武扬威"。

据英国著名历史学家李约瑟（Joseph Needham）博士估计，中国明朝拥有的全部船舶，应不少于 3800 艘，超过当时欧洲船只的总和。

假如明代的诸位帝王能够乘着这股气势，设立航海学校，建立航海远洋制造业，继续发达航海事业，继续探索海洋领域的保护与防范；假如以这样的威风继续坚守海域与国威，那么人类的历史将需要重新构写。别忘记，是我们的祖先发明了指南针、罗盘，还写下无数海上更路经。

就在郑和下西洋的时候，葡萄牙的亨利王子（Prince Henry）在亲政的同时，还作为一位伟大的航海家亲自督导并参与创建了航海事业，使之日益发达，他不懈的努力为葡萄牙奠定了坚实的海洋国家基础并且远征进入亚洲，葡萄牙是最早拥有航海学校与造船学院的国家之一。

1419 年或 1420 年，亨利王子派出了他的第一支仅有一艘横帆船的探险队向

南寻找几内亚。船被风吹向了西方，马德拉群岛就这样被发现了，亨利王子随后宣布该群岛属葡萄牙所有，并于1420年派出了殖民船队，将其占为己有。

同样是航海，中国的郑和带去了丝绸、陶瓷以及各种技术还有东方的先进文化与思想，而葡萄牙的亨利王子却开始了西方的殖民历史。有时候，历史往往会由于一个瞬间的变化而倾斜，成为另一种传说。

意大利人哥伦布（Christopher Columbus）由于在葡萄牙没有得到足够的重视与资助，于1476年转而投向西班牙开始了他的探险生涯，从而发现了新大陆。从此西班牙人成了新大陆的征服者。即便如此，葡萄牙人靠着积累的大量航海技术与经验于1557年获得了进驻澳门的贸易许可。他们做好了远征与掠夺的准备。

位于东方的中国，彼时的经济与文化仍处在巅峰时期，景德镇的陶瓷制造业毫无疑问在世界上是最好的，无论工艺技术还是艺术水平，青花瓷的冶炼境界已经无人媲美，登峰造极。而浙江的龙泉窑、福建的德化窑、河北的磁州窑也都以各自风格迥异的优质陶瓷而蜚声于世界。中国陶瓷一统天下；蚕丝养殖与丝绸织造技术几乎无人比拟；茶叶的烘焙技术、种植技术普及而优良。

公元1514年，明朝正德九年。正德之前，景德镇已蜚声天下，技术炉火纯青，而正德时期恰好遭遇了明代瓷器发展的一个低潮期，尽管如此，青花胎薄釉白，青色淡雅之美仍旧摄人魂魄，烧制技术仍有创新，如著名的孔雀绿釉，在今天的大英博物馆里，存放着许多落有"正德年制"款的孔雀绿瓷器，它们散发着一种非凡高贵的气质以及浓烈的浪漫气息。

就在这一年，葡萄牙航海家科尔沙利（Corsali）与其商贸伙伴们浩浩荡荡来到中国，在福建下船后，他们搭乘各种交通工具，朝圣般地奔赴景德镇，这一去，便买走了景德镇的五彩瓷器10万件，运回葡萄牙。

不知道他在景德镇住了多久，有多少商家、古窑、窑工、画师、工人为这个大订单而忙碌着。此举之后，1522年的葡萄牙国王竟然下令所有从东印度回来的商船所载货物的三分之一必须是瓷器。

动作稍显迟钝的西班牙不甘心，他们很快入侵了菲律宾并以此为据点，开始远程收购中国瓷器，从此拉开了"马尼拉大帆船贸易"的序幕。

据公开的资料记载，1557年西班牙传教士阿古斯梯诺·特罗迪希腊斯等来

华，大批中国瓷器就和在美洲掠夺的金银器一起被运往西班牙。以下的数据都是公开记录并统计的：

1573年6月中旬，两艘西班牙的大帆船从马尼拉港驶往墨西哥海岸的阿卡普尔科，船上载着绸缎712匹、棉布11300匹和瓷器22300件，总值30万比索，折白银7.5吨，贸易利润高达600%。

1698年，法国的商船成功远航中国，并于1700年带回了181箱瓷器。

1731年6月14日，瑞典东印度公司在哥德堡成立，以哥德堡港为起点的远东航线随之开辟。

从1732年到1806年，瑞典东印度公司共组织过130次亚洲之航，其中只有3次到达印度，其余都以中国广州为目的地。

1745年，瑞典东印度公司的大船"哥德堡号"在回程到终点哥德堡附近时沉没，一起沉没的有50多万件瓷器和370吨茶叶以及大批丝绸。那真是中国文化给欧洲文明所带来的前所未有的震撼与启示。就像今天的奔驰、宝马、路易·威登、苹果手机一样，来自中国的陶瓷、茶叶、丝绸，对于欧洲市场而言，都是当时绝对的奢侈品，强大的市场需求，也繁荣并促进了中国瓷器和轻工业的出口以及中国瓷器的更新与发展。欧洲刚刚走出中世纪的黑暗统治，由于"中国热"的形成，促进了整个生产力的发展，带动了国际商贸，繁荣了欧洲的文化与物质生活。随着这些中国物品与技术的海外输出，中国的哲学与文化也开始进入欧洲。当时的世界，只有富裕而先进的中国能够满足他们的欲望，以及对美好事物的追求。

还是据公开的资料记载：17世纪，中国的瓷器真正进入欧洲王室贵族的生活。收藏中国瓷器成为欧洲上层贵族的一种风潮，乃至葡萄牙的王后、公主的手镯都是中国瓷器，葡萄牙国王赠送给意大利国王的礼物也常常是中国瓷器，并且王后委托人在中国订烧有自己肖像的餐具，赠送给有功的士兵。1662年英国查理二世与葡萄牙王室联姻，葡萄牙公主就带来了瓷器嫁妆。

16世纪后期在位的英国女王伊丽莎白就拥有一批中国瓷器，19世纪英国历史学家麦考莱（Macaulay）说：女王在海牙就养成了对中国瓷器的喜好，收集了奇形怪状的中国瓷瓶。

1670年，法国国王路易十四更是突发奇想，在凡尔赛建了一座"中国宫"。

整个中国宫的装修是令人眼花缭乱的、一派东施效颦的"中国风格"。檐口楣柱、墙脚四边、屋顶都贴着艳丽的瓷砖,室内摆放中国白底加蓝色图案的青花瓷器,绸帐是中国的丝绸。如今去凡尔赛旅游的游客都可以窥见一斑。

据西方学者研究,1729 至 1794 年的 65 年中,仅荷兰东印度公司便从中国运销瓷器达 4300 万件。

中国的产品源源不断地流向全世界,文明与智慧也传播到各处。在当年,中国制造就是先进与精品的象征。那是我们有过的闪光而明亮的盛名与辉煌,有过的无与伦比的骄傲。

二、曾经的偶像是中国

2017 年 1 月 21 日,我参观了湖南长沙铜官镇谭家坡遗迹馆,看到了一段关于陶瓷的故事:公元 9 世纪,一艘由西亚阿拉伯人制造的没有一根钉子的单桅船从大唐驶出。这艘叫作"黑石号"的船上装满了中国人制造的陶瓷和金银。而船上 98% 的货物都是来自中国的陶瓷,件数令人惊讶:共有 67000 件。

不幸的是,它在马六甲海峡南端的勿里洞沉没。1998 年,德国有一家专门从事海底打捞寻宝的公司发现了"黑石号",做事严谨而周密的德国人并没有声张,他们从秘密发掘到潜心研究,再到寻找买家,公开叫价出让,直到 2005 年找到了买家之后,德国人才对外宣布这一重大考古发现。

据说,2002 年中国博物馆已得到过消息,扬州、上海、湖南等地文博单位提出了购买意向,日本一些机构也有此意,但"黑石号"打捞方叫价 4000 万美元,并提出"宝藏必须整体购买",中国买家望而却步,最后新加坡的圣淘沙休闲集团以 3500 万美元整体买下"黑石号"的所有宝物。从此,新加坡亚洲文明博物馆里,满眼望去都是来自中国长沙铜官镇的陶瓷。看得人满心的遗憾,满脸的无奈。

"黑石号"出土的这些瓷器为人们提供了中世纪的时候,中国海上贸易的主要商品、客户群体、商品特色、主要集散地等重要历史信息。这些出土的瓷器

再次证明，至少从唐代开始，中国海上贸易已是以瓷器为主，次之是香料，丝绸制品也有一些，但已不是主流。此时的西亚，丝绸早已不是神秘宝物。早在唐代之前，波斯就已用中国进口的生丝，加工波斯丝绸制品，甚至还返销到中国上流社会。

在明代，仅一家贸易公司在 65 年里就从中国购买了 4300 万件瓷器。18 世纪三四十年代，欧洲每年的丝绸进口量多达 75000 余匹。放在今天，这都是一个不可思议的订购数字。

欧洲结束了中世纪漫长的黑暗时期，经济正在恢复，文化也开始复兴，对于来自东方文明古国的精美物质的崇拜与热爱，对于中国哲学思想的羡慕，欧洲集体对中国文化充满了热度，甚至逐渐形成泛中国化的生活与艺术风格。这种热潮源自于宫廷贵族，慢慢流行于民间。这种对于中国的热捧，影响了欧洲的审美观，甚至法国宫廷中流行的洛可可风格便是受到中国情调的深刻影响而产生的。欧洲人对于中国的热捧不仅仅在物质、文化方面，在哲学、政治制度方面也有极高的热度，以至于在 1769 年曾有欧洲人写道：中国比欧洲本身的某些地区还要知名。

与今天某些中国制造的劣质和骂名相比，当年，"Made in China"是一种时髦。那时的中国元素在当时的欧洲是品位和地位的代名词。欧洲人毕竟还是清醒的，在经历了多年追随之后，他们开始学习各种技术，学会了生产蚕丝的技术之后，开始仿造中国丝绸。16 世纪前，意大利、法国已出现了一些著名的丝绸生产基地。据说为了更好地进行仿造，欧洲各国丝织厂的丝绸画师手里都有一本《中国图谱》。

1712 年，一位名叫昂特雷科莱的法国传教士来到中国瓷都景德镇传教。经过他多年的努力，终于将景德镇瓷器工序及配方的秘诀传回法国，从而使欧洲瓷器生产迈出了关键性的一步。

欧洲工匠们通过不断学习和钻研，不仅学会了中国的制作工艺，甚至还超过了中国原有的工艺，把中国产品挤出了市场。

中国人从来不懂得扩张与掠夺，中国人拥有的地域实在是辽阔，疆域真的是广博，所以在中国的哲学里，从来不会鼓励人们去靠侵略建立更加强大的疆土与王国，各种哲学思想的影响，使得中国的很多帝王甚至有几分不在意海上

远征。相反，中国人喜欢创造，勤勤恳恳、任劳任怨，与大自然和谐相处、共同成长，与技术、艺术、哲学、精神相辅相成，连贵为一国之君的皇上也不忘记治国的时候成为书法家、艺术家，或者历史学家。所以中国人秉承祖先的"和为贵"与人寻求友好，秉承"己所不欲，勿施于人"等各种温和的哲理名言，埋头持家。我们叫自己是中国，以为天下大同，邻国也会如此善待同类。当彼岸的国家开始远行征战、踏上别国疆土的时候，中国人还在经营着自己的技术与发明，一点一滴、拘泥谨慎地在原有基础上更新与改善着。

三、青出于蓝而胜于蓝

2013年我开始关注并参与景德镇古窑的复制工作。那时候我有机会近距离接触到陶瓷的生产过程和技艺技法。我惊讶并仰慕着这个伟大的技术，它的诞生到发展，它的精美和不可思议的创造性。于是，我提出尽快为唐英的《陶冶图说》申报世界记忆名录，因为没有哪一本书能像这本书那样完整而清晰地记录了中国人如何创造精美绝伦的陶瓷的过程。

当古窑"问"我对于恢复祀神酬愿是什么态度的时候，我毫不犹豫地赞同并且支持。人类在成长的过程中，无不是以心灵与天地日月共交往，无不是以对大自然的友好相处，相互敬畏而相生相依的，仪式是一种敬畏，一种必要的尊重，精神的与物质的，有敬畏才有规矩，才有反省，才有机会，有仪式才能有所依托和告慰。千百年来，人类以此方式而告慰祖先，也告慰自己，懂得感谢，知道分寸。

所以，我参与了对于风火神的祭祀，对于前辈窑神的祭拜活动。青烟袅袅中，把桩师傅庄严而肃穆的眼光，看客们安静而渴望参与的神态使我印象深刻。

丝绸与陶瓷，能在欧洲成为被顶礼膜拜的物质存在形式，与大国的工匠精神无法分割。那些物器都是在工匠们心无旁骛，一心一意的坚守与精心制造下诞生的。不可造次，不可马虎，精益求精，是工匠们的态度与职业道德。失去了这一切基础，唯物欲与金钱、利益为是，浮荡之下，精品不再。保守与故步

自封，没有创新精神与能力；夜郎自大与自以为是，闭门造车与坐井观天，不知道世界已经在超越自己，这都成为制约一种艺术、一种技术、一种行业、一种贸易的致命硬伤。

十几年前，在德国街头，常看到巨大笨拙、粗制滥造的瓷器倒在地上，被廉价的麻绳捆绑着，成捆成捆地倒在地上，荒芜而低廉，无人问津，人人都知道那是中国来的瓷器。仿制也是一种发展，原本后人都是在效仿前辈的基础之上得以发展得以传承的，但是仿制不能成为借口和欺骗行为，一旦成了行为甚至行业，那就离大厦倾倒，日渐崩溃不远了。当然，那一个东印度公司动辄就购买几千万件中国瓷器的辉煌没有再现。因为时代已经远行，青出于蓝而胜于蓝。

星移斗转，风水轮回，如今，在德国各种商场的陶瓷柜台上，已经看不到中国制造的陶瓷。取而代之的是德国人自己引以为豪的，也是引领世界潮流的，是高贵与精致代名词的，高质量的，被称为陶瓷界的"劳斯莱斯"的德国制造的梅森瓷器。

比起千年瓷都景德镇的悠久历史，德国的瓷都梅森要年轻得多。梅森瓷器的发展和中国瓷器有一定的关系，主要表现在早期梅森瓷器对中国瓷器的模仿，包括混合欧洲元素的仿中国瓷器，以及想象的东方风格主题绘画装饰瓷器。而后期的包括陶瓷雕塑在内的典型梅森风格瓷器，则和中国瓷器关系甚微。

打开梅森的网站，你会惊讶地发现，这不仅仅是一家著名的陶瓷生产厂家，它几乎涵盖了一切，从餐桌宴席、珠宝饰物、限量艺术品、建筑室内设计、时装饰物到学校，梅森已经不再是一个单独的陶瓷品牌，它几乎就是一切当代生活所需要的所有内容。

梅森设计的首饰有几百种，而且不断进军各种领域，并且大获成功。梅森是德国人的骄傲，其官网有五种语言，其中就包括中文，专门用以吸引前赴后继购买梅森瓷器的中国游客。它自豪而内敛，缓缓向人们介绍梅森的荣耀历史与精致产品。始于1710年的德国陶瓷企业，坐落在厄尔士山脚下，毗邻捷克，在德累斯顿西北面的风景如画的易北河畔，与著名的葡萄河谷景观一起构成了欧洲第一瓷器的传奇故事。

不知是巧合还是有意，这个易北河边的小镇一直把取自山上的瓷土叫"高岭土"，其发音和汉语一模一样。梅森小镇古瓷文化浓厚，镇标志性建筑弗劳恩教堂上安装着陶瓷钟;建于12世纪初的尼古拉教堂边有世界最高大(2.5米高)的瓷制塑像;不同于景德镇有千万家作坊,梅森只有一家,不能有任何仿制,也绝不允许仿制,从而避免了恶性竞争与产品泛滥。

梅森有自己的瓷器博物馆,3000多件历代瓷器精密地编着序号、时间、工匠作者,所有的作品坯胎都被保存起来,日复一日。从诞生以来,每一种产品的石膏模具都保存着,共17.5万个。随时都可以再生产出同二三百年前一模一样的产品。

3000种图案也一个不少地保存着。梅森瓷器不仅是商品,同时也是德国宝贵的文化遗产。仿佛一个巨大的数据库,展现了近300年来的欧洲艺术史,每件成品都是经过80多道工序用手工精心制作的。所用色彩都是按秘方配置的,该厂的颜料实验室对外严格保密,而且为其产品独家使用。

梅森瓷器的每一位彩绘师、造型师都必须经过数十年的艺术与技术培养,能在每件创作上融入不同时期的艺术风格,展现近300年来的欧洲艺术史。但即使经过这么久的培训,能为色彩缤纷、形象栩栩如生的瓷器上色的技师仍屈指可数。

梅森瓷器有自己的开放式的瓷器工场,允许所有游人参观瓷器制作全过程,甚至自己动手参与制造。每件梅森的剑标瓷器都是用手工绘制的,也就是著名的梅森釉底蓝色剑画。蓝剑同时也是质量保证的象征。

德国人善于总结,善于改进,善于思考。梅森瓷器充分体现了这一特点。从萨克森公国时代至今,梅森瓷器始终是欧洲王室、明星和政治家追逐的对象,其价格一直贵如黄金。梅森瓷器十分重视产品的艺术品质,在世界瓷器历史上最早建立了自己的绘画艺术学校,同时也是萨克森大公国艺术学院的分校,教授的内容是瓷器的绘画与雕刻艺术,萨克森大公指令这所学校专为瓷器厂培养艺术人才,这家绘画学校的首任校长是大公的私人画师。

1710年1月,当时萨克森的选帝侯奥古斯都二世颁布法律成立了欧洲第一个陶瓷手工作坊,从此梅森的瓷器驰名欧洲。1710年也是康熙在位的时间,盛世之时,西风渐进,而西方也开始不断吸纳东方帝国的文化与文明精髓。

与当年葡萄牙人疯狂购买中国陶瓷的历史相比,梅森的瓷器仅仅始于18世纪,几乎无法相提并论,但梅森成了当今世界的陶瓷之王。

在梅森的旅游团里，有着大量的中国游客，大巴车上下来一批又一批，然后奔向精品店，梅森的瓷器在欧洲是奢侈品的代表，陶瓷制品贵得让人咋舌。然而中国游客们不计较，他们一件又一件，争先恐后地购买着德国人的瓷器，然后带回到陶瓷的发源地中国去。不远万里，不计代价。

今天的中国陶瓷却被掩盖在历史的云烟之中，在世界前十大品牌中居然没有一席之地。陶瓷的品质与灵魂、附件文化、商业运营能力、商业营销模式、设计与开发、创意与衍生品、传统与现代、古老与时尚，都是中国瓷器要面对的议题。中国瓷器需要快些醒来，被时代唤醒，被责任唤醒，被历史唤醒，如果"哥德堡号"沉船中的那些陶瓷都有记忆，都会书写文字的话，它们将会写下如何的文字与如何的感慨？

曾经辉煌的让罗马皇帝与皇室成员仰慕而艳羡的丝绸锦缎，也渐渐被来自日本甚至南亚、西亚的工艺所取代，中国的南京云锦研究所卖给了韩国的服装企业；千年的南通缂丝技术岌岌可危，后继乏人；曾经精湛到令人眩晕的景泰蓝技术已经被日本人学去，并且独霸了本应属于中国的景泰蓝国际市场，在惊叹它的造型精美、典雅端庄、富丽堂皇而爱不释手后，却需要向日本人购买产品；爱马仕的设计师长年累月在中国贵州、云南一带寻找设计灵感与元素，设计出来出售的产品不会支付中国一分钱，一条围巾可以卖到上万元，而贵州的手工艺人们苦苦坚持半年的收入也不过如此。

物器，如同人，有着温度，有着品行和技艺，无论丝绸还是陶瓷，它们无不是在人们的双手与心灵之间，用温度与思想打造出来的。急匆匆地赶路，必定来不及欣赏途中的风景，今天的人们就是这样急匆匆地奔向物质与各种欲望，没有了创造与坚守，没有了耐心与等候，物器，也就匆忙而没有了生命。

四、中国梦：实现中华民族伟大复兴

自2013年国家主席习近平提出共建"丝绸之路经济带"和"21世纪海上丝绸之路"（简称"一带一路"）的倡议以来，"一带一路"已经成为当今国际社会热议的话题。这一重大的决策与思路可谓大手笔大境界。它不仅仅是当年举世闻名的"丝绸之路"的继承与再现,更是开拓了中国与各国之间经济合作的新机遇,同时更是展示与输出国家软实力的大好途径。这一倡议将会像一条纽带,将沿线国家的璀璨的文明与历史串联起来,不仅能增进中国与世界各国的友谊,还能积极地造福于沿线国家的人民,进一步走好互利共赢之路。

不仅如此,"一带一路"也是繁荣和重振中华文明与文化的一个大好契机。它为世界再度认识中国文明与文化提供了一个巨大的平台。在纷乱的当今世界局势下,中国的哲学思想,中国的文化精髓凸显出其伟大的一面。

毫无疑问,中国自古以来就是一个崇尚和平与友好的国家,始终本着宽厚待人的态度与世界相望,但是这种内敛与隐忍在近代的战争中演变成了怯懦和谦卑,转而成为"崇洋"与"恐洋",渐渐地对自己原本拥有的大国自信发生了动摇,从世界的中心游离出来。加上无数灾难与战火的侵犯,尤其是近代西方列强的强势侵犯,中国人对于自身文明与文化的认知也发生了转变。一方面盲目地迷信与崇拜西方的文明,一方面痛彻地批判自己的历史与根脉,失去了对原本应该引以为荣的传统文化的尊重与认同。

近百年来,中国人对于物质与精神层面追求的标准多以西方标准为准绳,以西方之发展为目标,失去了对自我的判断与信心。即便是近三十年来,中国经济的迅速崛起与腾飞,也无法彻底改变一些人的心态。归根结底,还在于失去了文化的根基与精神的寄托。因此,恢复中国民众对于自身民族文化的认同与自信,恢复中华民族敢于担当的决心,重新建立文明大国的信心,是十分必要的。与此同时,在21世纪全球经济一体化、文化多元化、世界格局重新调整的当下,唤起民众对于本民族的骄傲与认同是当务之急。也因此,"一带一路"的提出与开启,不仅可以重现丝绸之路的信心与姿态,还可以唤起民族的自信心、自尊心和民族自豪感。

"一带一路"也将文化软实力的交流作为主要的途径与手段,符合中国在和平中恢复并崛起的心愿。而只有民众在了解本民族的文化内涵,继承传统优秀的文化,认同本民族的文化根脉的前提下,才能使整体国民素质得以提高,得以凝聚,进而增强不同国家、民族对我们的了解和认同,赢得国际社会的尊重。

开启新的丝绸之路的同时,中国的民众也要学会以平和宽厚的心态去对待

其他国家不同的文明，平等对待不同民族的文化与价值观，包容不同民族的差异，建立大国的宽容心态，建立平等的对话机制，树立自我尊重的信念，敢于承担，勇于表述自己的态度与立场，才能真正融合到世界的新格局中，承担起文化大国的责任与角色。而民众的整体素质与思想境界乃至精神风貌也需要提升与改观。所以，在"一带一路"上，我们应该看到更多的中国文化"走出去"的现象，并且在世界的舞台上成为重要的角色。"走出去"的内容可以丰富多彩，就像两千年前的张骞，带着中国人的智慧与思想，带着各种精美的手工艺，带着中国多民族的元素与文化遗产，去交朋友，去理解世界，关心世界，而且加入不同的对话行列，通过多渠道的沟通构建国与国之间，民众与民众之间和平互惠的持久联系。

"走出去"不仅仅是寻求经济与贸易的合作，更多的是建立情感与文化的沟通与交流，需要突破区域地理的限制，用文化连接中国与世界。因为当年的丝绸之路，串起来的不仅仅是国家与国家之间的往来邦交，更重要的是，它连接起了各国民众的情感与友谊，在文化的桥梁之下，也建立了经济的合作与互惠。

2014年，中国与哈萨克斯坦、吉尔吉斯斯坦一道，将三国"丝绸之路：长安—天山廊道的路网"成功申报为世界遗产，这就是一个软实力构建的成功范例。国际古迹遗址理事会前副主席郭旃评价，三国联合申遗的成功，为中国"一带一路"倡议的国际框架和历史渊源，做了有力的铺垫，也证明了一点：国土有界，文化无疆。

当然，我们必须正视目前中国陶瓷以及更多的传统手工艺行业与传统技艺所存在的共同问题：几乎大部分手工艺技术都有核心技术失传，后继乏人等问题；都有产品设计和创意理念与时代审美需求不够合拍的问题。尽管很多传统技艺高深精湛，但由于缺乏当代元素和设计理念，无法得到市场的认可，特别是年轻消费者的认同。很多传承人疲于维持技术的传承，无法有更多的精力和能力去开拓市场，推广自己的产品和作品，很多传统手工艺的销售与商品的运营流程脱钩，销售渠道不通畅。很多消费者对于国货的低兴趣，加上很多人盲目崇尚外国名牌，对于传统手工艺的不认同，导致了传统手工艺的价格与价值不符。本来需要慢工出细活，精益求精，心无旁骛地对待这些手艺的制作与生产，但是由于社会风气浮躁，人们求功心切，求利心切，很难做到古人那样的专

注与专心,所以如何把传统的技艺用在现代的生活当中,让现代人所接受,如何传承与发展,是我们需要面对的一个问题。传统的手工艺技艺是人类千百年来在与大自然相处当中获取的灵感与智慧,人类用思想和双手创造了辉煌的物质世界。但是随着科技和工业文明的日益发展,电子技术的飞速更新,人们的生活形态和关系都发生了巨大的变化。人类历史上曾经蕴含高度智慧的高超手工技艺,因为生存环境的恶化而失传,这是人类共有财富无法挽回的巨大的损失。

值得庆幸的是,2017年新年伊始,国务院下发了《关于实施中华优秀传统文化传承发展工程的意见》。文中提到:"文化是民族的血脉,是人民的精神家园。文化自信是更基本、更深层、更持久的力量。中华文化独一无二的理念、智慧、气度、神韵,增添了中国人民和中华民族内心深处的自信和自豪。"

同时在解释其意义的时候,提到:"中华文化源远流长、灿烂辉煌。在5000多年文明发展中孕育的中华优秀传统文化,积淀着中华民族最深沉的精神追求,代表着中华民族独特的精神标识,是中华民族生生不息、发展壮大的丰厚滋养,是中国特色社会主义植根的文化沃土,是当代中国发展的突出优势,对延续和发展中华文明、促进人类文明进步,发挥着重要作用。"

该文件的出台,令人如沐春风,充满希望,令全国文化界人士乃至普通国民无不欢欣鼓舞,深感中华文化复兴的春天即将来临。我们仿佛看到燃烧了5000年的文明之火开始更加兴旺,希望之船正在驶出华夏港湾,重新挺进奔腾不息的大海,一路向西向东,船上载着中华的文明,载着中国人的智慧,驶向世界,在21世纪重新焕发出璀璨的光芒,把中华民族的精神之美、思想之美、物质之美、文化之美分享给世界,展现给世界。

(本文所引皆未注明出处,在此一并致谢。)

鸡缸杯影：多情的皇帝、开放的时代

方志远[*]

一只从香港来到内地的斗彩鸡缸杯，把我们带回到它产生的时代：明朝成化时代（1465—1487）；也把一个人物推到了我们面前：明成化皇帝朱见深。

由于媒体的关注，"成化"和"鸡缸杯"迅速成为当时尽人皆知的新闻。距今 500 年前留下的一只由当年景德镇御窑厂生产的通高 4 厘米、口径 8 厘米的小瓷杯，竟然抵得上今日上海滩一座 2000 平方米的豪宅。一句时髦语也同时流传：有钱就是任性。这句时髦语的"版权"，属自称为"土豪"的上海收藏家刘益谦。

我本来只是"围观"，后来发生的一件事情，使这只鸡缸杯和我发生了一点关系。2014 年 8 月的一天傍晚，南昌盛夏，接到一个来自北京的电话，对方自称是北京匡时国际拍卖公司的副总谢晓冬。我奇怪了，家中没有收藏，怎么惊动了拍卖人？谢晓冬先生在电话中问我，是否关注到上海收藏家刘益谦先生从香港苏富比拍得成化斗彩鸡缸杯的事情。我说知道啊，地球人都知道。谢晓冬先生说，刘益谦先生委托匡时拍卖在上海龙美术馆策划一个关于鸡缸杯的特展。这好玩，但听说展厅为 2000 平方米，我大吃一惊，围绕这个掬手可捧的鸡缸

---

[*] 方志远，史学硕士、文学博士。江西师范大学教授、校学术委员会主任，中国明史学会副会长，江西历史学会会长，国家社科基金历史学科评审组专家。

图1 2014年4月8日上海收藏家刘益谦先生以2.8124亿港币从香港苏富比拍得由玫茵堂珍藏的成化斗彩鸡缸杯

杯，竟然要2000平方米的展厅？

正是因为这个电话，我上了"贼船"，成了这个特展的"文化顾问"，在2014年12月18日出席了特展的开幕式并致辞，随后又围绕鸡缸杯和成化时代做了一场学术报告。和鸡缸杯、和谢晓冬、和刘益谦夫妇及龙美术馆的"缘分"，缘于我在《历史研究》2007年第1期发表的一篇论文《"传奉官"与明成化时代》（《新华文摘》2007年第4期转载），以及1994年出版的一本人物传记《成化皇帝大传》。

谢晓冬先生的工作态度令我感动，一位1980年出生的拍卖人，读一部36万字的皇帝传记不奇怪，竟然还反复读一篇35000字的历史学论文，并且在国庆长假的8天时间里，编写出洋洋84大页图文并茂的陈展大纲。使我每每以谢晓冬为例教训自己的学生，你们总想过好日子，先看看别人是怎么工作的！

2014年12月18日15时，"朱见深的世界：一位中国皇帝的一生及其时代"的"鸡缸杯"特展在上海龙美术馆开幕。我在开幕式的致辞是以这样一段话开

图 2-1 《成化皇帝大传》初版书影，辽宁教育出版社出版

图 2-2 《成化皇帝大传》再版书影，中国社会出版社出版

始的："2014 年 4 月 8 日，在中国收藏界是一个值得纪念的日子，在中国明代研究中也是一个值得纪念的日子。因为这一天，有一个人物，通过一件尤物，穿越时空，把今日的中国和 500 多年前中国明朝的成化时代联系在一起。这个人物，是刘益谦先生，还有本馆馆主王薇女士；这件尤物，是大家已经看到的成化斗彩鸡缸杯。"

这就是传说中的拍卖价为 2.8 亿港币的鸡缸杯，但我手中的这只却是刘益谦先生赠送的复制品鸡缸杯，出自当代景德镇的名匠。喜欢鸡缸杯的朋友千万别打我的主意，我手中的这个鸡缸杯，当时复制了一万只，在龙美术馆的售价是 288 元。

明朝万历时期的玩家沈德符在《万历野获编》中说当时的瓷器："最贵成化，次则宣德。"成化窑又以白地青花间以五色者斗彩最为珍贵，名目有八吉祥、五

图 3 成化斗彩鸡缸杯

图4 作者与手中的鸡缸杯

供养、一串金、西番莲,特别是斗鸡、百鸟及人物故事等。沈德符说这些斗彩酒杯的价格:"初不过数金,余见时尚不知珍重。顷来京师,则成窑酒杯,每对至博银百金,予为吐舌不能下。"十年之间,价格飞涨。晚明时期的另一位著名玩家张岱在《夜航船》中特别指出,在成化诸斗彩中,"五彩鸡缸"为其代表。而方以智在《物理小识》中记载的看到的鸡缸杯则是:"成窑草虫可口子母鸡劝杯,曰鸡缸。"清乾隆时期的朱琰在《陶说》中也说:"成窑以五彩为最,酒杯以鸡缸为最。神宗时尚食御前,成杯一双值钱十万,当时已贵重如此。"明朝千钱值银一两,朱琰所说的"钱十万"与沈德符所说的"银百金"是等价的。刘益谦先生拍得并为其办特展的,便是方以智说的"成窑草虫可口子母鸡劝杯",简称"鸡缸杯"。

如果以米价为中介,今日人民币的购买力约当万历后期的200—400元,如果取中间值300元,一对成化鸡缸杯在当时值人民币3万元。400年过去,其间动乱不断,能存于世者寥寥。据称,明朝成化时代的斗彩鸡缸杯目前存世的有16只,包括刘益谦拍得在内由私人珍藏的只有4只。其余的,均为各代的仿制品。

清代的玩家乾隆皇帝是斗彩鸡缸杯的粉丝,其《成窑鸡缸歌》咏:"李唐越器人间无,赵宋官窑晨星看。殷周鼎彝世颇多,坚脆之质于焉辨。……宋明去此弗甚遥,宣成雅具时犹见。寒芒秀采总称珍,就中鸡缸最为冠。牡丹丽日春风和,牝鸡逐队雄鸡绚……""落霞彩散不留形,浴出长天霁色青。成化鸡缸夸五色,椎轮于此溯仪型。"能让乾隆皇帝爱不释手、反复吟咏的尤物,即使排除所有的附加价,刘益谦以2.8亿港币收藏这只成化斗彩鸡缸杯,也是物有所值。希望刘益谦先生有缘再得一只,成为"一对"或"一双",到时候再举办一个更大规模的特展。

明清中国瓷器以景德镇为佳，景德镇瓷器又以出于御窑者为珍。以明朝为例，洪武窑、永乐窑、宣德窑、成化窑、万历窑皆为名品，但又以宣德、成化最为珍贵。沈德符说其中的原因："盖两朝天纵，留意曲艺，宜其精工如此。"宣德皇帝、成化皇帝都是大玩家，也是大艺术家。

宣德皇帝、成化皇帝不但是大玩家、大艺术家，而且君临天下，通过官府半买半夺搜罗天下艺术品，特别是不惜代价烧制精瓷，宣德窑、成化窑名扬中国、享誉海外，而成化窑又甚于宣德窑。

图5 明成化皇帝朱见深，庙号"宪宗"

近年来关于明代白银的研究有诸多成果问世，而明代后期的白银，多通过海上贸易得于吕宋、日本，其产地更多在美洲，于是有"海上丝绸之路"的说法。但这个说法极成问题，当年出口的丝绸，多为半成品和原丝，而真正为中国带来真金白银的大宗出口商品，实为瓷器。所以，与其说是"海上丝绸之路"，毋宁说是"海上丝瓷之路"更为确切。

从明太祖朱元璋1368年定都南京，到18岁的明宪宗朱见深1464年继位，明朝迈向它的"百年"诞辰。社会财富的积累、社会生活的富足已经到了一个新的阶段，明代社会也开始从单纯的官本位社会，进入到官本位、财富本位、文化本位并存的多元化社会，进入到一个"好玩"的时代。

在这个多元化的好玩时代，产生了许多我们现在耳熟能详的人物：祝枝山、唐伯虎、文徵明、王阳明、李梦阳……发生了许多我们现在完全陌生当时却十分新鲜的事情：人无分男女，出门多服"马尾裙"；地无分南北，处处传唱"山坡羊"；身无分职业，头衔尽是"传奉官"……被认为是施耐庵、罗贯中作品的《水浒传》、《三国演义》，绝不可能产生于严峻冷酷的洪武时期，只可能发生

在成化开始的自由奔放时代。

成化皇帝即位前四年（1460）出生的祝枝山、成化六年（1470）出生的唐伯虎在这个扇面挥挥毫，这把折扇的主人立即身价百倍。

谁能求到唐伯虎的这幅春山图，一只脚便踏入了小康日子。

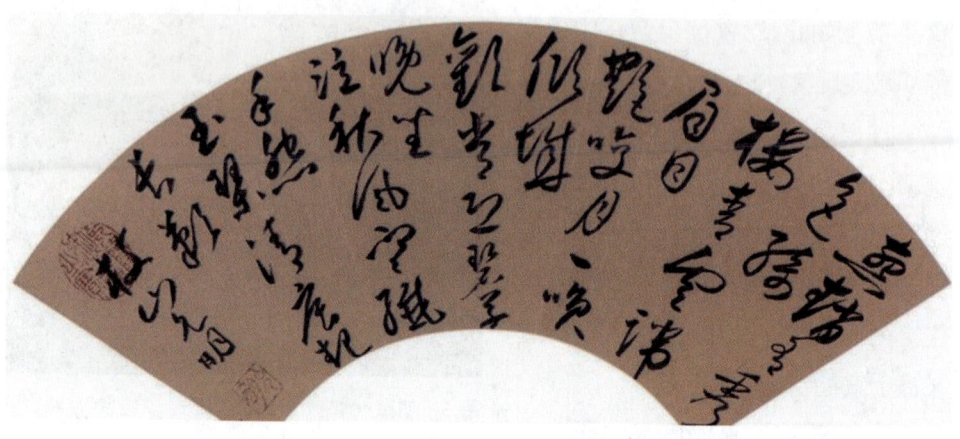

图 6　祝枝山手书扇面

图 7　唐伯虎手书扇面

| 博雅 | 鸡缸杯影：多情的皇帝、开放的时代   325

图 8 唐伯虎《春山伴侣图》

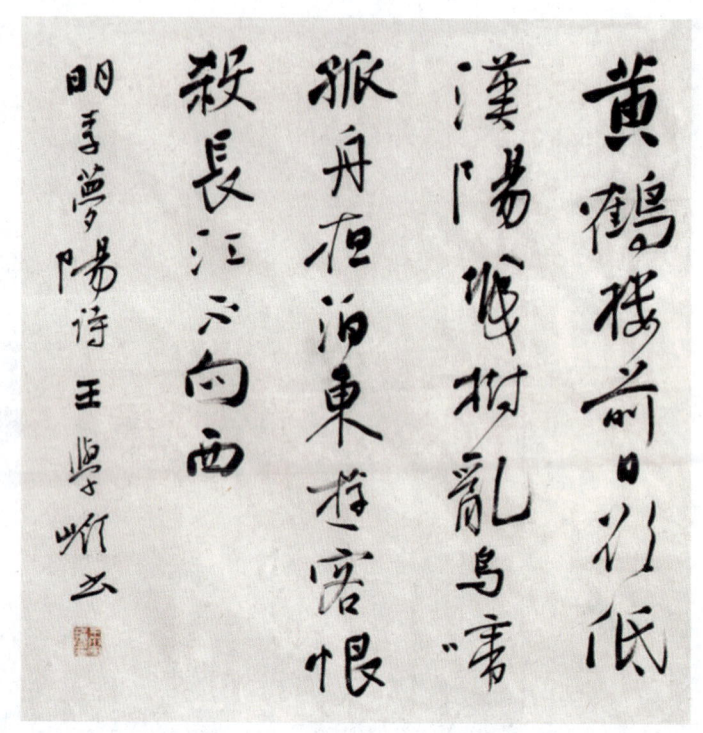

图9 李梦阳书法

图10 王阳明书法

图11　文徵明书法

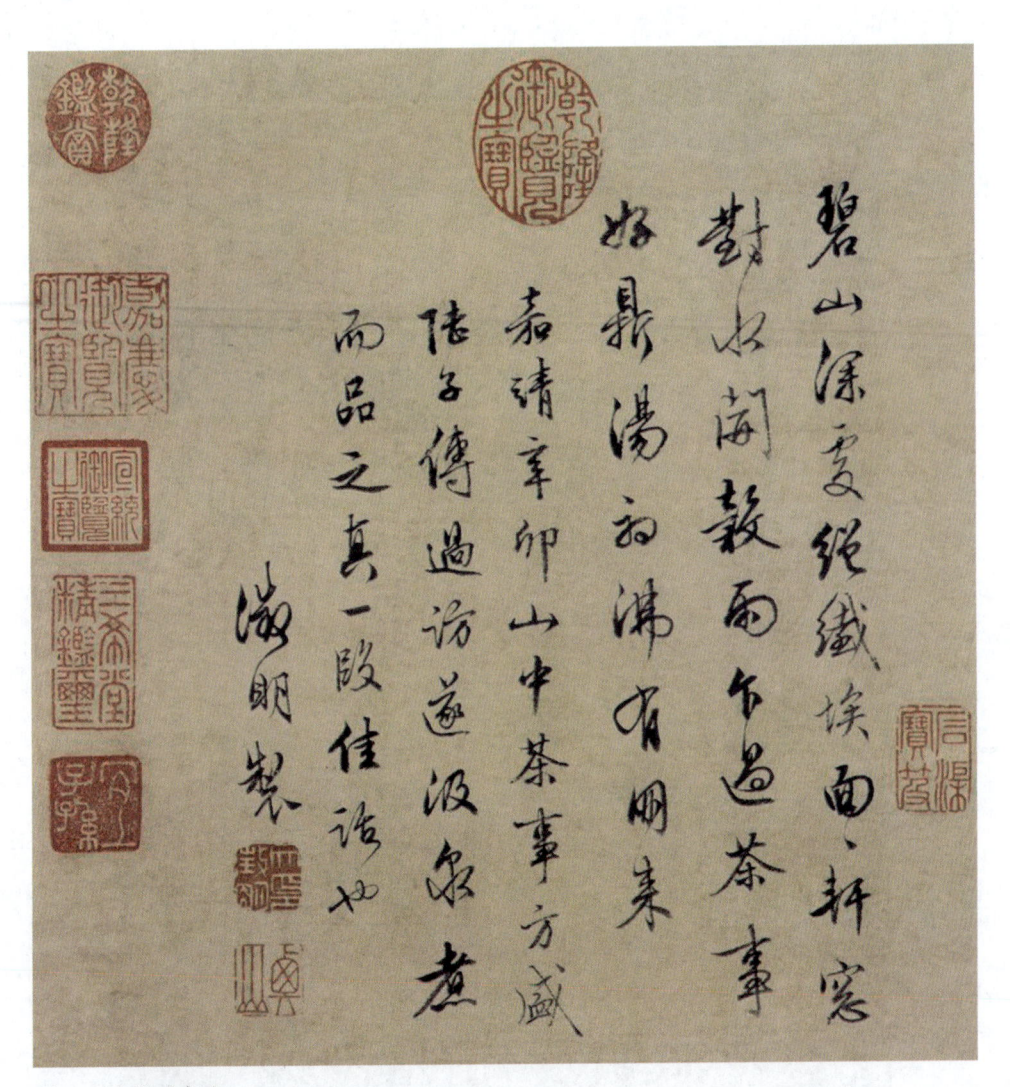

成化九年（1473）出生的"前七子"领袖李梦阳不仅以诗文著名，书法也别具一格。

谁能预测到，成化八年（1472）出生的王阳明，日后将成为有明一代立德、立功、立言"三不朽"第一人？

再看看成化皇帝朱见深的御制书画，他完全可以跻身第一流艺术家的行列。

作为君主，明宪宗成化帝朱见深在中国历史上是默默无闻、无所作为的。即使在明代十六位皇帝中，他也并不引人注意。但作为人，他又是有血有肉有

御製一團和氣圖贊

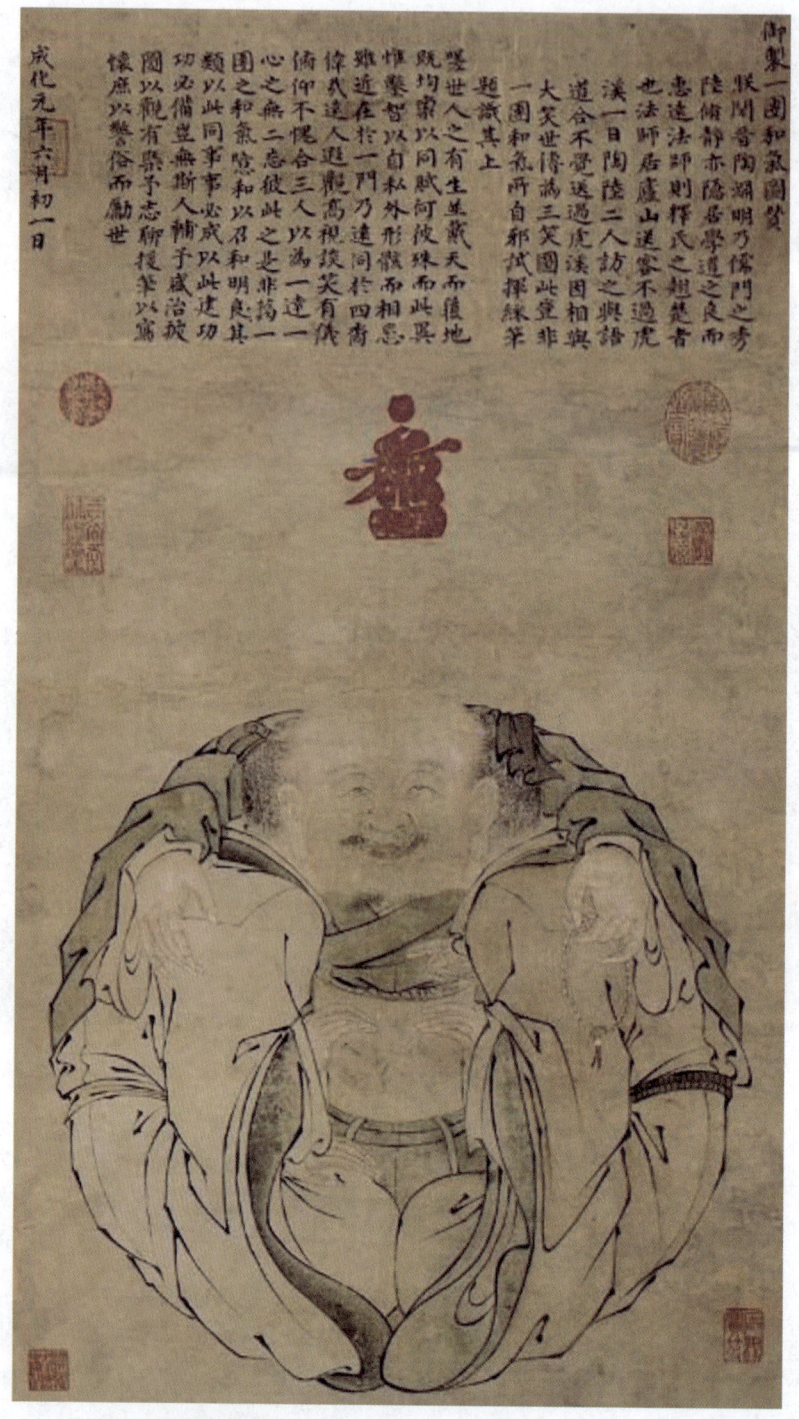

朕聞昔陶潜乃儒門之秀，陸修靜亦隱居學道之良，而惠遠法師則釋氏之翹楚者也。法師居廬山，送客不過虎溪。一日陶陸二人訪之，與語道合，不覺送過虎溪，因相與大笑，世傳為三笑圖。此儘非一團和氣所自邪？試揮綵筆，題識其上。

竪世人之有生，戴天而履地。既均稟以同賦，何彼殊而此異。惟智愚以自私，故形跡而相悖。雅近在於一門，乃遠同於四裔。偉哉逸人，違世高視。談笑有儔，俯仰不愧。以同事心之無二，以彼此之非異。和以召和，明良其類。以此同事，事必成功。以此建功，功必備豈無斷乎志。圜以觀其有象，予威治哉。懷庶績以警俗，而勵世

成化元年六月初一日

图 12 成化皇帝御制书画

情感有个性的。一方面,他不得不接受命运的安排,以及祖宗法度、圣贤道理的限制,另一方面,又不甘心受命运的摆布和陈规的束缚,时有令人瞠目结舌的举动。

作为一个时代,明宪宗成化时期是一个没有权威、被人忽视的时代,但又是一个充满活力、极富特色的时代。明朝乃至明清两代的历史,正是在这一时期开始发生转折。由于这种转折不是由叱咤风云的伟人所推动,也不是以惊天动地的事件为标志,而是由社会内部自身的矛盾运动并通过无数琐细小事所表现,故而滑出了人们的研究视野。但是,中国历史上的帝王又以默默无闻、无所作为者居多,中国历史上富有转折性的时代也多是没有权威、被人忽视的时代。

在这个多元化的时代,发生了一起看来十分畸形但又十分真挚的爱情,18岁的皇帝视后宫三千粉黛为无物,专一爱着比自己大18岁的贵妃万贞儿,不允许任何人对贵妃不敬,尽可能满足贵妃一切喜好。而万贵妃又恰恰是一位"好玩"而又喜欢奇异珍宝的女人,包括斗彩鸡缸杯在内的具有成化"小资情调"的宫廷艺术品也由此而生。

回过头来,我们再看看这只正在展示的鸡缸杯。

有报道说,刘益谦曾经介绍过这只鸡缸杯的构图:正宗的鸡缸杯上画了两组8只鸡,一组的公鸡头向前看,显得安详自信;另一组的公鸡正在回头看,有一只小鸡飞起来了,它好像很诧异。最大的难点在于母鸡的翅膀,是带点红色的,以当时的技术水平,能在青花上烧出其他颜色就是巨大进步,而烧出红色更是天大的难题,鸡缸杯上的母鸡翅膀颜色是姹紫红,这种颜料配方后世已经失传。

不少朋友问我,这只鸡缸杯的图案代表着"吉祥",既是象征国家和社

图13 展示的鸡缸杯

会的吉祥，也象征着成化皇帝和万贵妃以及皇室的吉祥。那么，这只雄鸡毫无疑问就是成化皇帝，母鸡自然就暗喻着万贵妃了？

　　但我的看法恰恰相反，雄赳赳的公鸡才是万贵妃，安详自在的母鸡倒是成化皇帝。第一，这样的解释才符合成化皇帝和万贵妃的性格。皇帝性格内向，从成化八年开始不再接见大臣；万贵妃的性格则张扬，喜欢出风头。第二，万贵妃是成化皇帝的保护神。成化皇帝1岁11个月的时候，父亲正统皇帝被蒙古人俘虏，母亲周氏是个悍妇，是万贵妃从小将其带大。做了皇帝之后，只要万贵妃在身边，皇帝就有安全感。皇帝出游，万贵妃身着戎装为前驱。59岁的万贵妃去世半年，41岁的成化皇帝也随之而去。第三，万贵妃曾经生有一子，但随即夭亡，她将自己的母爱、姊爱、情爱化为一体，倾注在成化皇帝身上。成化皇帝的皇子，也都是她的儿子，她要将这些皇子们和成化皇帝一起保护起来。

　　（附记：承蒙雨前兄抬爱，命我为《中国景德镇学》撰稿，无法推托。但手上杂事太多，匆匆草就此文，以附诸贤之后。文中诸图，取自谢晓冬先生《朱见深的世界：一位明朝皇帝的一生及其时代》。）

读壶之境，论器之道
——浅谈中华文化对紫砂壶的影响

葛 军[*]

宜兴陶瓷在中国陶瓷发展史上有着独特的地位，至今已有七千多年的制陶历史，而说到紫砂壶，一般人的概念便是宜兴壶，可以说它已经成了宜兴一张不可替代的名片。紫砂器的发展历史，长期以来就多有争论，主流的学术观点是发端于北宋，勃兴于明清，而鼎盛于当代。

中华文化博大精深、源远流长，而中华文化的传统精髓又在于"和"，即形式的和谐产生感观的和谐，进而达至心灵的和谐。这种天人和谐的文化观，贯穿了中国千百年来的历史进程，无疑也深刻影响了中国的器物文化。

简而言之，以"和"为核心内涵的中国器物文化，具有四个鲜明的特点：敬、静、逸、雅。

---

[*] 葛军，博士，研究员级高级工艺美术师，中国陶瓷艺术大师，中国陶瓷设计艺术大师。

一、敬天爱人，器以载道

何为敬？敬是一种态度，也是中国文化观念的一个重要部分。敬天爱人，生发于心。在为人处事上，我们尊敬身边所有人，在艺术上，我们则敬畏大自然，由此产生了顺应生存规律的器物。器以载道，道法自然，因此，器物的创作必然要符合自然发展的规律，一如紫砂壶的产生，就是建立在我们对自然的敬畏基础之上。

图1 紫砂壶创作场景

言及紫砂文化，不可不提中华紫砂史上的一代巨匠——时大彬，尤其是他对紫砂文化的三大历史贡献：其一，他创作的"文意壶"把"紫砂茶壶"升格为"文人雅玩"。其二，他奠定了紫砂器集诸多中华文化元素于一体的紫砂艺术的创作方向。其三，他完善了紫砂器的手工技艺，并使之成熟。

图2 紫砂壶

时大彬对紫砂文化的最大贡献在于他对器皿适应社会需要的把握，这也源于他游走于文人之间，深刻理解他们对于品茗论道的需求，进而有了对紫砂器的重大改制。紫砂文化也由此深入上流社会生活，进入一个文人与紫砂器相交的重要历史时期。

二、宁静致远，静气成器

图3　紫砂料

在中国文化中，"静"的本意是明审，就是说要有清晰的思路，善于用明察秋毫的目光去审视自己，由此方可得安静、宁静。而紫砂器的气质正是与此一脉相承。就其实用性而言，紫砂器非常符合人类的生活需求，譬如以紫砂壶泡茶，其色、香、味相得益彰，茶烟氤氲，汤色清润，沁入心脾。而器本砂质，天然可亲，触感与保温俱佳，且经久耐用，涤拭日加，和光隐现，见证岁月静好，心境澄澈。

沉静之气，并非与生俱来，而是要经过无数历练与不断修心才能真正领悟。紫砂器的特质，同样如此而成，生涩原始的紫砂料，必经过无数的糅合、拍打、镶接，并历经火的烧制，方有静若处子的动人魅力。

三、逸兴高致，君子不器

"逸"是一个象形文字，最开始的时候是被解释为野兔逃跑，而文字发展至今有了更深刻的寓意，现在引申为超凡脱俗、卓尔不群的一种品质。古人以逸品为艺术品之最上乘，非达者不能至。紫砂器由生活器物渐次上升到另一个高度，成为集品赏与实用于一体的逸品，源自明代中叶以后，紫砂器在文人士大夫阶层的广泛参与下，逐渐形成了集造型、诗词、书法、绘画、篆刻、雕塑于一体的紫砂艺术，有人认为早在北宋时期，大文豪苏轼就与紫砂器有着深厚的渊源，"松风竹炉，提壶相呼"即为其提及紫砂器的经典之句，也曾有传言"东坡提梁"是其创作设计的，这些说法或有攀龙附凤之嫌，不足为据。但可以确信无疑的是，历史上陈曼生、董其昌、郑板桥、杨彭年等著名文人都曾参与紫砂器创作，而其中尤以陈曼生为代表，他开创了将书画装饰于壶上，使紫砂文化达到了一个新的高度。

四、雅俗共赏，和合万方

《诗》大序有言："一国之事，系一人之本，谓之'风'，言天下之事，形四方之风，谓之'雅'，雅者，正也。"我们现在常常说的雅俗共赏，其实是从"和"的精髓中提炼出来的，即和合万方。与天和，与地和，与人和，与己和，各得其所，这就是中国文化中最为崇尚的生活智慧。"琴棋书画诗酒花茶"被称为人生八大雅事，这些雅事都被融入我们当下的生活之中，泡一壶茶，邀三五知己，谈笑风生。所谓大俗即大雅，其实也体现了中国文化的包容性，而紫砂器可以说是从只注重于实用性的"大俗"慢慢转变成了"大雅"，这是文化发展过程中的一个必然趋势。

紫砂器在当代，已经成了一种友好交流的媒介——人与人的交流、文化与

文化的互鉴乃至国与国的和谐共处。作为中华文化的重要载体之一，紫砂器在今天的定义已远远不止是一种生活器物，也远远不止是一种工艺美术品。众多的从业者为此殚精竭虑，也不仅仅是为了追求一种个人的发展，更是一种弘扬中华优秀文化传统的人文情怀。他们将所见、所闻、所想，融入紫砂器的创新中，孜孜以求的，不仅是使其器雅俗共赏，更是使其道和合万方。

广彩：岭南名瓷探秘

刘致远* 口述 李焕真 整理

图1 瓷盘《唐明皇击球图》（以刘群兴手稿创作），刘致远作

图2 瓷盘《歌舞升平》（以刘群兴手稿创作），刘致远作

  千年的制瓷传统，多精于工艺，从装饰工艺上升到艺术层面，大多始于近代。以"珠山八友"为代表，首创了文人瓷画的艺术格调，脱离了传统工匠的概念，瓷画被赋予了更强的生命力。

  时代变革。在广东，"岭南画派"不仅投身辛亥革命和国画改良，其精神与艺术风格，也体现在涉足的陶瓷领域之中。其掀起的创新潮流，深深影响着岭南广彩。高潮时期，佳品纷呈，全新的风格与艺术的表现，为岭南广彩带来一

---

* 刘致远，岭南画派传人，广彩大师。现为景德镇学院、湖南工程学院客座教授。

图3 彩瓷盘《雄风》，高剑父1920年作，广州市文物总店藏

图4 广彩猎狐纹大碗，直径40.4厘米，1755年

股新风，开创了广彩陶瓷艺术的新气象。

温故知新，传统工艺，是前人心血的累积，也是当今艺术创作中的丰富养料。学习、了解广彩发展的过往历史，在传统土壤的基础上继续创新，是对传统文化的最好传承。

"广彩"，即广州彩瓷的简称，是釉上彩的古彩瓷品种之一，约诞生于康熙中期的17世纪末，至今已有300多年的历史，是为外销需求而产生的彩瓷品类。

广彩华丽高贵、色彩丰富，饱满的炫目纹饰，契合了当时欧洲宫廷兴起的洛可可艺术的浮华奢丽之风，18、19世纪风靡欧洲，成为王公贵族的追捧珍品，对中西文化交流有过无可取代的贡献。

历尽沧桑，广彩已成为当今世界独特的艺术珍宝。但广彩的许多独门绝技已不复再见。现在，特邀请广州

图5 广彩人物啤酒杯，1775年，华盛顿与李大学里维斯中心藏

艺术史研究专家,为广州城梳理这条文化历史脉络。

欧土重华瓷,珐琅彩料和配制技术在康熙年间自欧洲传入广州,被要求使用在彩瓷上,由此创造了广彩独特的自有颜料。商人从景德镇买来白素胎,借胎加彩,大量订单涌向广彩作坊。

一、源起

清康熙二十四年(1685)重开海禁后,广州成了唯一的官府外贸港口。第二年,设立了由官府特许经营的大规模的对外贸易洋行——十三行。瓷器也因为欧洲的大量需求,成为十三行外销的大宗商品。与此同时,珐琅彩料和配制技术,约于康熙晚期的1720年前后从欧洲传入广州,由此创造了广彩独特的自有颜料,也就是广彩被称为"洋彩"的成因。

在景德镇订制成品瓷相当昂贵,长途运输又容易造成破损,增加了经营成本。荷兰东印度公司在利润减少的情况下,于雍正初年逐渐停止了在景德镇订制瓷器的做法,直接与广州洋行订货。景德镇绘瓷艺师虽然熟悉中国的传统绘画技巧,却很难理解欧洲指定的外来纹饰和文字符号,出现偏差和文字串错的现象时有发生。但广州艺师得风气之先,更有随商舶来的洋画师的指导,加上价格相宜,欧洲商舶的大量订单涌来广彩

图6 广彩清供图剃须盘,直径23.3厘米,约1730年,华盛顿与李大学里维斯中心藏

作坊，使广彩于雍正、乾隆年间达到顶峰。

"广彩源于景德镇"。广彩行内有一个世代相传的关于祖师爷的传说：清雍正年间，江西人杨快和曹钧作为候补官员来到广州，但长期不能上任，为解决生计问题，他们利用自己是瓷乡人，熟悉瓷器上彩技艺的优势，从景德镇买入白瓷胎，绘瓷烧制出售，生意十分兴隆。从此两人在广州开作坊授徒。这故事证明一个史实：广彩是用景德镇的白素瓷胎，由江西传入加彩技艺后在广州加彩烘烧而成，亦即"借胎加彩"产品。

广彩技艺的准确传入时间与最初传艺人是谁，一直没有发现相关文献记载。但不少实物证明，雍正年间，广彩的彩绘技术就已十分纯熟，并有自己的艺术特色。因此，最初产生的时间不可能是雍正年间。

欧洲人对彩瓷的热切需求，直接催热了广彩的外销市场。广州商人在利益驱动下，逐渐舍弃经销景德镇的高成本粉彩瓷，只买素胎，在广州开作坊，请景德镇的"写红佬"（加彩艺人）到广州工作和授徒。清代，广州河南三江交汇处的洲头咀码头，就设有名为"公和兴仓"的大仓库，以利储存大量从北江水路运来的胎瓷。

图7 广彩十三行纹大碗，直径40厘米，约1785年

二、融合

康熙至嘉庆年间，广彩被赞誉为"式多奇巧，岁无定样"，每一品种极少重复制作，形制繁多。

乾隆年间到过广州的欧洲人在回忆录和日记中描述，当时的广州河南郊外，有不少附属于洋行的瓷器彩绘作坊，每个彩绘作坊大约有八十到一百名工匠，其中有儿童，也有年老而技艺卓绝的匠师，每月大约只有八至十银圆的微薄工资。由此可知，当时的广彩作坊，已经从开始时设于靠近十三行的城西，迁移至珠江河南岸人烟较为稀少的龙导尾、龙田村一带，这是广彩又有"河南彩"之称的缘故。

为让瓷器更适应欧洲人的日常生活习惯，荷兰商人在明末把欧洲餐具做成木模型带到广州，让瓷商转交景德镇仿制瓷胎。荷兰东印度公司在1758年送到广州的瓷器图样，是炭笔素描画的奶壶、可可杯、痰盂等图形。欧洲商人甚至要求在这些日用瓷上，仿绘上他们特意带来中国的各种版画、油画、水彩画、素描画图案，纹饰种类包括徽章、船舶、人物、花卉、动物以及宗教主题等。

比利时的布鲁塞尔皇家艺术历史博物馆里，珍藏着一件广彩订制瓷盘，表现当时欧洲商人远东贸易归来的情景。荷兰米德尔堡（Middelburg）收藏的两件雀鸟瓷盘，约制作于1740年，是复制英国画家绘画制成的铜版画，装饰精致、素雅、高贵，是价格甚为高昂的套装订制瓷。1765年，广彩艺人还制作过一件描绘英国牛津波塔尼卡尔公园大门的瓷盘，门前站着和山羊一起散步的德国植物学家波巴尔脱。这是荷兰铜版画家伯尔格赫尔斯的作品，由牛津青年博物学家布莱克带到广州，请广彩工艺师复制到瓷盘上。由此可知，当时的"上手"师傅（广彩高级加彩工艺师），以工笔细描模仿西洋铜版画艺术已臻极致。

图8 广彩仿铜版画雀鸟套盘，直径28.5厘米，约1740年

1800年，广彩艺

人还接了英国瓷器艺术家都不敢接的订单,把宾夕法尼亚州医院的素描画,绘在医院订制的餐具上。从所复制的图纹来看,工艺师已经很熟练地掌握了医院建筑和周围景物的透视关系,把物体的质感和空间感都表现得十分精确。

"行碗",现称为"皮碗",也有人以英文音译称为"潘趣碗"。这是因为洋人常要求在碗上画他们与中国人做买卖的地方——十三行的景色,以满足国内消费者的好奇心。这种巨型大碗,有些直径达50多厘米,胎薄釉润,图案繁复精美,是广彩外销瓷中的珍品。

闻名欧洲的广彩文物珍品猎狐纹调酒大碗,直径达40.4厘米。碗内壁一圈,满画着一幅西洋人猎狐全景图。图中的贵族们正策马飞驰,一只跳跃奔跑的狐狸绘在碗底。图中采用的环形散点透视法,与中国长卷画的散点透视法是一样的原理,却是西洋的定点透视技法难以掌

图9 广彩西洋女彩绘灯座,约1906年,刘群兴作,刘氏后人收藏

图10 广彩波塔尼卡尔公园纹碗,直径22.8厘米,1765年

握的。由此可以推测，碗里的美丽图案，是广彩加彩高手经过对原画构图的再创作绘制的。

三、转折

嘉庆、道光年间，欧洲许多国家已经拥有大型陶瓷厂。如荷兰德尔夫特、德国梅森、英国利物浦等，产品能满足本土需求。而且，荷兰东印度公司因多次荷英战争，于1799年年底解散，其他各国的东印度公司对华贸易盈利也急剧减少。1840年的鸦片战争，也使中国港口贸易深受影响。同时，欧洲的审美时尚和消费方向已经改变，少量收藏家开始喜欢中国的仿古瓷和传统图案，导致欧洲的广彩订单大幅下降。至此，是广彩瓷的一个转折点。

为寻求销路，广彩尽量降低成本和价格，在花式上创新，开辟美洲和南洋等地新市场，增加仿清初的三彩、五彩等传统图案，并参考明清绘画、画谱、绣像、全像小说插图，创作出"古彩"类的人物和景物图案。嘉庆和同治年间，又形成"折色人物"、"长行人物"的规范画法：在"开方"周围的"满地"装饰上，引入锦缎提花的万字锦、人字锦、云纹锦等图案，后又发展为以进口洋金水描绘的"织金"，将中国传统的吉祥喜庆图案，变为固定的图纹花样；把原先的碎花纹样组成固定的完整构图，令之可以百搭使用。如"织金翎毛人物"花式采用十字开幅，形成四个斗方，加

图11 广彩耶稣受难图茶具，茶盏高4.1厘米，托碟直径11.4厘米，约1745年，华盛顿与李大学里维斯中心藏

上花果、雀鸟、蝴蝶织金作"地",中心有一夹金圆圈。如此,"开方"内的图案可以千变万化,夹金圆开光也可以按要求绘上特定图纹。

自此,广彩面貌为之一变,形成许多固定的花式图案,"岁无定样"已经成为过去,装饰蜕变为构图饱满,密难行针;色彩艳丽,堆金织玉,自19世纪开始一直影响至今。

图12 高剑僧绘群鹿纹圆瓷板,直径25.9厘米,1910年,广东博物商会制,广东省博物馆藏

四、改良

20世纪初,受西方先进思想影响的革命者与文人画家,试图在这里找到"实业救国"之路,创办的"广东博物商会",除秘密集会外,还成为提倡"改良工艺"、"美术实用"的实践基地。在黄花岗纪念公园创办者潘达微等革命者主办的《时事画报》上,就曾刊载季郁文撰写的《论振兴工艺改良土货宜提倡美术》一文,高剑父也在他的《论瓷》一文中,提出"知实业必源于美术"、"美术为工业之母"的观点。

奉"改良"宗旨,广东博物商会的彩瓷从出品之初,远离传统广彩风格,取国画构图和笔法,对原有的装饰风格有反叛式的突破。1909年1月,《时事画报》同人在香港举办美术展览会,彩瓷因打破传统工艺的固有形式而大受欢迎。当时的广州还出现了"芳村化观瓷画室"、"笔花仙馆"、"咏梅别墅"、"碧梧画

图13 广彩澳督府纹章碟,直径23厘米,光绪年间,引自"流光影录——晚清澳督府纹章瓷器展"

图14 广彩山水人物纹碟,直径20.5厘米,20世纪初,有"羊城芳村化观瓷画室"底印,广东省博物馆藏

居"等新的瓷器绘画室,作品为中国画的表现形式,尽显晚清绘画风格,清新秀逸,格调高雅。但因涉及广彩行会的利益,一经行业工会灵思堂发现,即会前往干涉,存在的时间都不长。

20世纪初的这场工艺改良实践,影响深远。从时间看,与后来成为"珠山八友"领军人物的王琦、王大凡等为改变当时的瓷业沉沦局面而成立的景德镇陶瓷美术研究社是契合的。

五、沉浮

日本瓷厂把中国瓷业逼上绝路,广彩被迫使用日产瓷胎为原料;"九·一八"后抵制日货,广彩人纷纷逃难到港澳谋生;1956年,市政府恢复广彩生产;"文革"时期,出口生产受到冲击,大量

人才流失……

20世纪的百年间，广彩经历了自诞生以来最艰难曲折的时光，曾一度从广州消失，差点变成"港彩"。

1915年2月，美国举办太平洋万国巴拿马博览会，当时的北京政府将此事作为中国走向国际舞台的一件大事，积极筹备参赛展品。利丰洋行的老板冯耀卿把刘群兴的"《十二王击球图》箭筒"送展，获得优等奖。1915年至20世纪20年代初期，广彩有了几年短暂的兴旺时期。

但同时，中国瓷业已面临极大危机。甲午战争战败后，清政府被迫于1895年与日本签订了《马关条约》，日本除了得到辽东半岛、台湾和附属岛屿，得到二万万两白银的"赔偿"以外，更可以在通商口岸任意从事各项工艺制作。日本在中国境内设的瓷厂，逐渐把中国瓷业逼上了绝路。景德镇等瓷区的瓷厂纷纷倒闭，一蹶不振，广彩被迫使用日产瓷胎为原料。

1931年"九·一八"事变后，全国各地纷纷号召抵制日货。当时广彩工人把已经制好的产品，集中在河南龙船岗全部打碎，轰动了广州城。但是，因供货短缺，全行业出现了停产、停工状况，广彩工人的生活受到影响。

1938年，广州沦陷，百业停顿。广

图15 线描《唐明皇击球图》花瓶，刘群兴遗作

图16 高奇峰绘寿星背童纹碟，1911年，广州市文物总店藏

彩人纷纷逃难，转到香港和澳门瓷厂谋生，留下来的只能靠打苦工维持生计。1941 年 12 月，太平洋战争爆发，香港沦陷，广彩业在香港遭到重创，所有产业化为乌有，工厂只得遣散工人。广彩艺人的生活陷入绝望的困境，有逃难回乡的，有被迫到日本做苦工的，有被日军拉夫到海南开矿、修铁路从此再没回来的；也有家人散失，甚至无以为生饿死的。抗战前后的十年间，广彩业一再遭到毁灭性打击，战后寻找到的技师人数不到战前的十分之一，是广彩史上最黑暗的一个衰落时期。

1947 年，广彩业在停战两年后得以全面发展，一是远销欧美的织金彩瓷，亦即洋庄货；二是销往港澳、省内和东南亚的日用瓷。从业人数也迅速增至四百多人，可惜好景不长，内战爆发导致物价飞涨，工人在接单时定好的加工价，月尾结算时便已成为废纸。1948 年始，恶劣的经济环境使工厂主亦无法经营，陆续把资金转移到香港，重新建厂，广彩艺人不得不再次离开广州。经营了二百多年的广彩业在广州日渐消失，"港九绘瓷业职业工会"成为广彩的生产基地。

20 世纪 50 年代初，香港的广彩业兴旺而竞争激烈，部分广彩人开始回流广州。1955 年，广彩赵兰桂堂的赵国垣与原义顺隆瓷庄老板司徒福，写信给广州市政府，建议恢复广彩生产，他们动员滞留香港的 35 名广彩艺人回穗，共同组建了广州积金彩瓷工艺厂的前身——广彩加工场，1956 年 8 月 11 日正式投产。至此，广彩重回她的诞生、发展之地——广州。

20 世纪下半叶，广彩经历了两个全盛时期：1956 年至 1966 年、1976 年至

图 17　何剑士斩妖瓷碟，清末，广州市文物总店藏

1986年。也经历了两个低落时期：1966年至1972年的"文革"时期，出口生产受到冲击；20世纪90年代初至21世纪初，工厂受经营体制束缚，工艺设计陈旧，不重视手工精品，大路货泛滥，使生产逐渐萎缩，大量人才流失，广彩的许多独门绝技不复再见，广彩业岌岌可危。

2008年，广彩技艺被列入第二批国家级非物质文化遗产名录。广彩人在近年国内经济不断发展的利好环境下，技艺不断创新，好作品日益迭出，广彩重新得到爱好者的青睐，逐渐开创出兴旺景象。

（文章初刊于《羊城晚报》2014年12月14日，原题为《广州外销彩瓷三百年》。部分图片为编者编入。）